江苏省重点培育智库——高质量发展评价研究院（南京邮电大学）：2020年度《江苏人才高质量发展研究》课题成果之一

江苏省高质量发展综合评估研究基地、江苏群众工作研究基地：2019年度《"十四五"时期江苏人口高质量发展对策研究》课题成果之一

# 人才创新的逻辑

苗成斌 著

图书在版编目（CIP）数据

人才创新的逻辑 / 苗成斌著. —北京：中央编译出版社，2020.9
ISBN 978-7-5117-3689-5

Ⅰ. ①人… Ⅱ. ①苗… Ⅲ. ①人才培养–研究 Ⅳ. ①C961

中国版本图书馆 CIP 数据核字（2020）第 159315 号

## 人才创新的逻辑

| | |
|---|---|
| 责任编辑 | 苗永姝 |
| 责任印制 | 刘 慧 |
| 出版发行 | 中央编译出版社 |
| 地　　址 | 北京西城区车公庄大街乙 5 号鸿儒大厦 B 座（100044） |
| 电　　话 | （010）52612345（总编室）　（010）52612335（编辑室） |
| | （010）52612316（发行）　　（010）52612369（网站） |
| 传　　真 | （010）66515838 |
| 经　　销 | 全国新华书店 |
| 印　　刷 | 北京中兴印刷有限公司 |
| 开　　本 | 710 毫米×1000 毫米　1/16 |
| 字　　数 | 315 千字 |
| 印　　张 | 20 |
| 版　　次 | 2020 年 9 月第 1 版 |
| 印　　次 | 2020 年 9 月第 1 次印刷 |
| 定　　价 | 85.00 元 |

新浪微博：@中央编译出版社　　　微　信：中央编译出版社（ID: cctphome）
淘宝店铺：中央编译出版社直销店（http://shop108367160.taobao.com）　（010）52612322

本社常年法律顾问：北京市吴栾赵阎律师事务所律师　闫军　梁勤
凡有印装质量问题，本社负责调换，电话：（010）52612322

# 目 录

绪 论 ·································································· 1

## 第一章 人才创新的基本含义 ······································ 5
### 第一节 什么叫人才 ············································· 5
一、人才概念的溯源 ············································ 5
二、人才内涵的新义 ············································ 9
三、创新人才的界定 ············································ 13
### 第二节 何谓创新 ················································ 17
一、创新的源起 ··················································· 18
二、什么叫创新 ··················································· 19
三、创新名家说 ··················································· 23
### 第三节 人才创新从哪里来 ···································· 26
一、人才创新的动力 ············································ 27
二、人才创新的思维 ············································ 32

## 第二章 人才创新的时代特征 ······································ 40
### 第一节 新技术革命呼唤创新人才 ···························· 40
一、新一轮科技革命和产业变革的深远影响 ············ 41
二、我国创新动力体系发生的深刻变化 ·················· 43

三、创新人才成为全球激烈竞争的热点和焦点 …………… 47

第二节　市场造就人才创新的生态 ……………………………… 50
　　一、市场配置人才资源的决定性作用 …………………… 50
　　二、市场调整人才结构和人才流动的作用 ……………… 54
　　三、市场造就人才创新生态系统的作用 ………………… 57

第三节　大数据、云创新时代的人才创新 ……………………… 61
　　一、大数据视野下的人才思维创新 ……………………… 61
　　二、云创新模式下的人才创新 …………………………… 65
　　三、人才群+产业链+云平台 ……………………………… 69

## 第三章　人才创新的目标取向 …………………………………… 73

第一节　人才创新方向的选择 …………………………………… 73
　　一、面向世界科技前沿 …………………………………… 74
　　二、面向经济主战场 ……………………………………… 78
　　三、面向国家重大需求 …………………………………… 81

第二节　人才创新原则的把握 …………………………………… 84
　　一、鼓励创新，不可盲目创新 …………………………… 84
　　二、需求为先，不可技术为先 …………………………… 90
　　三、自主创新，不可忽视继承 …………………………… 94

第三节　人才创新的目标定位 …………………………………… 99
　　一、把握人才创新目标的特征 …………………………… 99
　　二、拓展人才创新目标的思路 …………………………… 101
　　三、设计人才创新蓝图的方法 …………………………… 107

## 第四章　人才创新的方法简论 …………………………………… 111

第一节　常规性创新 ……………………………………………… 111
　　一、常规性创新的基本特点 ……………………………… 112
　　二、常规性创新的主要方法 ……………………………… 114
　　三、常规性创新的机制分析 ……………………………… 119

### 第二节 突破性创新 ·125

一、突破性创新的概念辨析 ·125

二、突破性创新的演化机理 ·129

三、突破性创新的策略选择 ·134

### 第三节 持续性创新 ·139

一、持续性创新的基本特性 ·139

二、持续性创新的原则把握 ·141

三、持续性创新的机制探究 ·144

四、持续性创新的资源配置 ·147

## 第五章 人才创新的实践路径 ·150

### 第一节 构建人才创新体系 ·150

一、人才创新体系的目标取向 ·151

二、人才创新体系的框架设计 ·156

三、人才创新体系的制度安排 ·161

### 第二节 搭建人才创新平台 ·166

一、创新人才培养平台的实践探索 ·166

二、创新人才科研平台的实践探索 ·172

三、创建人才特区平台的实践探索 ·175

四、打造科技镇长团平台的实践探索 ·178

### 第三节 丰富人才创新实践 ·182

一、打造人才创新创业的"策源地" ·182

二、推进人才创新创业的"加速器" ·185

三、筑就人才创新创业的"双创梦" ·188

## 第六章 创新人才成长的影响因素 ·193

### 第一节 培养创新人才的各种误区 ·193

一、目标定位：出现错位、缺位和不到位 ·194

二、培养路径：表现偏差、偏颇和偏向 ·196

三、培养方法：不妥当、片面性和简单化 ········· 198
　　四、评价标准：过于单一、简单和偏离实际 ········· 200
第二节　影响创新人才成长的因素 ························· 203
　　一、内在因素 ······································· 203
　　二、教育因素 ······································· 207
　　三、社会因素 ······································· 209
第三节　制约创新人才成长的原因 ························· 212
　　一、传统文化对人才创新的影响因素 ················· 212
　　二、传统教育对人才创新的主要障碍 ················· 215
　　三、传统体制对人才创新的客观阻碍 ················· 222

## 第七章　创新人才成长的基本规律 ······················· 228
第一节　创新人才成才规律的科学内涵 ····················· 228
　　一、创新素质是创新主体成才的内在依据 ············· 229
　　二、育人环境是创新人才成才的必要条件 ············· 232
　　三、创新实践是创新人才成长的根本路径 ············· 233
第二节　创新人才成长的一般规律 ························· 234
第三节　创新人才成长规律的价值意蕴 ····················· 246
　　一、创新人才成长成才的本质属性 ··················· 246
　　二、创新人才成长成才的内在源泉 ··················· 250
　　三、创新人才成长规律的价值要义 ··················· 254
　　四、创新人才成长规律的经验启示 ··················· 257

## 第八章　创新人才培养的革新之策 ······················· 261
第一节　创新人才培养的理论基础 ························· 261
　　一、人才学与创新人才培养 ························· 262
　　二、教育学与创新人才培养 ························· 264
　　三、创新学与创新人才培养 ························· 267
　　四、心理学与创新人才培养 ························· 271

第二节　创新人才培养的经验启示……………………………………273
　一、发达国家和地区创新人才早期培养的做法…………………273
　二、发达国家创新人才高校培养的特征…………………………275
　三、发达国家创新人才培养的经验启示…………………………282
第三节　创新人才培养的策略构想……………………………………285
　一、新理念引领，遵循规律培养…………………………………286
　二、新教学引导，多种模式培育…………………………………288
　三、新平台引入，产学研相结合…………………………………291
　四、新生态引发，营造创新环境…………………………………293
　五、新体制引航，激活创新制度…………………………………296

**参考文献**……………………………………………………………………300

**后　记**　让人才创新的梦想绽放…………………………………………309

# 绪　论

21世纪什么最重要？回答是人才；人才什么最重要？回答是创新；创新靠什么？答案是一靠人才、二靠制度；人才最需要什么？最需要给政策、给平台、给支持，实现创新创造社会价值。围绕这些问题深入思考，我们应当怎样认识人才、评价人才？人才应当怎样创新？创新人才应当怎样培养？本书基于人才学、教育学、创新学和心理学的研究视野，从人才创新的基本含义、时代特征、目标取向、方法简论、实践路径和创新人才成长的影响因素、创新人才成长的基本规律、创新人才培育的革新之策等八个方面，较为全面系统地阐释了人才、创新与创新人才培养的理论脉络、实践探索、规律遵循和对策方略，以跨学科的多维视野、跨领域的解疑释惑、跨时空的深度思考，诠释人才创新的现实难题，阐发国际创新人才培养的经验启示，前瞻创新人才培养的发展趋势，力求从理论、实践、价值的层面探究人才创新的逻辑，让人才创新的梦想绽放出新时代的光芒。

第一，人才创新的基本含义。围绕人才、创新与人才创新三个关键词，运用逻辑递进的方式，从什么叫人才、何谓创新、人才创新从哪里来三个视角，系统论述了人才创新的基本含义。人才创新才能产生新价值。创新驱动发展的本质是人才驱动，人才强、科技强，才能带动产业强、经济强、国家强。创新靠什么，一靠人才，二靠制度。人才怎样才能创新，这是人才创新的动力与人才创新的思维问题。这两个问题是人才创新的源头活水，是创新活动的智慧源泉，我们力求从中探寻出人才创新的动力、思想、策略的内生动力来。

第二，人才创新的时代特征。突出人才创新的时代特征这条主线，从新技术革命呼唤创新人才切入，阐述了新一轮科技革命和产业变革的深远影响、我国创新动力体系发生的深刻变化、创新人才为什么成为全球激烈竞争的热点和焦点；从市场造就人才创新的生态角度，阐明了市场配置人才资源的决定性作用、市场调整人才结构和人才流动的作用和市场造就人才创新生态系统的作用；立足于大数据、云创新时代的创新前沿，系统阐释了大数据视野下的人才思维创新、云创新模式下的人才创新和人才群＋产业链＋云平台实践创新，赋予人才创新的新时代内涵。

第三，人才创新的目标取向。一是人才创新方向的选择，要面向世界科技前沿、面向经济主战场、面向国家重大需求，使人才创新始终沿着正确的方向前行。二是人才创新的原则把握，应当鼓励创新、不可盲目创新，需求为先、不可技术为先，自主创新、不可忽视继承创新，使人才创新不犯错误、少走弯路。三是人才创新的目标定位，要在基础理论研究的方向上、世界科学技术前沿的生长点上、科学技术前沿的空白区域上、科学技术前沿的交叉点上、科学技术前沿的主攻方向上、科学技术的原始创新方向上选择创新求突破，科学设计和执行创新蓝图，使人才创新获得成功。

第四，人才创新的方法简论。我们从门类繁多、丰富多彩的创新方法中，精选出常规性创新、突破性创新和持续性创新三种常用类型，便于人们掌握人才创新的基本方法要领。在常规性创新上，系统论述了常规性创新的基本特点、主要方法和机制分析，力求简洁明快、易学易行；在突破性创新上，系统阐述了突破性创新的概念辨析、演化机理和策略选择，力求思维爆发、自我革新；在持续性创新上，系统阐释持续性创新的基本特性、原则把握和机制探究，力求常探究常出新、久久为功。

第五，人才创新的实践路径。人才只有创新本身才有价值，人才创新经过实践才能检验成败，人才创新的实践必须发挥个人与组织和环境的协同作用，才能使人才这个稀缺的资源释放出创新的巨大能量。人才创新实践的路径是构建人才创新体系、搭建人才创新平台、完善人才创新制度，才能丰富人才创新实践。这里的创新体系是实践的基础，创新平台是实践的关键，创新制度是实践的保障，三者构成了人才创新实践的"金三角"。

第六，创新人才成长的影响因素。费尔马名言：作出重大发明创造的年轻人，多数是敢于向千年不变的戒规定律挑战的人们，他们作出了让大师认为不可能的事情，使世人为之一惊。立足于国际化视野，研究探讨创新人才成长的影响因素，较为全面系统地分析了创新人才培养存在的各种误区，力求使人们跳出误区，对创新人才的培养和成长有一个全面正确的认识；较为全面系统地研析了影响创新人才成长的内在因素、教育因素和社会因素，力求使人们对创新人才成长各因素的内在联系和本质属性有一个深刻把握；较为全面系统地解析了制约创新人才成长的原因，力求使人们从传统文化、传统教育、传统体制的较深层次认识创新人才成长阻碍的作用机理，为人们揭示创新人才成长规律提供基础性参考。

第七，创新人才成长的基本规律。基于创新人才成长的基本规律视角，系统阐述了创新人才成长规律的科学内涵：创新素质是创新主体成才的内在依据，育人环境是创新人才成才的必要条件，创新实践是创新人才成长的根本路径；系统总结了创新人才成长成才的一般规律：人才马太效应规律、人才师承效应规律、人才实践成长规律、人才螺旋式成长规律、人才事业成功规律、人才最佳创造年龄规律、人才共生效应规律、人才扬长避短规律、内外因共同作用规律、创新教育优先规律等十大规律；系统诠释了创新人才成长成才的本质属性：创新人才成长成才的内在源泉、创新人才成长规律的价值要义、创新人才成长规律的经验启示，努力从理论、实践、价值的层面探求基本原理。

第八，创新人才培育的革新之策。立足站在世界创新人才培养的前沿，围绕培养创新人才这个主题，从人才学、教育学、创新学、心理学与创新人才培养的学术角度，系统论述了创新人才培养的理论基础。从发达国家和地区创新人才早期培养的做法、创新人才高校培养的特征、创新人才培养的经验启示等方面，系统阐述了创新人才培养的经验和启示。从新理念引领、新教学引导、新平台引入、新生态引发、新体制引航的维度，系统阐释了激活创新人才培养制度的策略。只有构建充满活力、富有效率、更加开放的创新人才培养机制，才能构筑具有中国特色和国际竞争力的人才制度优势。

人才决定未来，创新成就梦想。习近平总书记指出，"人才是实现民族振兴、赢得国际竞争主动的战略资源。"① "人才是创新的根基，创新驱动实质上是人才驱动，谁拥有一流的创新人才，谁就拥有了科技创新的优势和主导权。"② 科学的本质就是创新。创新是一个民族进步的灵魂，是一个国家兴旺发达的不竭动力。人才蔚起国运隆，创新发展民族兴。实现中华民族伟大复兴，必将依靠人才创新走向未来，也必将依靠人才创新引领未来，让人才创新的梦想绽放出新时代的光芒！

---

① 《党的十九大报告辅导读本》，北京：人民出版社2017年版，第63页。
② 中共中央文献研究室：《习近平关于科技创新论述摘编》，北京：中央文献出版社2016年版，第122页。

# 第一章 人才创新的基本含义

人才，一个古老而又永恒的主题；人才，人类社会发展的前驱动力；人才，立国之重宝，执政之根基，兴业之栋梁。人才兴则国家兴，人才强则国家强，人才旺则国家有前途、民族有希望。人才强国是一项关乎中华民族前途和命运的战略抉择。创新是一个老命题，但又是一个需要我们经常温习并时时实践的课题。创新还是一个永远崭新的时代课题。创新驱动发展的本质是人才驱动，人才强、科技强，才能带动产业强、经济强、国家强。创新一靠人才，二靠制度，可以说创新的背后是人才支撑。人才是民族振兴，赢得国际竞争的战略资源。人才创新才最有价值，那么人才创新的动力、思想、策略等从哪里来，这是一个值得重视和亟待研究的重大课题。

## 第一节 什么叫人才

人才是智慧和知识的象征，是推动历史进步的有生力量。穿越时空隧道，纵观几千年来人类社会发展的历史，验证着一个深刻的道理，人才是最活跃的先进生产力；国以才立、政以才治、业以才兴；千秋基业，人才为先。

### 一、人才概念的溯源

在我国"人才"一词起源由来已久。《诗经·小雅·菁菁者莪》中提到

"菁菁者莪，乐育材也，君子能长育人才，则天下喜乐之矣！"① 用植物比喻人才的健康成长，希望人才能够成为天下民众所喜爱的人中精华。我国古代"才"与"材"是通用的，有关"人才"的著作和文章浩如烟海。《周礼·大司徒》载西周贵族教育包括三个方面："一曰六德：知、仁、圣、义、忠、和；二曰六行：孝、友、睦、姻、任、恤；三曰六艺：礼、乐、射、御、书、数。"可见，西周以宗法道德规范和实用道艺培养人才。另从《礼记·地官·司徒》中"考其德行，察其道艺"的选贤制度看，西周的"官材"标准就是六德、六行、六艺。这种把人才理解为有道德伦理和知识技艺的人的概念，是与西周宗法等级制度相适应的，可以视为中国人才思想的发端。②

春秋时期的思想家管仲在《管子·修权》中认为："一年之计，莫如树谷；十年之计，莫如树木；终身之计，莫如树人。"③ 在我国很早提出人才培育的概念。战国时期的《易传》一书提出了关于"三才之道"的说法。所谓"三才"就是天、地、人。这个时期的人才概念，着眼点在于人与自然的关系方面，强调人只有学习天地之道，才可以成才成贤。④

孟子在著作《孟子·告子下》中认为，人才并不是天生的，是要经历一个"炼狱"般的过程。"故天将降大任于斯人也，必先苦其心志，劳其筋骨，饿其体肤，空乏其身，行拂乱其所为，所以动心忍性，曾益其所不能。"⑤

北宋时期的胡瑗在《松滋县学记》中指出："致天下之治者在人才，成天下之才者在教化，教化之所本者在学校。"⑥ 这句名言不仅高度概括了人才的重要意义和价值，而且阐明了学校教育对于人才成长的关系和作用，其本人不愧是中国古代最负盛名的大教育家之一。清代诗人赵翼的"江山代有才人出，各领风骚数百年"和思想家龚自珍的"我劝天公重抖擞，不拘一格降人才"，

---

① 转引自缪和平：《学校管理实践哲学》，北京：人民出版社2006年版，第145页。
② 转引自参见胡雪梅：《大国崛起制高点——科学人才观的理论与实践》，北京：人民出版社2011年版，第8页。
③ 转引自肖万源、徐远和主编：《中国古代人学思想概要》，北京：东方出版社1994年版，第84页。
④ 转引自周留征：《人才的逻辑》，北京：机械工业出版社2017年版，第47页。
⑤ 转引自季国清：《儒家的当代阐释》，北京：人民出版社2010年版，第56页。
⑥ 转引自陈谷嘉：《儒家伦理哲学》，北京：人民出版社1996年版，第77页。

都是对人才的呼唤和渴望,希望国家人才辈出。

随着时代发展,人才的概念也不断演进。《辞海》将人才解释为"有才识学问的人,德才兼备的人;指才学、才能;指人的品貌"。① 《现代汉语词典》对人才的定义是"德才兼备的人、有某种特长的人"。② 这些关于"人才"的定义其中一个鲜明的特点,就是"人才"成为人们对品德、才能优秀的人的统称。德才兼备是中国人所追求的做人的理想境界,尤其是把"德"放在"才"的前面,体现了中国人的文化和性格的一个重要特征。

在国外,"人才"没有与之完全对应之词。《剑桥国际英语词典》中最接近的词有 talent(中文译为"天才、天资")、genius(中文译为"天才、天赋")、human resources(中文译为"人才资源")等。但是,我们认真琢磨,这些词都与中文的"人才"不尽相同。Talent 一词是指"具有天赋才能的人"或"某种天生的能力",也就是"天才""天资";genius 一词是指"非凡的才能或创造力""具有非凡才能的人",这两个词都重于强调人的天赋才能;human resources 是指"一个公司、组织内可以利用的人的技能、能力的总和",它比人才的范围更广泛,包括人才与人员,在人力资源开发管理中较少将二者分开,没有专门与人才资源等同的词。③ 在国外文献中很难查到"人才"的定义,但有些观点具有代表性,如:美国"数字化之父"尼古拉·尼葛洛庞蒂认为,人才不是那些学多少知识的人,是那些能承担风险,能够不循规蹈矩地做事情的人。美国人才学者罗杰·E.赫尔曼认为:"'才'可以依你的意愿定义。对某些人而言,是指他们的方法、专长,对另一些人而言,它可能是指贡献、魄力和决断力、生产能力、创造能力、教育水平、巨大成就、行业或领域的地位等因素,以及这些因素的组合和其他因素。人们可以根据达到目标所需要的最重要的事来定义'才'"。"有许多因素把人才与普通人区别开来,这是一个素质问题。"④ 美国等西方国家的一些文献往往把"人才"定义为与众不同的人。

---

① 《辞海》(编印本),上海:上海辞书出版社1980年版,第302页。
② 《现代汉语词典》(修订本),北京:商务印书馆1996年版,第1061页。
③ 转引自胡雪梅:《大国崛起制高点——科学人才观的理论与实践》,北京:人民出版社2011年版,第7页。
④ 转引自师寸丽等:《试论经济全球化条件下我国所需的人才》,载《石家庄职业技术学院学报》2004年第5期。

我国丰富而独特的人才思想历史悠久。从先秦诸子到近代教育家、思想家，为强国富民和治国兴邦，都在探讨育才用才的问题，积累起中国历史上丰富而独特的人才观。一是在原始社会晚期至春秋战国时期的"萌芽与发展"阶段。各国诸侯为了自己的生存与发展，十分注重网罗人才；而各种社会贤达也积极游说于诸侯，宣传和推行自己的治国主张，先后出现了诸多的著名思想家，呈现出"百家争鸣、各为其用"的时代特色，提出了自己的人才思想，推动了人才思想的新发展，把我国人才思想史推向了一个新阶段。荀子、管仲是其中的杰出代表。二是在秦朝至唐朝时期的"丰富与深入"阶段。我国的封建制度从秦朝开始稳定，到唐代达到鼎盛。统治者们相当重视人才在建立和巩固政权中的地位和作用，在选举人才、使用人才、培养人才方面，提出了自己的人才政策和人才制度主张，呈现出"治国理民、用人如器"的价值导向。三是在宋朝至晚清时期的"转变与固化"阶段。由于我国封建社会开始由强盛转向衰落，正统儒学的人才思想占据了统治地位，虽然人才思想比以前有了新的转变和发展，但是封建专制却禁锢了人才思想，形成了"儒学正统、识用一体"的固化局面。四是在鸦片战争后的"觉醒与变革"阶段，由于中国遭受到西方资本主义列强的侵略和欺侮，逐步沦为半封建半殖民地社会。一些受西方思想影响的仁人志士，为了拯救民族危亡，逐渐逾越了封建正统儒学，先后把人才问题提了出来，概括起来主要有"中体西用"式洋务人才观，"即中即西"式维新人才观，中西融合的人才观等，形成了"经世致用、救亡图存"的人才观。[①]

　　从我国传统人才思想的发展史可以发现，不论是对人才的高度重视，还是在识才、辨才、选才、用才等方面的理念倡导和方法运用，都是人才理论的历史宝库。近代以来，人才思想有了长足的发展和飞跃。从马克思、恩格斯的人的需要理论、人的本质理论、人力资本理论、人的自由全面发展理论，到列宁的人才地位论、人才培养论、人才选拔论、人才使用论等关于人才的重要论

---

① 参见胡雪梅：《大国崛起制高点——科学人才观的理论与实践》，北京：人民出版社2011年版，第23—24页。

述;① 从毛泽东提出的德才兼备、又红又专的识才标准，任人唯贤、不拘一格的用才方略，尊重人才、团结人才的爱才思想，注重实践、全面发展的育才之道，到邓小平倡导的尊重知识、尊重人才的人才价值论，"三个勇于""四化""四有"新人的人才标准论，发展教育、优化环境的人才开发论，选贤任能、人尽其才的人才选用论;② 从江泽民的人才是第一资源的人才战略观、胡锦涛的科学人才观，到习近平在十九大报告中提出的"人才是实现民族振兴、赢得国际竞争主动的战略资源"③，这些重要论述体现了我国人才发展理论的继承、创新和发展，体现了马克思主义人才思想的时代化、中国化和大众化，是中国共产党探索执政规律、社会主义建设规律、人类社会发展规律的重要内容之一，实践着中华民族伟大复兴的百年梦想。

## 二、人才内涵的新义

放眼世界，人们对人才的认识随着时代的发展变化而不断变化，人才的重要地位和作用越来越凸显，人才的培养、引进、使用越来越重要，世界各国对人才的竞争越来越激烈。然而，当今现实经济社会的快速发展对人才的需求却依然无法得到满足，人才成长、人才创新的基因和密码，人才的发展规律依然成为全球研讨的热门话题。

科学定义人才概念，既要对人才本质特征进行准确概括，又要对人才的内涵进行概述，还要对人才的外延给予明确的界定和阐述。从我国人才工作实践看，有学者认为，改革开放后，人才概念和内涵的定义大体经历了四个阶段。

第一阶段，以1982年《国务院批转国家计划委员会关于制定长远规划工作安排的通知》为标志，我国第一次提出"专门人才"的概念，当时对专门人才的界定包括两类人：一是具有中专或中专以上学历者；二是具有技术员（初级专业职称）或相当于技术员以上专业技术职务者。这在一定意义上具有

---

① 参见胡雪梅：《大国崛起制高点——科学人才观的理论与实践》，北京：人民出版社2011年版，第70—90页。
② 参见胡雪梅：《大国崛起制高点——科学人才观的理论与实践》，北京：人民出版社2011年版，第90—104页。
③ 《党的十九大报告辅导读本》，北京：人民出版社2017年版，第63页。

统计学意义和可操作性，长期以来作为对人才的权威界定。这一标准的确立，为培养造就各领域大批优秀人才，推动经济社会发展起到了积极的作用，作出了历史性贡献。但是，随着经济社会的深入发展，这一人才标准逐渐显露出一些局限性，实际上许多没有取得学历和职称的人同样成为社会所需要的人才，甚至是杰出人才。

第二阶段，以2003年12月19日中共中央、国务院召开全国人才工作会议为标志，对"人才"作出科学界定，这是我国历史上第一次召开人才工作会议。会议强调，"只要具有一定的知识或技能，能够进行创造性劳动，为推进社会主义物质文明、政治文明、精神文明建设，在建设中国特色社会主义伟大事业中作出积极贡献，都是党和国家需要的人才。要坚持德才兼备原则，把品德、知识、能力和业绩作为衡量人才主要标准，不唯学历、不唯职称、不唯资历、不唯身份，不拘一格选人才。"① 这是我们党第一次对什么是人才作出了一个较为科学和明确的定义，打破了过去唯学历、身份和职称的界线。

第三阶段，以2010年我国颁布《国家中长期人才发展规划纲要（2010—2020年）》为标志，我国人才发展纳入了中长期规划，这是我国第一个中长期人才发展规划，是此后一个时期全国人才工作的指导性文件。规划纲要进一步对人才作出了明确的定义："人才是指具有一定的专业知识或专门技能，进行创造性劳动并对社会作出贡献的人，是人力资源中能力和素质较高的劳动者。人才是我国经济社会发展的第一资源。"它包括"三个要素"和"两个评价"。"三个要素"为：一是有一定专业知识或专门技能，这是一个人成为人才的基础。这不论在任何时代、任何情况下都是必须具备的最基本条件。二是进行创造性劳动，这是一个人成为人才的最显著标志之一。假如一个人不能进行创造性劳动，只能在已有的基础上循环往复，没有创新和创造，就不能称其为人才。三是对社会作出贡献，这是一个人成为人才的本质要求，是人才的集中体现。"两个评价"，即人力资源中能力和素质较高的劳动者，这就把人才与人力区分开来；人才是我国经济社会发展的第一资源，这就把人才在经济社会发

---

① 《〈中共中央、国务院关于进一步加强人才工作的决定〉学习辅导百问》，北京：党建读物出版社2004年版，第3页。

展中的地位和作用提高到第一资源高度。人才资源有别于物质资源、资金资源、信息资源等等，成为第一资源，突出了人才的重要意义和本质特征。因此我们党和国家对人才概念的表述更加全面、具体、明确，并突出了人才的广泛性、创造性和先进性，从而使人才定义更具时代性、科学性和导向性，使人才概念不仅是一个人才学学术概念，而且对人才工作实践和人人竞相成才具有很强的现实针对性和现实指导性。

第四阶段，2017年党的十九大报告提出新时代人才发展的新要求。十九大报告在人才方面作出了四个重要的论述。一是报告提出"人才是实现民族振兴、赢得国际竞争主动的战略资源"①。过去把人才作为第一资源。十九大报告明确指出人才资源是战略资源的新定位，把人才资源的重要性提高到了前所未有的历史新高度。二是报告提出"加快建设人才强国"，"要坚持党管人才原则，聚天下英才而用之，加快建设人才强国"②，"培养造就一大批具有国际水平的战略科技人才、科技领军人才、青年科技人才和高水平创新团队"③。这些新表述更加强调了培育国际水平的战略人才和创新团队的重要地位和作用。三是报告提出"实行更加积极、更加开放、更加有效的人才政策"，把"各方面优秀人才集聚到党和人民的伟大奋斗中来"，报告用"识、爱、用、容、聚"五个字为新时代的人才工作明确了方向，确定了基调。从过去"把各方面优秀人才集聚到党和国家事业中来"，到报告"把党内和党外、国内和国外各方面优秀人才集聚到党和人民的伟大奋斗中来"，④我们党对人才发展视野更宽了、发展思路更新了、目标要求更高了。四是报告提出"四个成才"，从过去"开创人人皆可成才、人人尽展其才的生动局面"，到报告强调"努力形成人人渴望成才、人人努力成才、人人皆可成才、人人尽展其才的良好局面"⑤，充分体现了我们党对人才成长规律认识的深化，最大限度地激励人才、开发人才、用好人才。十九大报告从原则性、重要性、指导方针、战略

---

① 《党的十九大报告辅导读本》，北京：人民出版社2017年版，第63页。
② 《党的十九大报告辅导读本》，北京：人民出版社2017年版，第63页。
③ 《党的十九大报告辅导读本》，北京：人民出版社2017年版，第31页。
④ 《党的十九大报告辅导读本》，北京：人民出版社2017年版，第64页。
⑤ 《党的十九大报告辅导读本》，北京：人民出版社2017年版，第64页。

布局、总体目标、机制建设等方面把握新时代人才工作的新趋势和新要求，对人才发展赋予了新内涵、提出了新要求、进行了新部署，是当前和今后一个时期人才工作的重要遵循。

由此可见，党和国家对人才概念的认识更加广泛、更加灵活、更加实用、更加具体。究竟什么样的人是人才，衡量人才的依据和准则是什么？这要从辩证的、相对的、变化的角度看待。①

从人才的本质看，人无完人。只要是人就会有缺陷，是人都会犯错误，人性使然，不足为怪。任何一个在成名之前的人才，都是芸芸众生的一员。只有了解这一点，才会对人才的概念有一个客观的、理性的认知基础。

从人才的标准看，"有用即人才""人才就在身边"。这是最简单的人才定义，不需要考虑这么多的条件和标准。对于任何一个组织来说，不管出身背景不管学历高低，能给组织带来价值的就是人才。如果一个人在一个地方或单位不能发挥作用，很可能到另一个地方就能发挥作用，那么这个人在另一个地方就是人才。所谓人才，就是放到了有用的地方，用其所长的地方。

从做人的底线看，人的欲望是无限的，人才也不例外。如果一个人没有敬畏之心，私欲膨胀，无所不用其极，人类最终会亲手毁灭自己来之不易的家园。华为公司对人才管理规定：尊重人才，但不迁就人才。对于高层腐败，更是零容忍。这就是对人才标准设立的底线。

总之，人才是一个内涵非常丰富的概念，一般意义指智力超凡、在某方面具有才能或本事的人。但在中国社会认知层面主要有两个方面的认识和理解。一是侧重于讲德才兼举，《辞海》解释人才指有才识学问、德才兼并、才学、才能和品德高尚的人；《现代汉语辞典》把人才解释为"德才兼备的人"或有某种特长的人。二是把能力和贡献作为评判人才的根本标准，人才是指在一定社会条件下，具有一定的专业知识、较高的技术能力和思维创新能力，并以创造性的劳动为社会发展和人类进步做出较大贡献的人，通常表现为创造性、先进性、社会性和时代性这四大特征。假如一个人德才兼备，但是没有社会责任和为社会作出贡献，那么这最多只能算是潜在的人才，或者是隐性的人才；假

---

① 参见周留征：《人才的逻辑》，北京：机械工业出版社 2017 年版，第 59—60 页。

如一个人具有社会责任并为社会作出贡献，而做的工作是低水平的和微不足道的，我们认为也是人才。现在一些地方强化"有用即是人才，人才就在身边"的思想观念，这不仅是有道理的，而且深化了对什么叫人才的认识。一些乡土人才并没有很高的文化知识，但却在实践中作出了重要贡献，当然是社会难得的人才。所谓"人才"是指在社会实践活动过程中，具有一定的文化知识水平，具有相应的科学技术或创新能力，能够以自己的创造性劳动作用于自然和社会并取得创造性成果，在某一领域、行业或某个方面为社会发展和人类进步作出较大贡献的人们。

### 三、创新人才的界定

什么是创新人才呢？如何界定创新人才。创新人才与上述讲的常规型人才是一个相对的概念。常规型人才主要以常规思维为典型特征，习惯于按照原有的思路、常用的模式和通用的方法去思考问题和解决问题。创新人才习惯于跳出常规思维和冲破固有模式，喜欢出奇显异，不按常规出牌，他们在实践中不断求变、求新、求奇、求异，通常以产生新创意、新设想，提出新理论、创造新技术和创制新工艺等作为其创新实践的价值取向；另一方面，创新人才要求真务实、取得实实在在的实效和具有社会贡献等。由于创新人才的特点和优势，已成为当今世界各国人才学研究的最热门领域。

围绕以"创新人才""创造人才""创造型人才""创业人才"和"创业型人才"为主题，在中国期刊学术网络出版总库和中国期刊网优秀博硕论文全文数据库进行精确检索，可以发现这些关键词既有区别，又有联系；既有个性特点，又有共性特征。从文献综述和文献检索分析可知，学者们在对创新人才进行概念界定时，呈现四种趋向。

一是在能力方面，创新人才具有创新创造的能力，既有社会责任，又有创新性成果。智力因素与非智力因素得到好的发展，知识丰富，思维敏捷、敏锐性较强，善于洞察事物发展的趋势和突破点，能够分析事物的本质，对事物发展走势具有较好的预判能力。在理论与实践相结合上比一般人才的能力强，具有把思维和思想变为现实的独特优势，思想和行为具有较好的一致性。

二是在素质方面，创新人才是指具有创新心理素质，能取得创新性成果的人。思维较为新奇，发散性思维、直觉性思维和形象性思维得到较好发展，善于结合实际进行丰富的联想和想象，想象力超人，能在较短的时间揭示事物的本质和把握事物的发展规律，从而产生较为新颖的、独特的和具有一定价值的创新成果。

三是在特质方面，创新人才具有创新社会属性，做事认真、精益求精，个性较为自由，兴趣爱好非常广泛，具有较强的实践能力，对事物充满好奇心，对问题喜欢追根溯源，自信心强，富有冒险精神，团队合作和协作意识强，具有正确的人生态度，不怕苦、不怕难，不畏逆境，表现出坚忍不拔的意志。

四是在贡献方面，创新人才能够取得创新性成果，对社会做出较大贡献，能够结合客观实际，能够发挥自己的独特优势，充分使用好自己的思维能力和知识能力，能够不断把思维和思想转化为具体的创新实践，使其产生一些新思想、新理论、新观点和新工艺，对时代的发展做出自己应有的贡献。

总之，不论我们从什么角度认识和理解创新人才，创新人才都是对人才认识的深化，是每一个时代特定历史时期社会对人才的新要求和新期望，把"创新"作为"人才"的本质属性是最鲜明的特征。所谓创新能力和创新人才，[①] 首先要敢于挑战前人未曾到达过的高度，其次要具备完成复杂艰巨工作的能力。"初生牛犊不怕虎"，但是它没有挑战老虎的能力；"长出犄角反怕狼"，即它有能力了，但是又没有这个胆量了。所谓创新人才的培养还是应该首先从基本知识、技术学习积累开始。比技术和知识本身更重要的是运用知识和技术解决问题的能力，这句话是中国著名医学科学家吴阶平院士说的。衡量人才的标准是看他能为社会发展和进步做出多少贡献，而且"三百六十行，行行出状元"，这种贡献来自德和能。

如果从人才创新能力的角度研究创新人才，主要表现为"四个能力突出"的基本特征。[②]

---

[①] 参见北京教育科学研究院：《创新人才培养与教育创新发展》，北京：北京师范大学出版社2017年版，第11页。

[②] 参见袁川：《高校创新人才培养的社会学分析》，华东师范大学博士学位论文，2014年，第38—40页。

1. 建构知识的能力突出

创新绝不会从天而降、凭空想象，而是建立在丰富的专业知识基础之上，能在理论与实践的结合上对知识和技能进行建构和重组。在知识经济时代和信息社会，人才的创新成效和创新的实效要以一定的专业基础知识为前提条件。牛顿看到苹果掉在地上发现"万有引力定律"，是有扎实和深厚的物理知识作基础的。此外，创新人才的知识体系还应是动态的和发展着的，始终走在学科知识发展的前沿。

2. 发现问题的能力突出

创新人才不仅要具有知识建构能力，而且要具有发现问题的能力。知识只是进行创新的前提和基础，创新人才的关键是要具有创新的心理品质。发现问题是创新的起点，发现问题的能力是进行创新活动的心理特点，这种心理特点具有高度发达的创新智力和能力，通常表现为对创新的预测和判断能力，对事物和问题的独立思考和探究能力，还体现为具有以创新精神和创新意识为中心的批判精神和质疑精神，敢于向权威挑战，提出与众不同的创意和新奇的点子，善于出其不意、打破常规等。

3. 解决问题的能力突出

在人才创新方面，发现问题是基础，分析问题是关键，而解决问题则是目的。发现问题的能力是人才的心理特征，而解决问题的能力则是培养创新人才的价值所在。怎样解决问题呢，分析问题的能力特别是方法的训练具有不可取代的地位。实际上解决问题的过程就是认识问题和分析问题的过程。这个过程就是对问题进行逻辑推理、数理研判、空间比对、分类识别等，在分析问题过程中抓住问题的本质和关键环节，对事物作出全面而系统的把握和判断，不断提出多种解决问题的方案，把复杂的问题简单化、把简单的问题理性化。

4. 提升转化的能力突出

这个能力是创新人才的核心心理特质。创新人才提升转化能力的培养，需要建立在一定的社会素养基础之上，要具备对待社会的态度、人生观、价值观和自我认识以及在行为过程中的社会精神品质。精神境界高远，创新思维和创新境界才能高远。具有战略思维和国际视野，运用自己的知识对国内外的发展趋势提出新见解，能够理论联系实际分析问题和解决问题，追求真理锲而不舍，勇于探究永不停步，把创新作为实现人生价值的崇高追求，把个人的发展和创新实践融入国家富强、社会进步中来，把创新成果转化为生动的实践，转化为促进现实生产力的发展。

综上所述，创新人才内涵丰富，从社会意义看，是指那些以自己的创造性劳动在某一领域、某一学科、某一行业上为社会发展和人类进步作出了较大创新贡献的人才；从个体意义看，是指那些以科学的探索研究态度不断地实现自我创新和超越的人才。我们要从质和量的结合上对创新人才概念进行分析阐述。

从质上看，创新人才具有三个方面深刻含义。[①]（1）具有创新性、超越性。创新性是指第一次的实践探索，是前人和自身没有做过的事情，或者是前人和自身做过但未能成功的。超越性是对前人或自身新的突破、变革和超越，这种超越不仅体现在创新成果的超越，而且是对现实水平的超越，或是对自身现有生命水平的超越。这种超越和创新表现为人的本质属性和人的本质力量的充分发挥。如果我们否认了创新人才的创新性和超越性，也就混淆了创新人才与一般人才的本质区别。（2）具有积极性和进步性。创新能力是具有经济社会价值的新思想、新理论、新方法和新发明的能力，是受到人的情感、道德品质的驾驭和支配。创新人才的劳动成果是进步的，对社会发展和进步起积极的推动作用。在现实生活中，有一些人才具有聪明的才智，从事的工作也是创造性的，但人生奋斗的结果却是为了自己谋取私利，甚至作出有害于社会和他人的事情，这样的人不能被称为创新人才。如果否定了创新人才的积极性和进步性，也就把创新人才与损人利己者或反动人物混为一谈了，否定了创新人才在人群中所代表的优秀精华和先进部分的本意。（3）具有时代性和阶级性。人才是一个历史的范畴，不同的历史时期、不同的社会形态、不同的国家和阶级对人才的要求是各不相同的。新时代的人才，要突出对人才的政治引领和政治吸纳，做到爱国奋斗奉献，围绕中华民族伟大复兴主题，为建设富强民主文明

---

[①] 参见周瑛：《创新人才的误区与体系构建》，西安理工大学硕士学位论文，2005年，第5—6页。

和谐美丽的社会主义现代化国家而积极地创新创造,自觉地肩负起实现"两个一百年"奋斗目标的历史重任,始终走在时代前列。不同社会的创新人才,在时代属性上是有明显区别的。在涉及社会意识形态领域如政治建设、文化建设和创新过程中,具有较强的阶级性。如果否定了创新人才的时代性和特定领域的阶级性,也就混淆了不同时代和阶级的创新人才的区别,从而否定了创新人才是自然的历史的发展产物。

从量上看,创新人才具有两层深刻含义。(1) 层次性。从社会层面和个体层面认识创新人才,可以将创新人才分为一般创新人才和杰出创新人才两个层次。一般创新人才面广量大、分布广泛,他们的创新活动过程与结果只是在一定范围内运行和呈现,其社会意义有一定的局限性,有的只是对于自身来说是新突破、新经验,具有新价值。杰出创新人才是人才中的优秀者,能够在某个领域进行长期的研究和创新实践,往往处于本领域的前沿阵地,有丰富的创新经验和创新能力,能够为经济社会发展作出积极的贡献。因此,我们不能否认创新人才的层次性,坚持创新人才要面向大众的培养目标,根据人才自身素质发展的层次性和社会对人才需求的层次性培养更多的创新人才。(2) 多样性。三百六十行,行行出创新人才,创新人才是多样的。譬如,经济创新人才、社会创新人才、文化创新人才、科技创新人才、教育创新人才、政治创新人才、网络创新人才、军事创新人才、医务创新人才、管理创新人才、环保创新人才,等等。对每一个创新人才还可以进一步细分,如艺术创新人才包括文学、绘画、书法、美术、雕塑、音乐、舞蹈、戏剧、建筑、电影、电视等诸多领域的艺术家。因此,创新人才的多样性,不可忽视不同领域创新人才的个性和特点,满足经济建设、政治建设、文化建设、社会建设、生态文明建设和党的建设对人才需求的多样化。

## 第二节 何谓创新

自古以来,人类对创新的解说层出不穷,世界各国对"创新"的认识和定义各不相同。发达国家能不能创新、如何创新?发展中国家能不能创新、如何创新？中国人能不能创新、如何创新？对一个企业和一个人而言，到底什么是创新。随着第四次工业革命的到来和新技术革命、新产业变革的迅猛发展，人类从农业社会、工业社会转向知识社会、智能社会的速度愈来愈快，创新对人类发展的地位和作用更加突出。"创新"成为人人热议、关注的热点和追求的目标。然而，究竟何谓创新，创新为什么，创新的思想从哪里来，可以说在相当一部分人思想认识里，还不同程度地存在着一些误区，对这些看似简单的基本问题其实并没有真正搞明白。让我们从思想认识的源头，以国际化视野、系统化思维、多元化角度，在理论与实践结合的基础上，对这些问题重新再认识、再思考、再升华。

## 一、创新的源起

从中华民族文明发展历程看，我们的先人们发明了造纸术、火药、印刷术、指南针，在天文、算学、农学、医学等多个领域创造了累累硕果。创新的例子在历史上、在生活中，可以说是俯拾皆是。比如，诸葛亮草船借箭，圆满完成周瑜交给的任务，也是创新。秦始皇统一六国后，立即着手统一文字，统一度量衡，在全国创立郡县制，这也是创新。资料显示，16世纪以前世界上最重要的300项发明和发现中，我国占173项，远远超过同时代的欧洲。[①] 中华民族不仅以造纸术、印刷术、指南针、火药等伟大创造闻名于世，而且在不断变革创新的实践中谱写了人类制度创新史。在官员选拔制度上有"科举制"，在政治改革上有"商鞅变法"，在军事变革上有"胡服骑射"，等等。中华民族是富有创新精神的民族。习近平指出："创新是民族进步的灵魂，是一个国家兴旺发达的不竭源泉，也是中华民族最深沉的民族禀赋，正所谓'苟日新，日日新，又日新'。"[②] 中国的先人们早就认识到："苟利于民，不必法古；苟周于事，不必循旧。"出自儒家经典《礼记·大学》：汤之《盘铭》曰："苟日新，日日新，又日新"，最能体现中华民族的创新精神内涵。"苟日新"是一种勇气，如果可以就要每日求新，就要勇于创新创造；"日日新"是一直

---

[①] 参见吕红波：《一个真实的创新中国》，北京：航空工业出版社2018年版，第11页。
[②] 《习近平谈治国理政》，北京：外文出版社2014年版，第51页。

状态，激励人们创新于当下，天天保持积极进取之心；"又日新"是一种追求，一日复一日，此日非彼日，新了还要新。

## 二、什么叫创新

创新是人类特有的认识能力和实践能力，是人类主观能动性的高级表现，是推动民族进步和社会发展的不竭动力。

2011年11月，我在瑞士圣加仑大学学习交流，有位教授讲到创新的含义很有针对性。他说，创新就是成功利用好新想法，达到新目标的新方式。创新不容易，第一，创新意味着改变，所谓推陈出新、焕然一新，无不是围绕着一个"变"字；第二，创新意味着付出，因为惯性作用，没有外力是不可能有改变的，这个外力就是创新者的付出；第三，创新意味着风险，从来都说一分耕耘一分收获，而创新的付出却可能收获一份失败的回报。创新确实不容易，创新包含"积极""勇敢""大胆"的深刻含义。这是我第一次从一个新的高度认识创新的含义。

从经济学概念看，创新是指以现有的知识和物质，在特定的环境中，改进或创造新的事物，并能获得一定有益效果的行为。经济学上，创新概念起源于美籍经济学家熊彼特在1912年出版的《经济发展概论》。[①] 熊彼特提出创新是指企业实行对生产要素的新组合。它包括五种情况：（1）引进新产品；（2）引用新的生产方法；（3）开辟新市场；（4）控制原材料的新供应来源；（5）实现企业的新组织。[②] 熊彼特的创新概念包含的范围很广，还有技术性变化的创新及非技术性变化的组织创新。从这五个方面来看，创新有三种类型：经营创新、技术创新、制度创新。20世纪90年代，我国把"创新"一词引入了科技界，形成了"知识创新""科技创新"等各种提法，进而发展到社会生活的各个领域，使创新的说法几乎无处不在。之后，国内外经济学家对创新的概念进行了丰富和发展，创新突出体现在三大领域：学科领域——表现为知识创新；行业领域——表现为技术创新；职业领域——表现为制度创新。

---

[①] 参见吴国林：《产业哲学导论》，北京：人民出版社2014年版，第204页。
[②] 参见许涤新：《政治经济学辞典（中册）》，北京：人民出版社1980年版，第517页。

从社会学概念看，创新是指人们为了发展需要，运用已知的信息和条件，突破常规，发现或产生某种新颖、独特的有价值的新事物、新思想的活动。创新的本质是突破旧的思维定式，旧的常规戒律。创新活动的核心是"新"，即用不同寻常的思考方法，想出新颖别致的点子，从而获得新奇独特的结果。它或者是产品的结构、性能和外部特征的改变，或者是造型设计、内容的表现形式和手段的创造，或者是内容的丰富和完善。创新的基础是信息。在科学研究中，几乎95%—99%的问题都可以通过科技文献检索获得启发。[1] 有人曾用诗一般的语言赞誉信息是经常提供重要情况的火花，点燃创造和发明天才的火焰。

从哲学的概念看，创新是一种人的创造性实践行为，人类通过对物质世界的利用和再创造，制造新的矛盾关系，形成新的物质形态。创意是创新的特定思维形态，意识的新发展是人对于自我的创新。发现与创新构成人类相对于物质世界的解放，是人类自我创造及发展的核心矛盾关系。创新的无限性在于物质世界的无限性。创新是创造对于实践范畴的新事物。任何有限的存在都是可以无限再创造的。矛盾是创新的核心。认识论认为创新是自我意识的发展。自我意识的发展是自我存在的矛盾面，其发展必然推动自我行为的发展，推动自我生命的成长。从认识的方面看，创新是更有广度、深度地观察和思考世界。从实践方面看，创新是能将这种认识作为一种日常习惯贯穿于具体实践活动中。创新是无限的。从辩证法的方面看，它包括肯定和否定两个方面，包括肯定之否定与否定之肯定。前者是从认同到批判的暂时过程，而后者是一种自我批判的永恒阶段。因此，创新是一种"质疑、怀疑"，是自我否定和自我超越，是永无止境的。

从文化的角度看，创新是文化的生命，文化是创新的源泉。"坚持用创新文化激发创新精神、推动创新实践、激励创新事业"，"让创新在全社会蔚然成风"。建设创新文化，需要从精神层面、制度层面和物质层面等多方面开展工作，其中最为重要的就是要全社会进一步增强创新观念，建立健全激励创新的管理体制和运行机制。思想是行动的先导，创新文化建设，首先要树立与创

---

[1] 参见林格：《思想哪里来》，北京：经济日报出版社2000年版，第4、5页。

新相适应的一系列思想观念，牢固确立以创新为荣的价值观，培育创新意识，弘扬创新精神，推进教育思想、管理体制、运行机制和工作方法的创新，加强创新人才培养，促进自主创新和原始创新，提供强大的精神力量。唤起万众创新的热忱与活力，推动文化创新、弘扬创新文化是重要基础和保证。在科技与社会一体化、知识经济带来的全球化以及文化多元化的时代，如何使民族传统文化与现代科学技术相结合，如何把文化传承与科技创新结合起来，更好地依靠科学技术进步促进人类文明发展，具有重大的理论和现实意义。

  从世界文明的发展史看，"创新"这个词第一次出现在16世纪中期，来自拉丁文的"innovatus"，意思是"重建、改变"。简单地说，创新就是找到新的方法来改变事物，它的一个有用的定义就是"创造新价值"。[1] 哥白尼创立日心说，推翻了以往的地心说，这是创新。共产主义理论是马克思于1845年创立的，在德国，马克思应用共产主义理论帮工人阶级成立工会组织。但经过70多年后，俄国和中国先后在马克思主义的理论指导下，成功地建立了社会主义国家。这都是创新。法拉第于1831年左右提出电学原理，直到1866年德国奥纳·西门子才应用此原理发明第一台发电机，历经35年发动机创新诞生。1938年信息论的奠基人香农发表了经典论文，首次引用二进制，而直到半个世纪后的1981年，世界上第一台个人计算机才出现，人类真正意义上实现了计算机的产业化，计算机创新诞生。1969年，美国国防部资助建立"阿帕网"，直到1990年，万维网的发明者蒂姆·伯纳斯·李设计了世界上第一个网页服务器。人类用了21年迎来了互联网时代。1956年人类正式开始研究人工智能，1987年神经网络作为一门新学科诞生，直到2016年3月15日，谷歌的AlphaGo战胜韩国围棋手李世石。电脑战胜人脑历经整整60年的时间，标志着人工智能的创新诞生。[2] 2017年5月，来自"一带一路"沿线的20国青年评选出了中国的"新四大发明"：高铁、扫码支付、共享单车和网购。这也是创新。世界文明发展的历史，就是不断创新发展的历史。当今世界，变革创新的潮流滚滚向前，变革创新成为推动人类社会向前发展的根本动力。谁排斥

---

[1] 参见〔美〕斯图尔特·克雷纳、戴斯·狄洛夫：《创新的本质》，李月、徐雅楠、李佳胥译，北京：中国人民大学出版社2017年版，第4页。
[2] 参见《创新之路》主创团队：《创新之路》，北京：东方出版社2016年版，第46—48页。

变革、拒绝创新，谁就会落后于时代，谁就被历史和人民所淘汰。

以上我们对创新的理解多数停留在概念和狭隘的认识之上，甚至还停留在迈克尔·波特的价值理论及五力模型时代，那是一种静态的、平面的创新。美国学者谢德荪著的《重新定义创新》认为，创新不只是静态的，也可以是动态的。创新可以分为两类：一类是科学创新，另一类是商业创新。科学创新：始创新或自主创新。商业创新：流创新＋源创新。①

科学创新是指自然规律的新发现，包括新科学理论、新产品新技术，可以称为"始创新"，或者叫"自主创新"。商业创新是指创造新的价值，可以分为"流创新"和"源创新"。"始创新"本身没有价值，它的价值基于我们如何使用它。对企业而言，创新的确能为企业带来好处，但关键不在于谁是创始者，而在于企业是否有能力应用创新来创造最大的价值。

流创新是用始创新来改进现有产品、改善现有价值链的创新活动。这个"流"字是"开源节流"的"节流"的延伸。在价值链某一环节的企业可用流创新来维持它的竞争能力，它的净利润也会由于创新的推动而不断增加，但它的竞争对手也会及时跟上竞争步伐，使企业净利润逐步下降。这说明不论哪一个环节，流创新所产生的优势都是不能长期持久的，要维持竞争优势，企业需要持续进行流创新。但是这样会增加企业的创新成本，在同一环节经常进行流创新活动会造成收益递减、企业净利润率下降。因此，在这一价值链中，不论哪一环节的企业，即使经常进行创新活动，也会面临发展停滞和净利润下降。处于生产环节的企业，巨大的竞争压力很可能造成净利润率下降甚至接近于零，使企业面临大的危机和风险。

源创新是指通过一种新的理念来推动对人们日常生活或工作有价值的活动，通过新的理念组合现有资源来满足创新的欲望。这个"源"字是"开源节流"中的"开源"的延伸，意思是全新的开始，从无到有。源创新简单讲就是破坏性创新，这类创新会产生新价值，并且破坏现有的市场，但更主要的是新科技对原有技术的破坏性。比如，硅芯片的新技术激发"每个人一台电

---

① 参见〔美〕谢德荪：《重新定义创新——转型期的中国企业智造之道》，北京：中信出版社2016年版，第7、8页。

脑"的新理念,破坏电脑主机市场,从而产生个人电脑的源创新。譬如,汽车的发明使人建立"汽车是一种比马车更方便的交通工具"的新理念,从而颠覆了马车市场。汽车刚发明的时候没有多少价值,因为那时没有修公路,汽车跑不远,后来公路修建起来也跑不太远,因为没有加油站、没有连锁餐饮店。因此,汽车价值链、道路工程价值链、汽油价值链、连锁快餐价值链以及修车价值链的形成,才能形成汽车生态系统。这说明新科技及新产品不是触发源创新的唯一诱因,很多时候了解消费者的欲望也可以成为激发源创新的原动力。

流创新与源创新的根本区别是什么:流创新以自身资源和力量来满足现有市场的需求,从而达到新的增加值的目的;源创新是通过新的理念价值,引导其他相关经济参与者加入,并组合大家的资源与能力来满足人们的欲望,以此来开拓一个新的市场。

## 三、创新名家说

中国科技部前部长万钢说:"所谓创新,就是人们利用新的知识、新的技术去创造新的产品,改进新的工艺,来推向社会,最终达到改善人民的生活、提高社会财富的目的。"[①]

2006 年诺贝尔经济学奖获得者埃德蒙·费尔普斯说,以经济标准来衡量的话,就是新的思维框架,新产品新方法的思维框架,它广泛地被社会所采纳。

大约 100 多年前,奥地利经济学家约瑟夫·熊彼特第一次系统研究了"创新"对经济发展的作用,提出了创新的概念。当时他的独特见解轰动了经济学界。从此,创新与经济和社会的发展结下了深厚的渊源。

1931 年,熊彼特在访问日本的时候,曾在一桥大学做过三场经济学演讲。在熊彼特之前,经济学家们将经济的本质看作如何实现供给和需求的均衡,有人认为可以通过价格的自由竞争,也有人认为可以通过政府创造需求,拉动民间的供给。但是,熊彼特发现了"创新"才是经济增长的原

---

① 参见《创新之路》主创团队:《创新之路》,北京:东方出版社 2016 年版,第 5—6 页。

动力。没有新产品、新技术、新市场、新组织的出现，就不会有真正意义的发展。①

实践证明这样的发展理念：汽车代替马车，数码相机十年时间就将胶片相机送进博物馆，有线电话取代了电报，手机取代固定电话，智能手机颠覆传统手机，各种产品的交替上演正在以更快的速度发生。未来将会有更多颠覆技术出现，不思进取的传统行业必然受到冲击甚至是被颠覆。

日本一桥大学创新研究中心主任米仓诚一郎说，熊彼特使用了一个很好的概念，经济的本质并不是均衡的，而是打破均衡。创造性地打破均衡的状态后，实现新的经济发展。这就是他所说的创新。

用创新破解生存发展的难题。18 世纪，蒸汽机的发明，开启了英国的工业革命；19 世纪，钢铁和化学工业，带动了德国的兴起；20 世纪，电气时代的到来，奠定了美国的领先；300 多年来，以科技创新为标志的历史进程，展现出世界发展的趋势。② 如果世界版图可以用创新来描绘，我们看到：对于一个国家的发展而言，尽管自然条件、地理位置和国土面积依然重要，但是国家实力、国与国之间的差距，将更多取决于创新的活力。

《创业的国度》作者索尔·辛格说，无时无刻都有新的东西出现，智能电话，互联网，没有人知道接下来会出现什么，他们只知道他们必须通过创新来站到这个曲线的顶端。他们同时也看到了国家必须加强创新才能在世界经济里面获取最大的经济利益。

创新，让我们正置身于一切皆有可能的时代，让未来更加充满想象。

中国科技部调研室前主任胥和平说："过去我们错过了科技革命的机遇，导致我们后来在近百年，甚至一百年的发展过程中，处于被动地位。现在看这种机会又来了，各种理论的突破、各种技术的突破、各种新型产业的快速发展，将深刻地改变世界发展的格局，改变世界发展的进程，世界要重新洗牌，中国的真正机会来了。"③

中国科技部前部长徐冠华说："我希望中国几十年以后，成为一个在创新

---

① 参见《创新之路》主创团队：《创新之路》，北京：东方出版社 2016 年版，第 7 页。
② 参见《创新之路》主创团队：《创新之路》，北京：东方出版社 2016 年版，第 13 页。
③ 参见《创新之路》主创团队：《创新之路》，北京：东方出版社 2016 年版，第 25 页。

活力方面走在世界最前列的国家。我确实有这样一个梦想,但是不是奢望,我觉得从我们民族的能力来讲,我们能做到这一点。"①

　　科技是国家强盛之基,创新是民族进步之魂。党的十九大报告指出:"创新是引领发展的第一动力,是建设现代化经济体系的战略支撑。"② 创新是国运所系、形势所迫、大势所趋。唯创新者进,唯创新者强,唯创新者胜。创新是国家兴旺发达的不竭动力,是我国改革开放取得成功的宝贵经验,是决定国家和民族命运的战略抉择,是实现党和人民奋斗目标的本质要求。历史实践证明,创新是使一个民族保持旺盛生命力的源泉,创新是民族进步之魂,这是被人类历史的实践所证实了的规律。近现代科技史表明,科技创新在哪里兴起,尖端人才就在哪里汇聚,发展的动力就在哪里迸发,发展的制高点和经济竞争力也就会转向哪里,现代化高潮相应地就兴起在哪里。近500年来,一些欧美国家正是抓住了这些科技革命带来的重大历史机遇,依靠科学技术、生产方式、经济体制、文化制度等各个方面的创新,一跃成为世界强国。而一些经济文化落后的国家,由于长期因循守旧、裹足不前,未能进行有效的变革创新,从而错失了科技革命带来的良机,最终沦为末流国家。从世界历史看,大国崛起呈现"科技强国—经济强国—政治强国"的历史规律。比如,英国在第一次科技革命后依靠完整的科技体系和持续的创新能力,成为世界上第一个工业国家。德国在以内燃机和电气化为代表的第二次科技革命后,一跃崛起为欧洲工业强国;美国抓住以电子信息等为代表的第三次科技革命机遇,一举成为世界头号强国;日本、韩国、新加坡等依靠科技创新,成功地实现了赶超,成为发达的经济体。③

　　在《创新之路》这本书中有这样一段话非常精彩,赋予了中国创新的深刻内涵和历史价值。这段话是:

　　　　在世界著名的大英博物馆里,珍藏着一个了不起的创新成果,即来自

---
① 参见《创新之路》主创团队:《创新之路》,北京:东方出版社2016年版,第25—26页。
② 《党的十九大报告辅导读本》,北京:人民出版社2017年版,第30页。
③ 参见吕红波:《一个真实的创新中国》,北京:航空工业出版社2017年版,第15—16页。

中国的青花瓷。

　　青花瓷产生于中国的宋代，最早以青瓷为主。到了元代，蒙古人崇尚白色，于是青白相融，构成了青花瓷的底色。在丝绸之路上，青花瓷的花色又融合了波斯商人的异域风情。后来，又加入了中原文化的松梅竹兰、蒙古人喜好的芍药牡丹、西亚地区婀娜的葡萄藤；再后来，欧洲人的审美也重塑了青花瓷。

　　青花瓷，这是中国文明与世界文明对话中缔造出的杰出创新。她绵延千年、纵横万里，世界上哪一个创新会有如此力量，打动不同民族、不同文化、不同审美的人！

　　中国有着创新基因非常丰厚的民族和人民，在21世纪的今天，它将被重新激活，再次踏上创新之路。①

综上所述，创新不仅是静态的，更是动态的。创新的本质是以新开发和新突破实现新变革与新发展；创新的主体是企业；创新的导向是市场需求；创新的源泉是文化和理念；创新的动力是不竭的进取精神；创新的保障是专利；创新的目的是为人民创造美好新生活；创新的实现形式是人才实践效应。科技诚可贵，市场价更高；创新诚可贵，颠覆价更高。不论是理论创新，还是实践创新；不论是文化创新，还是制度创新；不论是科技创新，还是商业模式创新；不论是组织创新，还是企业创新，最重要的是颠覆性创新，它源于颠覆性创意。理念创新是所有创新的总开关；文化创新是各种创新的源头活水；实践基础上的理论创新是社会发展和变革的先导；制度创新是其他一切创新的重要保障；科技创新是国家竞争力的核心。

## 第三节　人才创新从哪里来

　　人人都想创新，特别是人才的创新更有价值和意义。但是，我们应当创新

---

①《创新之路》主创团队：《创新之路》，北京：东方出版社2016年版，第26页。

什么？怎样创新？也就是说创新的动力、创新的思想、创新的策略是什么。这是大多数人重视还不够到位的问题。因此，人才想创新，会创新，创成新，才是我们的目的。

## 一、人才创新的动力

动力是推动人才创新投入某种活动并付出心血而追求目的实现的力量源泉。人才创新的动力可以分为：情绪、意志、兴趣和个性四个方面。创新是人才的革故鼎新的实践，也是贡献智慧的高级思维活动。

人才创新的动力一：情绪。情绪是人们在生活实践中对客观事物所持的一定的态度。从心理学上讲，情绪分为肯定性情绪与否定性情绪；积极性情绪与消极性情绪两大类。就情绪的内涵所言，包括情绪状态、热情、理智感、道德感和美感等。积极性的情绪和情感会带来积极的行为结果，消极性情绪和情感则有碍于行为目的的实现。对于人才创新而言，着重讨论的是积极性情绪与情感。积极的情绪与情感能够促进人才观察力、记忆力和想象力的发挥，从而提高创新的水平。人的积极性情绪与情感能促进智力因素的提高，从而促使创新取得成功。

首先，积极的情绪状态推动人才创新。[①] 这是在好的心境、激情和热情的状态下，对人才的世界观、价值观起着决定作用。向上的价值观直接有利于积极心境的形成。积极性激情为创新提供了非常重要的契机。对于专心于创新的人而言，热情是不可缺少的推动力量，也是成功创新的基本心理条件。许多创新大师创新的热情近乎到了"痴癫"的地步。比如爱迪生婚礼后就去实验室，陈景润满脑子是数学解题方法，走路时碰在树上而浑然不觉。

其次，理智感作为人的一种高级情感，既是在创新中产生，又成为创新活动的推动力。好奇心是人才创新不可缺少的心理动力，因为没有好奇心，创新的动机也就无从谈起。爱因斯坦有句名言："我没有什么特殊的才能，不过是喜欢寻根刨底地追究问题罢了"。[②] 巴甫洛夫发现狗看见食物就流口水的现象，

---

① 参见林格：《思想哪里来》，北京：经济日报出版社2000年版，第51—56页。
② 参见林格：《思想哪里来》，北京：经济日报出版社2000年版，第53页。

好奇心促使他创立了高级神经活动生理学。成功的创新者，具有强烈的好奇心，好奇心引出惊奇感，从而使创新者提出问题、思索问题，启动他的创造性思维与想象。

第三，道德感是人的思想、作风和行为是否符合社会道德准则而产生的情感体验，高尚的道德感是推动道德行动的强大内驱力，也是激励创新者努力创新的内驱力。道德感包括爱国情感、集体情感、自尊心、荣誉感、事业心、责任感等内容。爱国情感既是创新者进行创新活动的心理激励，也是创新者竞争的心理推动力。我国人工合成核酸的科研成功，就是科技人员在爱国主义情感激励之下所取得的成功范例。创新离不开集体主义情感。集体主义情感，实质上就是团队精神。在今天，离开团队精神，也就意味着放弃了创新活动的整体协同推进。日本人的团队精神创造了日本的奇迹，我们应当认真学习他们的长处。强烈的事业心能充分调动人才的智力因素，促使人才专心致志，增强人才创新敏感性和创新意识。我国"两弹一星"研发成功，就是人才创新的事业心、责任感在心理因素上的集中体现。责任心强有助于提高人才创新的水平与质量。以色列是世界上创新先进的国家，对学生的教育强调责任心和使命感就是改变世界。

第四，在成功的创新者情绪中，美感也是不可或缺的。美感有一种愉悦的情感体验，还有一种倾向性的情感体验。居里夫人曾指出："科学的探索研究，其本身就含有至美。"① 美感能够在一定程度上触发人们的灵感，美感对陶冶创新者的情绪很有作用，它可使创新者的情绪稳定而又愉快，心情舒畅，心胸开阔；美感还能触发人的创造动机，向往美的境界，有助于开拓人的思维境界，活跃思路。美感也有助于人们提高鉴赏力，激发人的求知欲、好奇心，有助于创新的开展。

人才创新动力二：意志。有志者事竟成。意志是创新成功的先决的心理条件，对创新有着重要的激励与指向作用。凡是成就突出的科学家、艺术家都有着远大的志向。爱迪生说："我的人生哲学就是工作，我要解开大自然的奥秘，并以此为人类造福。我们在短暂的一生中，我不知道还有什么比这种服务

---

① 转引自于文书：《宣传美学》，北京：人民出版社1999年版，第52页。

更伟大的了。"① 创新要成功，必须把意志和行动结合起来，脚踏实地前进。古今中外，凡成功人士无一不是如此。

创新成功先决心理条件之一在于意志的自觉性。它是指一个人对行动的目的与意义有着正确认识，并能自觉地支配自己的行动，以期达到预定的目标。创新者的意志自觉性，有助于树立明确的创造目标，把注意力集中在创新目标，充分发挥创造性思维与想象，从而提高创新效能。

创新成功先决心理条件之二是意志的果断性。意志的果断性是指一个人善于明辨是非，当机立断做出决定，并且执行决定。果断性不是盲动和蛮干，而是以正确性认识和勇敢行动为特征的。在创新的各阶段，要很好地把握各个关键时刻，谨防轻举妄动。同时，也千万不要犹豫不决。

创新成功先决心理条件之三还表现为意志的顽强性。也就是说人才在执行决定过程中，要始终围绕奋斗目标坚持不懈，久久为功，不达目的誓不罢休。意志顽强性是人才创新最重要的意志品质，恒心和毅力是其密不可分的两个构成因素。

马克思写《资本论》用了40年数易其稿，摩尔根的《古代社会》花费40年精心撰写。达尔文的《物种起源》耗时15年之久，李时珍写作《本草纲目》长达27年，居里夫妇为了从数吨铀矿渣中提炼出纯镭，数年如一日地坚守，全然不顾条件之艰苦和恶劣。华为是一家初始资本只有2.1万元的民营企业，经过30多年的奋斗，如今华为的电信网络设备、IT设备和解决方案以及智能终端已应用于全球170多个国家和地区，年销售收入5000亿元，位列世界500强。其成功秘诀就在于华为的"傻功出精品""乌龟精神"和"拒绝机会主义"，始终在电信行业的坚守和持续不断地创新，不被路旁的鲜花所干扰，沿着既定的道路，坚定信心地朝前走。

人才创新动力三：兴趣。兴趣指兴致，对事物喜好或关切的情绪。兴趣是人才对事物的特殊认识倾向，它表现为人才对某件事物、某项活动的选择性态度和积极的情绪反应。兴趣在人才的创新中具有重要的意义，可以使人集中注意力，产生愉快紧张的心理状态。兴趣乃创新的敲门砖，没有浓厚的兴趣，就

---

① 转引自林格：《思想哪里来》，北京：经济日报出版社2000年版，第57页。

不可能产生成功的创新。达尔文说:"热衷于一切我所认为有趣的事物,并且以了解任何问题与事件为极大满足。"① 丁肇中做实验常常数日数夜,有人问他苦不苦,他回答:"一点儿也不苦。正相反,我觉得很快活,因为我有兴趣,我急于要探索物质世界的秘密。"

从兴趣的广度看,兴趣广泛的人通常称为"通才",它是相对"专才"而言的。通才的心理特点就是兴趣广泛,具有广泛的知识、丰富的经验和广阔的思维。许多卓著的创新者并不仅仅局限于专业方面,而是兴趣广泛。竺可桢在气象、地质学、天文学、生物学、自然资源考察、科学史等方面都有重大成就。美国学者赫伯特·西蒙在经济学、心理学、计算机和人工智能等领域都有所创新,曾先后获得诺贝尔经济奖,心理学卓越贡献奖等。

从兴趣的中心看,如果说兴趣广泛贵在博,那么兴趣中心则贵在专。许多通才式的创新者其实在某个领域都是卓有建树的专才。张衡作为通才,他在天文、地理、机械、文学、绘画等方面都有独特贡献。但是,张衡的兴趣中心乃是天文学和地震学,他发明了水运浑天仪、动地仪。祖冲之兴趣广泛,对数学、天文、历法、哲学、文学、音乐无所不涉,但他的兴趣中心是数学,在这个领域贡献极为卓越。因此,只要把兴趣广泛与兴趣中心有机结合,则会使人既在多方面取得成功,也能在某一个领域作出突出的贡献。

从兴趣的稳定性看,如果一个人既有兴趣广泛、又有兴趣中心,但不能长期坚持,也很难有所作为的。这就要求兴趣一定要有稳定性和可持续性。对许多人才来说,都是在某一个领域坚持几十年不停步,创新成为他们生活的核心和主旋律,成为生活的灵魂。著名古生物学家杨钟健八十寿辰时,曾以《八十不老》为题写下"年近八旬尚丹心,欲与同辈共攀登"的诗句自勉,直到生命垂危时刻,仍关心古生物学的发展。实践证明,创新与坚守是紧密关联的,坚守是创新的"蓄电池",创新是坚守的"闪光灯",没有数年的坚守,就没有成功的创新。

从兴趣的效能看,如果一个人兴趣仅仅停留在期望、等待的状态,而无实际行动,那么这种兴趣对成功创新不起任何作用。人才创新要在兴趣广度、中

---

① 转引自林格:《思想哪里来》,北京:经济日报出版社2000年版,第58—59页。

心、稳定性的基础上，提高兴趣效能水平。因为兴趣广度、兴趣深度和兴趣稳定性对创新的实际效应与作用大小最终都要通过兴趣效能来体现。人才在创新的实践中，必须高度重视兴趣效能问题，因为兴趣往往决定创新成败。

总之，人才创新既要有广泛的兴趣，又要有中心兴趣，还要有保持兴趣的稳定性，并能善于发挥兴趣效能，这些都是人才创新成功的良好的兴趣特征。

人才创新动力四：个性。所谓个性就是个别性、个人性，是一个人在思想、性格、品质、意志、情感、态度等方面不同于其他人的特质，任何人都是有个性的，也只能是一种个性化的存在，个性化是人的存在方式。个性包括个性活动的倾向性，如动机、理想、信念等；还包括个性特征，如气质、性格等。一般个性化突出的人，也是人才创新能力强的人。

从人才创新个性活动的倾向性看，① 个性对人才创新的作用很大。首先我们不难理解创新动机对创新的意义之所在。创新动机有高低之分，有数量多寡之别。高尚的动机是有益于国家、社会和人类的发展。在众多的动机中，主导动机决定着创新的方向。有人为金钱去创新，有人为名誉去创新，也有人淡泊功名利禄，全心全意为促进社会和人类的发展进步而创新。许多实践证明，凡是有大作为和重大创新的专家学者，都有崇高的理想境界和高尚的创新动机，具体说就是德行很高。在人才创新的实践中，往往人才的境界和德行决定着创新的成败。人才的创新与个性的关系，实际上是德与能的关系，一个人的德行越大，能力的发挥就会沿着正确的方向、在更大的平台上起着作用。人才的创新也是这个道理，不能把德和能两者割裂开来。

从人才创新的个性特征看，一个人有了高尚的创新动机，还需要有创新的胆识，因为它能帮助创新者高瞻远瞩，瞄准方向。李政道指出："做科学研究，不仅要知道已有的科学方法，更重要的是了解哪些是科研重点。只有在尚未被开辟的领域内才能创造出新天地。"这说明人才创新既需要有胆，也需要有识。胆识其实就是能否坚持真理、修正错误。这种性格能够充分调动创新者的智力水平，想象力十分活跃，有的人甚至进入忘我之境。自我批评的性格品质也是需要的创新个性之一，它能够促进、提高创新者思维批判性与思维精确

---

① 参见林格：《思想哪里来》，北京：经济日报出版社2000年版，第61、62页。

性，及时纠正创造性思维不符合事实的情况。正如竺可桢所说："独立思考，进行复杂的创造性劳动完全不犯错误是不可能的。不怕犯错误，只怕知道错误而不改。唯有批评和自我批评，开展讨论，才能改正错误。"古今中外的杰出创新人士大多是勇于自我批评，公开承认错误，从而有助于创新水平的提高。自我批评的性格品质，能使创新者头脑清醒，正确地评价自己，激发永不满足的创新欲望与上进心，不断地激发创新意识，不停顿地进行创新。很多优秀的创新人才越是追求新的创造，越是保持谦虚谨慎，清醒地看到自身的不足，明确今后创新的努力方向。

## 二、人才创新的思维

恩格斯说："思维是地球上最美丽的花朵。"① 创新是其中最璀璨的一枝。它一旦被造化孕育出来，就会把整个世界装点得斑斓多姿。人才创新不仅是一项实践活动，更重要的是一项思维活动。思维是行动的先导，创新思维是创新活动的智慧源泉。如果没有了创新思维，那么创新将成为无源之水、无本之木。如果没有创新实践活动，创新只能是画饼充饥、空中楼阁。

孕育创新的灵感。灵感是创造性劳动过程中出现的一种功能达到高潮的心理状态。从苦思冥想到灵感的凸显，从灵感凸显到思路清晰，有一个承前启后的过程，这就是创新思维的形成过程。那么在现实生活中灵感是怎么来的，创新思维的方法是什么。当然灵感是从大脑里来的。那么为什么同是拥有大脑的人，有的人会有灵感，有的人没有灵感呢？因为人的思维形式由逻辑思维、形象思维和灵感思维三种思维组成②，这主要是人与人之间在这三种思维上存在差距。逻辑思维是运用概念、判断、推理去反映事物本质；形象思维是用图形、音响、模型等材料作为主要思维手段，其特点在于直观性、生动性；灵感思维有时出现在自觉的思考之中，但更多的是由潜意识在紧张思考之余突现的，具有突发性、随机性、模糊性等特征。

首先，灵感不会天上掉馅饼，只会垂青于有思想准备的人。不经过艰苦的

---

① 转引自杜丽燕：《中外人文精神研究（第九辑）》，北京：人民出版社2016年版，第5页。
② 参见林格：《思想哪里来》，北京：经济日报出版社2000年版，第64页。

努力思维，是不可能使头脑有准备的。人在创新思维的时候甚至不亚于单相思者对恋人的痴情，达到忘我的境界，才能结出创新之果。比如，凯库勒发现苯环结构图之前，早已认识到苯由6个氢原子和6个碳原子组成，但却画不出苯的分子结构图。他被苯的分子结构深深迷住了，废寝忘食，夜以继日，全神贯注。就在他困顿迷惑之时，灵感终于光临他的大脑，发现了苯的结构图。由于他是在半睡眠状态中获得灵感的，所以，他深有感触地发出号召："让我们学会做梦吧！"由于人们常常带着问题入睡，对一个问题思考多日没想通，但有时会在似睡非睡的状态下把问题解决了，也就是灵感出现了，这已被许多创新者所证明。

其次，灵感存在于潜意识之中，有时"山重水复疑无路，柳暗花明又一村"。潜意识思维常常跨越或省略了常规的思维分析过程，直接地获得最终答案。我们在日常生活、学习和工作中，常常对一个关注很长时间的问题有了结论，但不知道结论的原因是怎么形成的。潜意识思维当你百思不得其解的时候，在思考很长时间的死胡同里，突然茅塞顿开，豁然开朗，难题突然之间有了答案。因此，灵感看似神秘，让人云遮雾罩，忽隐忽现，但是，灵感又不神秘，它就存在于我们身边，有时甚至伸手可及。

第三，灵感源起异想天开，人异想天才能开，不异想天永远不能开。要获得灵感必须经过长时间的逻辑思维。由于灵感常常与胡思乱想、异想天开混在一起，因此，在灵感闪光之后，就需要依靠抽象的逻辑思维去伪存真、由表及里地深加工。不然，所谓的灵感的思想火花依然呈现零散、碎片化状态，不可能加工成条理清晰的理论体系，也就没有论证和说服力，一个创新的灵感就失去了转化为创新成果的机会。要鼓励人才异想天开。人才创新不要以出成果的名义干涉人才的研究，不要用行政化的公共管理的方式约束人才。现在一些地方在推动创新过程中，很多是用非创新的办法、行政的办法压制了人才的创新。因此，人才创新、科学家研究要着眼于长远，不能急功近利，欲速则不达，要按照人才创新的科学方法去创新，而不是用行政的办法去创新。

掌握创新的思维方法。在人才创新的实践中，较多人强调创新要靠机遇、勤奋或者天赋，甚至强调外部环境等，应当说这些有一定的道理。但是这些不可过多地予以张扬和赞赏。在现实生活中，有的人才并没有机遇，天赋也不高,甚至外部环境也不好,却搞了很多发明创造。比如,爱迪生一生做出了数以千计的发明,不可能都是机遇使然;华罗庚是我国著名数学家,却只念完小学;微软创始人比尔·盖茨大学未上完就从法学转向计算机研究领域,创造了世界创新奇迹;古今中外,辛勤耕耘者不计其数,却依然有许多人劳而无功,抱憾终生。这说明机遇、天资、勤奋、环境等都不是创新思维的决定因素,常规思维的人不可能形成创新性思想。一个人如果在已有的知识、理论、规范内打转,就很难冲破传统观念的束缚,产生新的思想。

"理论是灰色的,生命之树常青"。对创新思维而言,常青的思维方法从其本义上讲,应当是"法无定法"的,但即使如此,我们还是能够找到"无定法之法"的基本思维方法。

创新需要相似联想。联想是形成科学创新的一条重要渠道,也是应用最为广泛的路径。有广告语"要是没有联想,人类将会怎样",其电视广告的背景是罗丹的著名雕塑作品《思想者》,可谓绝妙的创意!联想是由于某人或某事而想起其他相关的概念所进行的想象或激发的幻想,幻想力图在概念之间建立某种相似关系。联想实际上是对头脑中已有的各表象的一种重组,在思维中把割断了联系的、甚至是风马牛不相及的事物重新联系起来,这样的联想一旦产生就会形成幻想。比如,牛顿在看到苹果掉到自己头上之后进行联想,月亮为什么不会掉到地球上?把地球上的物体与太空中的星体在思维中联想起来,这是牛顿万有引力概念及万有引力定律的萌芽。后来,这一幻想又发展成为万有引力定律假说。又经过一个半多世纪,随着海王星的发现,这一假说最终得到实践的验证,从而变成科学理论,即牛顿万有引力理论。在现实生活中类似的联想有很多,但由于人们没有专注投入和联想,没有从事物存在的多种属性中找到不同事物中属性相似或相同的之处,进而不能通过联想在它们之间建立联系,因而无法"异中求同",这将不利于从不同事物中受到启发,做出创新成果。大多数人才认为创新很难,不知从何处入手。其实创新并不难,只要做有心人、善于动脑筋,就能从丰富多彩的现实生活中得到有益的启示,尤其是碰到一些有趣的现象或意外情况,更不要轻易放过它。

创新需要发散思维。如果说相似联想是"异中求同",那么,发散思维则反其道而行之,重在求异。发散思维也叫求异思维,是指大脑在思维时呈现的一种扩散状态的思维模式，它表现为思维视野广阔，思维呈现出多维发散状。如"一题多解""一事多比""一物多用"等方式，培养的是发散思维能力。发散思维是创造性思维的最主要的特点，是测定创造力的主要标志之一。发散思维具有流畅性、变通性、独特性和多感官性等特点。流畅性就是观念的自由发挥，反映的是发散思维的速度和数量特征。变通性就是克服人们头脑中某种自己设置的僵化的思维框架，按照某一新的方向来思索问题的过程。独特性指人们在发散思维中做出不同寻常的异于他人的新奇反应的能力。独特性是发散思维的最高目标。多感官性不仅运用视觉思维和听觉思维，而且也充分利用其他感官接收信息并进行加工。发散思维还与情感有密切关系。如果思维者能够想办法激发兴趣，产生激情，把信息感性化，赋予信息以感情色彩，会提高发散思维的速度与效果。发散思维并非高深莫测的，哥伦布竖鸡蛋的典故众人皆知。按通常的思维定式，谁也不能把椭圆形的鸡蛋竖起来，但哥伦布自有主张，打碎蛋壳不就能行吗？"打破蛋壳"就是求异。[①] 发散思维是一种多方面、多角度、多层次的思维过程，其鲜明的特征在于大胆创新，不受既有观念的束缚，这极有可能从已知导向未知，实现创新。

创新需要逆向思维。当大家都朝着一个固定的思维方向思考问题时，而你却独自朝相反的方向思索，这样的思维方式就叫逆向思维。人们习惯于沿着事物发展的正方向去思考问题并寻求解决办法。其实，对于某些问题，尤其是一些特殊问题，从结论往回推，倒过来思考，从求解回到已知条件，反过去想或许会使问题简单化。逆向思维的特性之一也是突破常规，只是不像发散思维那样从多个角度、多种层面而是从对立、相反的角度去思考问题进行创新。一切事物都有两面性，对立面，从相反的角度去思考有时真是别有洞天，效果奇妙。用逆向思维离不开唱反调，也不要怕别人嘲笑责难。事实上，一切所谓正向的思维都会有陷于困境而无奈的时候，这表明它可能是犯了方向错误，反其道而行之往往就会奏效。运用逆向思维，需要自我否定，更需要诚实和毅力、勇气。比如电磁感应定律的发明，就是运用逆向思维的结果。1820年丹麦哥本哈根大学物理学教授奥斯特，通过多次实验发现电流的磁效应。英国物理学

---

① 参见林格：《思想哪里来》，北京：经济日报出版社2000年版，第69页。

家法拉第怀着极大的兴趣重复了奥斯特的实验。他认为电和磁之间必然存在联系并且能相互转化。他想既然电能产生磁场，那么磁场也能产生电。为了使这种设想能够实现，他从1821年开始做磁产生电的实验。无数次实验都失败了，但他坚信，从反向思考问题的方法是正确的，并继续坚持这一思维方式。十年后，法拉第设计了一种新的实验，他把一块条形磁铁插入一只缠着导线的空心圆筒里，结果导线两端连接的电流计上的指针发生了微弱的转动，电流产生了！随后，他又设计了各种各样的实验，如两个线圈相对运动，磁作用力的变化同样也能产生电流。法拉第十年不懈的努力并没有白费，1831年他提出了著名的电磁感应定律，并根据这一定律发明了世界上第一台发电装置。如今，他的定律正深刻地改变着我们的生活。法拉第成功地发现电磁感应定律，是运用逆向思维方法的一次重大胜利。与常规思维不同，逆向思维是反过来思考问题，具有批判性和新颖性特点，是用绝大多数人没有想到的思维方式去思考问题。运用逆向思维去思考和处理问题，实际上就是以"出奇"去达到"制胜"。因此，逆向思维的结果常常会令人大吃一惊，喜出望外，别有所得。

创新需要侧向思维。侧向思维的思路、方向不同于正向思维、多向思维或逆向思维，它是沿着正向思维旁侧开拓出新思路的一种创造性思维。侧向思维就是利用其他领域里的知识和资讯，从侧向迂回地解决问题的一种思维形式。在人才创新的实践中，侧向思维常能收到意外的创新成果。人们形容花费专门精力求之不得而获得意外的成功时，爱用"有心栽花花不开，无心插柳柳成荫"来描述欣喜心情。这里面就包含着侧向思维。侧向思维就是把注意力转向外部因素，从而找到在问题限定条件下的常规方法之外的新思路。世界万物是彼此联系的，从别的领域寻求启发、方法，可以突破本领域常有的"思维定势"，打破"专业障碍"，从而解决问题，或者对问题作出新颖的解释。历史上甚至有这样的现象，一些人在自己的领域内未见有什么大的进展，而在别的行业却成绩斐然。例如美国画家莫尔斯发明了电报，美国自行车修理工莱特兄弟发明了飞机，学医的鲁迅、郭沫若却成为文学、史学领域的"大家"。比如，早期自行车用的是实心轮，骑得很费力。有一次英国医生邓禄普在花园用胶皮水管浇花时，一直担心在卵石路上骑车的儿子颠簸摔倒。他突然下意识地看了看手中水管，就用胶管制成了第一只空心充气轮胎。这就是侧向思维中侧向移植的经典之作。再比如人们从馒头发酵后因气泡而松软，所以侧向外推，发明了海绵橡胶、泡沫塑料、泡沫砖等新产品。① 总之，不论是利用侧向移入、侧向转换还是侧向移出，关键的窍门是要善于观察，特别是留心那些表面上似乎与思考问题无关的事物与现象。这就需要在注意研究对象的同时，要间接注意其他一些偶然看到的或事先预料不到的现象。也许这种偶然并非是偶然，可能是侧向移入、移出或转换的重要对象或线索。

创新需要科学幻想。《辞海》上对"科幻小说"的定义是："依据科学技术上的新发现、新成就以及在这些基础上可能达到的预见，用幻想的方式描述人类利用这些新成果完成某些奇迹的新型小说。"《简明不列颠百科全书》第四卷将"科幻小说"定义为"20世纪发展起来的一种文学体裁，这种体裁的小说以真实或想象的科学理论的发现为基础"。当人们提到科学幻想一词，许多人就会想起19世纪著名科幻作家凡尔纳。这位杰出科幻作家在一个多世纪前就幻想了20世纪才出现的潜水艇、直升机、导弹、坦克等。无疑，科学幻想既是激励人才创新的动力，也是引导人们创新的萌芽。爱因斯坦说："想象力比知识更重要，因为知识是有限的，而想象力概括着世界上的一切，推动着进步，并且是知识进化的源泉。"② 爱因斯坦正是靠非凡的想象力，幻想人如何能够追赶上光速的情景，经过艰苦努力创造出相对论。大多数科学家都是从科学假设搞出发明的，而科学假设又开始于科学幻想。有人说每一种假说都是想象力发挥作用的产物。任何人创新的第一步，都是借助想象力而开始的。我们很难想象，一个没有想象力的人，在工作上取得创新是不现实的。因此，知识就是力量，但不是最具决定性的力量；想象力才是最根本的力量。无论你相信与否，一个梦幻的时代离我们越来越近了。可以说，人类社会未来的竞争是人才的竞争，但再进一步讲就是人与人想象力之间的竞争，谁拥有想象力谁就拥有创新的竞争力，谁就将拥有未来。

创新需要把握创新源头的改变。南京大学钱志新教授在"教授课堂"中提出，当代创新的源头已发生大的变化，以往创新来自研究院和实验室，现在

---

① 参见林格：《思想哪里来》，北京：经济日报出版社2000年版，第71页。
② 转引自张之沧、林丹：《当代西方哲学》，北京：人民出版社2007年版，第18页。

创新将来自数据和场景。大数据反映了事物之全貌，通过分析洞察可发现其中的问题和不足，这是最实际的创新源头。场景作为终端离客户最近，客户的潜在需求是最重要的创新源头。国际上医学专家提出一个新理论，"人是由微生物决定的"。微生物是生物界的老祖宗，有极其强大的生命力，人体内有海量的微生物，对人的生长壮大具有重要作用。专家研究认为人的身体健康和智力水平全部由微生物起决定性作用。产业金融是产业发展的新要求，其基本内涵有两个方面：一是金融必须服务产业，金融不能自我发展，需要与产业相融合，在产业发展中发展自身；二是应用金融理念发展产业，金融为新的思维方式，不是简单地解决融资，更为重要的是实现产业增值。对资产要有新的认知，传统经济重视硬资产，包括土地、厂房、设备等，这无疑是重要的。新经济重视的资产有三大点：一是轻资产，主要是人力资产；二是软资产，主要是技术专利和知识产权；三是新资产，主要是数字资产和网络资产。如果在创新的实践中不能从理念和思想源头上发生转变，就不可能适应新的科技革命和新的产业变革的新的更高要求，这是不以人的意志为转移的。

马云在2017年无锡世界物联网博览会的演讲中提出，首先，数据将成为最重要的生产资料，如果说第一次技术革命，煤是主要的生产资料、煤是主要的动能。第二次技术革命，动能是石油、电。这次技术革命，以创新驱动为标志，数据将成为最重要的生产资料。其次，生产力、云计算、计算能力将成为一种强大的生产力。第三，互联网本身是一种生产关系，如果不把互联网当作一种生产关系去思考，我觉得麻烦也会越来越多，互联网不是互联网公司的互联网，互联网是全社会的互联网。他还提出了新零售、新制造、新金融、新技术、新能源等"五个新"，并认为新零售是要重新定义零售，新制造必须重新定义制造，新金融必须重新定义金融。第四，没有互联网的制造业是没有希望的，当然没有制造业的互联网更没有希望。没有互联网的制造业，认为这些制造业很快就会崩溃掉，没有制造业的互联网，那我觉得也是空中楼阁。制造业必须要学会拥抱互联网，未来的制造产品将打破国界，将不会是 Made in China、Made in USA，未来的制造业应是 Made in Internet，未来的制造业全是在互联网上制造，我们应当认识到，未来的制造业本质上是一个服务业，它不是一个纯制造业，制造业作为工业的趋势已经过去。

钱志新在"教授课堂"中提出，创新是一个体系。其中理念创新处于首位，创新需要自由的理念，这是创新之核心；制度创新高于技术创新，创新需要有试错的机制，这是创新之关键；技术创新为创新基本内涵，这是创新之成果。创新文化是一种创造力文化，这种文化有两个基本点：一是个体是创新的基础，创新需要个人的原创力，发挥个人的创造力是创新之源；二是合作是创新的机制，创新需要合作获得资源和能力，合作是创新获得成功的强大动力。

人才创新的动力与人才创新这两个问题，是人才创新的源头活水，是创新活动的智慧源泉。目的是解决人才创新的思想从哪里来的问题。人可以一无所有，但不能没有思想，因为没有思想，我们的热血和梦想就会冷却。人的创新思想是从哪里来的。毛泽东曾指出："一个正确的认识，往往需要经过由物质到精神，由精神到物质，即由实践到认识，由认识到实践这样多次的反复，才能够完成。这就是马克思主义的认识论，就是辩证唯物论的认识论。"[①] 毛泽东同志的这段精辟论述，回答了人的正确思想是从哪里来的问题。创新，即是人的实践活动，如果没有实践活动，创新就会成为画饼充饥、空中楼阁；但是，如果没有创新思维，创新就会成为无源之水、无本之木。钱志新在"教授课堂"中提出，认知越来越重要，人类的认知是自己对事物的诠释。人对客观事物的认知，是从自己感知开始的，感知也是人类特有的认知方式。人工智能是新的认知革命，对未来的认知源于对世界的重新定义，这是认知方式的全新要求。新的投资模式是赋能式投资，通过向被投资企业输出"产业+管理+资金+市值"的赋能式综合解决方案，推动上市公司转型升级和价值增长。赋能式投资核心是投入，寻找有潜在能力的团队，与团队一起成长，在价值成长中分享价值。从产品竞争走向产品生态竞争，这是当今竞争的新态势。科技创新加速产业的融合，基于产品分类的产业边界日益模糊，市场主体已超越产业和企业的界限，形成互依共生的生态系统，跨界发展将成为产业和企业竞争的新常态。

---

① 《毛泽东著作专题摘编》（上），北京：中央文献出版社2003年版，第65页。

# 第二章　人才创新的时代特征

人才激扬创新的能量，创新引领时代发展。我国进入了新时代，需要培养具有国家至上、民族至上、人民至上，胸怀大局、心有大我的家国情怀，具有优秀道德品质和强烈的社会责任感的新时代人才。在科技日新月异、社会加剧变革的时代面前，要加快培养大数据、人工智能、量子科技、生命科学等方面的专业高端人才，培养具有思维整合能力，能够应对各种变化和解决复杂问题的跨学科复合型创新人才。这些都是适应新时代发展规律的基本特征在人才创新上的具体体现。因此，我们要从新技术革命、市场作用、产业发展和人才素质等方面探究人才创新的时代特征，改变过去就人才论人才、就创新论创新的传统思维。

## 第一节　新技术革命呼唤创新人才

新一轮科技革命正在引发第四次工业革命，量子革命、信息技术、生物技术、新材料技术、新能源技术广泛渗透，成为重塑世界经济结构和竞争格局的关键。当今世界，新一轮科技革命和产业变革风起云涌，科技创新成为第一动力源，人才成为第一资源。这一轮科技革命带来很多新知识、新科学发现和新技术发明，如人工智能、量子科学、基因编辑等一些领域的重大科技创新。比如，人工智能依托互联网、大数据技术，在越来越多专门领域的博弈、识别、控制、预测中接近甚至超越人类个体智慧的能力。科技革命越是快速发展、产业变革越是向纵深推进，经济社会发展对人才特别是创新人才的需求就越大、越迫切。

## 一、新一轮科技革命和产业变革的深远影响

从科技发展的历史看，每一次科技革命以及带来的产业变革，都极大地提高了人类认识自然、利用自然的能力，带来生产力的大发展、人类文明的大跃升。

李克强总理在国务院党组理论学习中心组学习讲座上强调："当前，新一轮世界科技革命和产业变革孕育兴起，它具有极大的冲击力，正在对人类社会带来难以估量的作用和影响，将引发未来世界经济政治格局深刻调整，可能重塑国家竞争力在全球的位置，颠覆现有很多产业的形态、分工和组织方式，实现多领域融通，重构人们的生活、学习和思维方式，乃至改变人与世界的关系。这其中既蕴含着重大机遇，但也存在巨大的不确定性，未知远大于已知，会带来许多方面挑战。凡事预则立，不预则废。面对渗透各方、扑面而来的科技革命和产业变革浪潮，我们必须站高、看远、想深、谋实，增强紧迫感，以积极作为抢占制高点、把握主动权，开创我国现代化建设的新未来。"①

人们的已知远远小于未知。有人说，未来100年内人工智能可能比人类更聪明。英国物理学家霍金曾预言，"人工智能的崛起，要么是历史上最好的事情，要么是最糟的，但是到底是好是坏现在还不能确定。……我相信生物电脑可以达到的和计算机可以达到的没有本质区别。"② 他认为计算机理论上模仿人脑，并且超越人类的智能是成立的。人工智能与人类智能的竞争将是怎样的结局则很难预测。再比如，量子革命使我们对物质世界的认识有了深刻的变化，导致量子科学在更广阔领域的应用，量子通信突破了摩尔定律和香农定

---

① 《李克强：准确把握世界科技革命产业变革新趋势，深入实施创新驱动，努力赢得发展未来》，载《人民日报》2017年6月26日。
② 霍金：《让人工智能造福人类及其赖以生存的家园》，2017年全球移动互联网大会在北京会议中心开幕式上的演讲，来源百度知道。

理①的极限，可以构建起全新的安全通信网络，量子计算可使人类计算能力实现新的巨大飞跃。再如，基因编辑对生物医学、人口健康、农业育种等领域影响是深远的，但对人类伦理的挑战和可能引发的"脱靶效应"等生物安全后果也未完全可知。总的看，这次科技革命反映了人类发展的大趋势，关键是要勇于探索，善于把握机遇，任何大机遇中挑战都是不可避免的。钱志新在"教授课堂"中提出，新技术革命一般要经历三大发展阶段：第一阶段1.0在技术界，新技术从诞生到逐步积累，突破核心技术；第二阶段2.0在产业界，新技术与产业融合，形成大规模应用；第三阶段3.0在社会界，新技术影响到全社会，引起生产方式和生活方式的大变革。这只能是我们对新技术革命的初步认知。

科技革命导致产业跨界融通日趋加深。过去的科技革命引起的产业变革也有一定的跨界融通，但是没有像今天这么广泛而深入。量子科学、人工智能和基因编辑也是相互融通的。量子科学推进信息计算的巨大变化，也会促进人工智能、基因编辑技术等的发展，这三者又与大数据、云计算等方面的技术进步密切相连。现在的信息、新能源、新材料、生物等技术的发展是相互融通的。以往的分散化、个体化的技术演进，变为今天的群智演进、组团突破模式，大大拓展了创新的领域和空间，许多领域创新呈现出指数级增长。同时，人类社会、信息空间、物理世界的人、机、物"三元融合"，科技与社会、文化等领域的融通也在加深。随着科技的飞速发展，智能机器人与互联网技术、脑科学等多学科知识相互融通，促进认知、感知能力越来越强大，再加上通过深度学习拥有的思辨能力，未来很有可能由于融通而产生目前不可思议的现象。美国科学家威尔逊在《知识大融通》一本书中认为，科学和人文是相通的，通过生物技术可以模拟人的大脑，最后通过基因技术再造智能意义上的"人"。科技创新的跨界融通推动了知识爆发式增长，加快了新一轮科技革命进程，也推动着人类对价值追求、人文精神、世界未来的深入思考。针对如果仅仅依赖人工替代品，最后人可能就不是现在意义上的"人"的疑问，有些科学家则主

---

① 香农定理是所有通信制式最基本的原理，它描述了有限带宽、有随机热噪声信道的最大传输速率与信道带宽、信号噪声功率比之间的关系。

张科技革命要以人性为引领，只有注入了价值观的技术才能够使人类共同进步，消解可能带来的各种风险特别是安全和伦理方面的风险，更好造福人类。

科技革命引发供需关系发生深刻变革。生产力决定生产关系。科学技术是第一生产力，是推动发展的第一要素。新一轮科技革命不仅创造了新供给，也创造了新需求，不断推动生产、就业、分配、消费等各环节的重构，带来了经济发展模式和人们生活方式的新变化。过去，生产以标准化、规模化为主导，消费表现出模仿型、排浪式的特点；现在，随着互联网、大数据、云计算、3D打印等技术的发展，个性化需求、定制化生产迅速增长，新的业态和模式不断出现，这对产业结构、生产方式和政府管理带来重大影响。比如，分享经济衍生的住房、汽车等个人物品分享大幅降低了人类对土地、房产、汽车的需求，提升了资源利用效率。房屋、汽车、礼物等多种私有物品未来都会以共享模式存在，物品的固定持有成本将大幅下降，让更多人能够享用这些资源。分享经济是很好、很有前景的新业态、新模式，有利于提高资源配置效率、盘活闲置资源、便利人民生活。

## 二、我国创新动力体系发生的深刻变化

坚持创新发展，才能避免动力衰退和走低水平循环的"平庸之路"。我国经济由高速增长转向了高质量发展的新阶段，不仅意味着经济增速的放缓，更意味着经济增长动力的转换和经济发展方式的转变，要求我们有新理念、新设计、新战略，在发展方式、发展要素、产业分工、创新能力、资源配置、创新群体上实现"六大转变"①，构建新的中国创新动力体系。

首先，发展方式从以规模扩张为主导的粗放式增长向以质量效益为主导的可持续发展转变。改革开放以来，我国经济主要是以粗放型、数量规模型发展为主，实现了经济总量稳居世界第二，但总体上看，国民经济大而不强，长期积累的一些结构性、体制性、素质性突出矛盾和问题较为突出，面临的经济安全与发展风险增大。特别是全球新冠肺炎疫情多点爆发、持续蔓延，世界经济

---

① 参见《中国创新动力体系要瞄准"六大转变"》，载《领导决策信息》2017年第23期，第5页。

下行风险加剧，一些产业链断裂，相关产业、企业停工停产，经济运行遇到了前所未有的艰难，疫情给经济社会发展带来前所未有的挑战，各种不确定因素增多、各种风险加大，如何爬坡过坎、行稳致远，面临着从来没有过的严峻考验。十九大报告指出："我国经济已由高速增长阶段转向高质量发展阶段，正处在转变发展方式、优化经济结构、转换增长动力的攻关期，建设现代化经济体系是跨越关口的迫切要求和我国发展的战略目标。"① 我国经济再不能简单以 GDP 增长论英雄，而要由高速增长走向高质量发展阶段，推动质量、效率、动力三大变革，以供给侧结构性改革为主抓手，在转变经济发展方式、优化经济结构、改善生态环境、提高发展质量和效益中实现经济增长。要完善我国高质量发展综合考核制度体系，把民生改善、社会进步、生态效益等指标和实绩作为重要考核内容，强化约束性指标考核。

其次，发展要素从传统要素主导发展向创新要素主导发展转变。长期以来我国主要依靠资源、资本、劳动力等传统要素驱动型的经济增长模式已经难以持续。产业竞争的核心已从要素之争转变为涵盖公共配套、人才科技、政务服务各领域的生态之争。新时代的本质特征、科学内涵和时代使命，意味着不仅要保持一定的发展速度，更要求发展的高质量，应当包括经济、政治、社会、文化、生态和改革开放的高质量发展。我国要加快形成聚集创新要素的"磁力场"，更加重视企业创新和技术改造，特别是绿色技术改造，与互联网、大数据、云计算紧密结合，推动产业由"人口红利"向"人才红利"转变。更加重视与互联网及创意产业的融合发展，借助互联网平台，将硬件制造、软件与数据服务、生活服务等结合为产业链生态系统，催生新的业态或产业，大力增加以健康、绿色、智慧为特征的高端产业有效供给。加强创新制度供给，真正发挥市场在创新要素和资源配置中的决定性作用，加快健全技术创新市场导向的机制、市场配置创新资源的体制。

第三，产业分工从价值链中低端向价值链中高端转变。发达国家掌控产业的价值链高端，而发展中国家则处于价值链低端。与 20 世纪 70 年代相比，21 世纪产业价值链高端与低端之间附加值的差距急剧拉大了。在全球价值链分工

---

① 《党的十九大报告辅导读本》，北京：人民出版社 2017 年版，第 29 页。

的今天，我国以整个产业作为对象的传统产业政策，实际上就变成了支持本土企业从价值链低端参与新国际分工。在这种情况下，由于企业进入的是附加值越来越低的环节，传统产业政策最终会导致产能过剩的出现。但不能因此对传统产业政策的作用一概否定，因为它毕竟为我国建立起了世界上门类最齐全的制造业基础，解决了"有没有"的问题，这就为我们现在解决"好不好"的问题奠定了基础。① 我国企业创新能力不足，虽然参与了全球产业链分工，但较多地集中于全球价值链低端和低附加值环节，仍处于"微笑曲线"的中部和底部。我们要由原先处于全球价值链低端向价值链中高端攀升，由追求数量增长转向追求附加值提高，围绕产业链部署创新链，围绕创新链完善资金链，加快产业链、创新链、人才链和价值链对接，促进产才融合发展。

第四，创新能力从"跟踪、并行"为主向"并行""领跑"为主转变。过去我国用市场换技术，没有自己的核心技术产品，大多是跟随创新，模仿创新、集成创新和引进消化吸收再创新。近年来我国加快推进科教兴国、人才强国战略，在自主创新上迈出了较大步子，在一些领域开始领先世界，加快从"跟踪"向"并行""领跑"转变，在制度政策上作出前瞻性安排。围绕构筑全球开放创新高地和全球原始创新策源地，打造创新型产业集群、推动基础性前瞻性研究开发，着力提升企业自主创新能力，推动创新政策、创新资源、创新人才向企业集聚，让企业成为"领跑"的主导者。从技术追赶者到并行者，最后成为引领者，不仅需要科学技术在前沿领域实现创新突破，而且需要科技创新渗透和扩展到整个经济体系，并且要善于不断接纳和吸收一切有利的外部创新力量和创新资源。通过从科技突破到科技创新，再到创新引领，或者说是全面创新的跨越，才是发展中国家成功实现"技术追赶""人才追赶""经济追赶"的有效路径和基本规律。在这方面，我国的高铁是最典型的代表，刚开始我们用市场换技术，学到了技术我们又自主研发，拥有自主知识产权的产品，逐步实现了由"跟踪"到"并行"再到"领跑"跨越。华为公司已经攻入一个"无人区"，而这种"无人区"又带来无人领航，无既定规则，无人跟随的困惑和迷茫。领跑的关键是打造一支高素质人才队伍，让一流的人才享受

---

① 参见贾根良：《高质量发展阶段需要怎样的产业政策》，载《光明日报》2018年6月5日。

一流的待遇，以最优人才配置最优资源，以高层次人才引领高水平创新，以高水平创新引领高质量发展。

第五，资源配置从研发环节为主向产业链、创新链、资金链、价值链统筹配置转变。一个产业能否持久发展，根本是这个产业能否在价值链上延伸，拉长产业链，让产业链扎下根来。完善符合科技创新规律的资源配置方式，解决简单套用行政预算和财务管理方法管理科技资源等问题，破解当前存在着的"创新孤岛化""产业旱地化""资产泡沫化"的困境，着力推进人才链、创新链、产业链、资金链和价值链"五链融合"。人才与经济深度融合发展的实质，是人才链与创新链、产业链、价值链的深度对接、融合发展。人才链是产业链的支撑，也是贯通创新链与产业链的关键，产业链是吸引人才集聚和人才链形成的重要手段，也是部署创新链的重要依据，产业链、人才链、创新链的深度对接、同步运转，最终目标是实现价值链上的攀升。在创新链上，要解决科技成果转化和应用的难题。在产业链上，要加快整合政府各部门科技管理职能，将创新管理职能和资源更多地落实到产业部门，解决好科技创新活动投入分散、管理交叉等问题。在资金链上，要培育科技小巨人企业的经验和做法，在创新链、产业链的不同环节上精准地投入资金。在价值链上，构建产业发展的生态系统。例如，汽车刚发明的时候并没有大的使用价值，因为没有公路。后来建很多公路，但汽车作为交通工具的价值还是有限的，因为没有加油站。后来石油公司建立了加油站，汽车可以开往很远的地方了，但是司机在中途需要休息和吃饭，于是快餐店发展起来了。所以，汽车作为一种交通工具的价值并不仅在于车本身，因为要实现作为一种方便的交通工具的价值，它的运行需要多个方面的配合，这些配套体系成为汽车充分实现其价值的生态系统。

第六，创新群体从以科技人员的小众为主向小众与大众创新创业互动转变。"大众""万众"已成为创新的代名词，科技创新已不再是科研人员的专利，开始从以科技人员的小众为主向小众与大众创新创业互动转变。大众创新的主要形式有四种，一是设计与开发，二是设计与研发，三是改进与研发，四是技能与更新。国家强调把大众创业、万众创新融入发展各领域各环节，鼓励各类主体开发新技术、新产品、新业态、新模式，打造发展新引擎。从小众创新到大众创新，从精英创新到草根创新，核心要义是形成"精英"与"草根"

共同推动创新的主体多元化。通过"精英"创业联动创新,通过"草根"创业带动就业。要形成顶天立地的科技大企业引领,铺天盖地的小微企业孵化发展的创新局面,进而推动以互联网为依托的线上与线下共创众创,让基于互联网的创业创新蔚然成风,推动创新创业高度网络化。从更大范围和更深层次激发和调动亿万群众的创新创业积极性,让创新创业的理念深入民心。众创、众包、众筹等一批集众人之智、汇众人之财、聚众人之力的创意、创业、创造、创富与投资的空间应运而生,让每一个有创新创业愿望的人都拥有"用其智、得其利、创其富"的空间,让每一个有梦想的人都拥有人生出彩的机会。

### 三、创新人才成为全球激烈竞争的热点和焦点

放眼世界百年未有之大变局,世界经济进入深度衰退期、产业分工格局进入多维重塑期、科技革命处于重要窗口期。不论局势如何变,但发达国家争夺人才的国家战略始终没有变,人才仍是战胜危机、赢得主动、构筑优势的战略资源,成为国与国之间竞争的核心资源。

从全球化创新的趋势看,为重启新一轮经济增长周期,世界发达国家早已吹响了创新集结号。从2009年到2011年,再到2015年,美国先后在《美国国家创新战略》中,从国家发展战略上重视创新,从国家发展路径上强化创新;2010年,欧盟通过《欧洲2020战略》,致力于成为最具国际竞争力的国家联合体;2009年,日本发布《数字日本创新计划》,逐步进入科学技术立国与战略调整阶段;韩国在2000年就制定科技发展长远规划《2025年构想》,提出2015年成为亚太地区主要研究中心的目标。一言以蔽之,创新已成为大国竞争的新赛场,谁主导创新,谁就能主导赛场规则和比赛进程。只有在创新发展上进行新部署、实现新突破,才能跟上世界发展大势,开启新一轮经济增长周期。

从人才竞争的特征看,无国界竞争全球化。随着经济全球化的不断深入,国与国之间的经贸往来与资本流动在不断加强,随之而来的是各国人才的全球性流动也在与日俱增。即使在这个过程中有局部反全球化的逆潮流因素出现,但是从整体来看,经济与人才全球化竞争与流动的大趋势依然势不可挡。

一是人才全球性流动的数量持续增多。人才研究专家周留征认为：[①] 我国人才研究专家王辉耀教授认为，在全球化的背景下，跨国流动已经是普遍现象，也是未来发展的大趋势。跨国流动是支撑经济发展的因素，世界各国普遍持开放的态度。当今全球人才流动速度加快，已成为全球人才流动的第一大趋势。根据全球最大的职场社交平台 LinkedIn（领英）2016 年发布的全球人才流动报告，近三年新兴经济体与发达经济体之间的人才流动已经接近 50 万人。另外，领英通过对"金砖五国"超过 5000 万职场人士的调查发现，以信息技术和互联网为代表的高科技产业，从新兴经济体流入发达经济体的比例为其反向流入的两倍。王辉耀认为世界上所有的新兴经济国家和地区，一般都经历过本土人才大量流失、本土人才少量回归、本土人才大量回流、开始吸收外籍人才这四个阶段。在这个过程中，都伴随着越来越频繁的人才跨国流动现象。从 2010 年到 2014 年，全球大量科技人才流向美国。就连经济比较发达的欧盟国家，许多高校或公共研究机构的学术人才，也流向科研条件完备、薪酬福利丰厚的美国。在 2017 亚洲教育论坛成都年会上，王辉耀对当前全球化背景下的中国人才流动话题进行了分享。他认为，全球化第三个浪潮就是人才流动。按照国际移民组织以及联合国的统计，全世界大概有 2.5 亿人是在世界各地流动的，是不在出生国工作的，说明世界的人才流动性已经非常的大，中国改革开放以来，已经有 1000 多万人出去了。经济全球化带来了很多的资源再分配问题，包括人才流动的速度不断加快。[②] 美国不断吸引国际上的各类人才，涉及众多领域。中国与全球化智库最近发布了一个报告，是关于特朗普的移民政策有所收紧的，但是人才的竞争还是非常激烈。中国的国际人口比例在全世界是最低的，0.05% 左右，印度都比中国高出十个百分点，说明中国在这个方面还有很大的提升空间。中国过去这几年出国留学率大幅度的增加，把中学生算上的话，一年出国的人数大约 60 万。来华留学的比例这几年也有很大的进步。按照教育部的统计，来华留学的大学生每年大约 40 万。

---

[①] 参见周留征：《人才的逻辑》，北京：机械工业出版社 2018 年版，第 219—220 页。
[②] 参见王辉耀：《全世界约 2.5 亿人在流动，中国如何在全球化背景下做好人才流动》，搜狐教育 2017 年 10 月 31 日。

二是人才竞争国际化的趋势不断加剧。① 世界发展的现状越来越清楚地表明，国与国之间的竞争，从本质上来看就是人才的竞争。因为人才决定了一个国家的创新能力和科技实力，也决定了一个国家的综合国力，甚至还决定了未来发展的潜力。2015年欧洲工商管理学院、新加坡人力资本领导能力研究学院和人力资源公司德科集团联合发布《全球人才竞争力指数2015—2016》研究报告，对全球109个国家的人才竞争力进行了评估。竞争力排名显示，人才竞争力与财富密切相关：人均国民生产总值较高的国家的人才竞争力一般都超过收入水平较低的国家。原因在于发达国家往往有着更好的高等教育体系，又有更强吸引和留住外来人才的能力，可以通过更好的生活质量和更高的工作薪酬来实现对人才的吸引和凝聚。据联合国有关统计，2005年时全世界就有大约30个国家制定了便利的高技能人才入境的政策或计划，其中17个是发达国家。美国仍是当今世界第一科技大国和科技强国，也是全球人才竞争中的最大受益国。美国对全球人才竞争的重视程度，依然令世界其他国家望尘莫及。美国历届政府都非常重视吸引海外科技人才，制定了一系列海外人才吸引措施。为了获得急需的高科技人才，美国政府通过了高学历移民法案，专门实施了H-1B签证制度，鼓励吸引有才华的国际学生留美国工作以及外国投资移民在美国创业。目前，美国政府每年大约发放H-1B签证8.5万份，其中大约2万份发给在美国获得硕士及以上学位的科技人才。奥巴马政府时期，为了在全球范围内更进一步吸引和留住高水平的科技人才，推行了一系列移民制度改革计划，使合法移民程序简单而又高效，进一步增强了美国对世界范围内杰出人才的吸引力。欧盟最新研究报告显示，目前在美国取得博士学位的欧洲科技人才，其中70%以上留在了美国。这足以说明美国人才引进政策是有效的、效果是好的。

三是国际性人才的选择空间更为广阔。作为世界经济与人才的制高点，美国针对外国移民设立的主要条件可以提供一些有价值的参考。根据美国移民法，以"杰出人才"的身份移民进入美国是一个非常理想的途径。只要申请人在科学、艺术、教育、商业或体育等领域具有杰出才能，其成就得到其所在

---

① 参见周留征：《人才的逻辑》，北京：机械工业出版社2018年版，第220—221页。

国或国际的一致认可，能够通过大量书面材料证明，就可以视为杰出人才。如果申报美国"杰出人才"，必须在国内有足够多的成果和足够的知名度来证明。归根到底，要看个人所获得的成绩和具备的实力。因为这样的人才进入美国以后才能给美国创造更大的价值，带去更多的利益。目前，世界各国都对高级人才有着巨大需求。发达国家需要大量的人才来巩固并提高其经济和科技水平，新兴经济国家需要大量的人才来迅速提升科技和经济实力，不断向发达国家靠拢。一些贫困落后的国家也急需人才来改变发展现状。据统计，美国41%的诺贝尔奖获得者是移民，电子工程研究生71%来自中国，42%理工科的博士来自其他国家。中国在这方面还存在较大差距。世界移民比率平均水平为3.2%，发达国家的移民比率超过10%，印度则是0.4%。中国的移民比率还非常弱，只有0.06%。① 王辉耀教授认为，未来30年，中国要发展为创新型国家，需要更多的国际人才来中国发展。

## 第二节　市场造就人才创新的生态

人才是赢得国际竞争主动的战略资源，是第一资源。在市场经济环境下，按照市场规律来管理人才，让市场决定人才资源配置，以市场决定人才的流向，才能解决人才结构与产业结构不协调问题，才能解决人才发展与经济发展不平衡不充分问题，这是一个值得高度重视的课题。市场造就人才创新的生态系统，这是鲜明的人才创新的时代特征。

### 一、市场配置人才资源的决定性作用

优化人才资源的配置，解放思想、更新观念是源头活水。拆除束缚人才创新的藩篱，必须把思想认识从不合时宜的观念、做法和体制的束缚中解放出来，破除"官本位"旧思想观念，解放思想、解放人才、解放科学技术生产力，大力营造有利于人才脱颖而出的思想环境，铲除人才体制机制存在的弊

---

① 参见周留征：《人才的逻辑》，北京：机械工业出版社2018年版，第228页。

端，树立科学的人才观和人人皆可成才的新理念，尊重知识、尊重人才、尊重和保护一切有益于人民和社会劳动的新观念，正确处理好"两只手"的作用，突出市场造就人才创新生态的作用。

资源的配置需要"计划"和"市场"两只手来协调配合。"资本的生命在于运动"。在市场经济条件下资源的配置，必须以"市场"为基本手段，实现优化配置资源。人才资源的配置同样需要发挥好"两只手"作用，既要让市场在配置人才资源中起决定性作用，又要发挥好政府的有效作用。"有形之手"就是党委和政府宏观调控与行政干预。市场机制发生作用的"无形之手"，就是在客观经济规律和竞争机制的作用下，通过人才供求双方的双向流动，实现人才资源的优化配置和有效使用。这两者之间的关系始终是市场经济体制确立以来围绕改革的主题。

在20世纪80年代以前，我国的人才管理主要是按照指令性的计划调配，也就是用"有形之手"来配置人才资源。这在当时几乎是人才流动的唯一渠道。据统计，美国的专业技术人员人均一生流动12次，日本人均流动率也达到10.2次。而中国的这一数字仅为0.87次，大约55%的人参加工作后从未流动过。[①] 改革开放以前，我国在人事任免等方面主要采取的方式基本上是静态的。马克思在《资本论》中就已经说过："大工业的本性决定了劳动的变换，职能的更动和工人的全面流动性。"[②] 这也说明一个国家要推进工业化、城市化，实现现代化，必须伴随着人才的全面流动。改革开放后，我国以人事制度改革为突破口，开始采用动态的管人方式，大胆探索人才流动政策和制度建设，取得了巨大的成就，但是，仍然存在着体制性障碍。现行的人事管理规定，大学以上学历毕业生要到公务员和事业单位就业，必须通过人事部门的统一考试，由于对所有考试的学生实行同一个标准考试，导致许多有专业特长的人才考不上，甚至各地出现了公务员专题培训机构，有的脱产学习培训好几年，出现了"高分低能"的现象。进入面试阶段，有时出现用人单位想要的管用的人才进不来，不想要的、不管用的人才考进来的尴尬局面，造成了管事

---

① 参见胡雪梅：《大国崛起制高点——科学人才观的理论与实践》，北京：人民出版社2011年版，第222页。

② 马克思：《资本论》（第一卷），北京：人民出版社1975年版，第534页。

与管人的脱节。因此，人才管理要变身份管理为岗位管理。一个人才适合什么岗位，不管你是什么身份，都可以被选入到这个岗位工作，这就要求人才管理要从粗放式管理转向精准式管理，在大数据时代研究制定一套切实可行的精准选人用人的标准体系。从各类单位之间的人才流动看，国有企业、事业单位与其他单位之间的人才流动仍是一个难点。国有企业和事业单位人才很难进入市场流动。只有国有单位、事业单位人才真正进入市场，才能真正打破藩篱，清除人才流动的障碍。

人才资源的配置需要"有形之手"和"无形之手"协调运行、有机结合。"无形之手"是市场对人才资源配置的基础性作用，主要通过三大机制来实现。① 一是供求机制。供求机制是人才市场供求双方矛盾运动的自动协调机制，表现为作为供方的人才和作为需方的用人单位之间相互选择，达到供求之间的大体平衡。供求关系的变化和人才的市场价格即工资的涨落相互作用，影响人才流动。当某类人才出现供不应求时，其市场价格就会上升，需求方就会迅速作出反应，及时采取措施吸引人才，人才培养方面也会积极采取对策，不断增加人才供应量；同时，人才为获取较高的报偿，也会主动向急需的行业和部门流动，并按需求提高自身素质和能力。反之，当某类人才供过于求时，其价格便会下跌，人才培养单位会减少该类人才的培养规模和供量，人才也会自动地向需求旺盛的地方流动。供求关系总是处在不断的变化之中，借助人才的价格来调节促进人才的合理配置。二是价格机制。价格机制是人才市场竞争过程中的重要自我制衡机制，是调节人才在不同用人单位之间合理配置的强有力的经济杠杆。人才的价格是由人才市场供求关系决定的，市场主体主要是根据供求关系引起的价格变化信息来调节的经济行为。价格机制通过工资涨落与供求变动之间的有机联系和相互制约，对市场供需关系进行自发调节。人才资源按价值规律配置，在价格机制的作用下调节人才价格在合理区间上下波动，使人才的供求保持大体平衡。三是竞争机制。人才竞争机制就是人才市场上供求双方优胜劣汰的选择机制，它是人才资源在流动过程中供求双方互相选择的有

---

① 参见胡雪梅：《大国崛起制高点——科学人才观的理论与实践》，北京：人民出版社2011年版，第223页。

机联系，对人才的流动与配置起着调节和优化作用。人才市场是以单位择优选人才、人才自主择业的双向选择为基础的，用人单位之间、人才之间、用人单位与人才之间都存在着竞争。竞争机制是供求机制和价格机制实现的前提，使人才的市场价格日益接近其真实价值，实现供求平衡，同时也激励人才奋发进取，不断提升自身能力和水平。总而言之，供求、价格和竞争三种机制之间相互联系、相互影响、相互作用，共同构成一个整体的市场机制，有效地调节人才市场内部机体的运转，对人才资源配置发挥着决定性作用，不断引导人才和用人单位摆脱传统体制的束缚，不断获得自主选择、自我发展的机会，充分激发起创新创造的生机和活力。

改革开放以来，我国的人才市场取得了显著成绩。但是也存在着诸多问题。主要是尚未建成统一开放竞争有序的人才市场体系，阻碍了人才的合理流动，使人才在资源配置中市场起决定性作用发挥不够。对用人单位而言，很难选到理想的人才；对国家而言，难以发挥人才资源优势；对人才而言，难以充分实现自身价值。我国的人才市场从业人员素质不高，人才市场诚信度低，人才市场的法治化程度不高，人才市场服务功能不完善等。解决这些问题必须完善社会主义市场经济体制，必须加强和完善宏观调控，健全统一开放竞争有序的现代市场体系，在更大程度上发挥市场在资源配置中的决定性作用。激烈的国际人才竞争正在人才个体、人才群体和国家战略层次上全面展开。面对开放，我国在国际人才竞争中还处于相对劣势，面临着巨大的压力。在人才市场的发展上，我们必须有更宽广的世界眼光，立足于全球配置人才资源，既积极稳妥地开放人才市场，又保护本国利益，为我国经济社会发展吸引和稳定优秀人才，特别是高层次人才。从世界范围看，凡是人才流动充分的国家或地区，一般都发展较快。据专家研究，美国外籍劳动力占劳动力总数 11.46%，加拿大占 18.6%，德国占 8.82%，法国占 6.08%，意大利占 3.18%，中国台湾地区占 3.05%。而全国国际化程度相对较高的上海，还不到 1%。[①] 因此，要突破体制机制障碍，解除人才对单位的行政附属关系，打破人才流动的城乡、行

---

[①] 参见胡雪梅：《大国崛起制高点——科学人才观的理论与实践》，北京：人民出版社 2011 年版，第 225 页。

业、部门、单位、所有制分割，打破人才流动的地区壁垒、行业壁垒，体制内与体制外的壁垒，政府与企业间、国内与国际间的壁垒，变人才的"单位使用权""地方所有权"为"社会化使用权与所有权"，实现国际与国内人才市场、政府与企业人才市场的互动与融合，使人力资源真正实现全社会的自由流动与合理化配置；突破瓶颈制约，把由政府操作的人才资源调配职能转向市场，促进市场主体地位，强化人才市场的配置功能，发挥人才市场信息的宏观调控功能，定期发布市场需求状况和市场薪酬指数，利用市场信号调控人才的流向和社会收入水平，使人才配置趋于合理，结构趋于优化，效益不断提高，真正建立符合人才流动规律的供求机制、价格机制、竞争机制、使用机制。通过实行社会化的有偿服务，大力发展人力资源服务业，用专业化市场化的人才资源开发与管理代替地域所有、部门所有、单位所有的人事管理旧体制，真正按照现代人力资源开发管理的要求，建立健全人才市场服务功能，促进人才的合理流动、合理配置和合理使用；突破法制瓶颈，加快建立人才市场的法律体系和监督体系。

## 二、市场调整人才结构和人才流动的作用

目前，我国的人才结构和布局不合理，人才发展的体制机制障碍尚未消除。人才结构存在的问题，从根源上看，原因在于产业结构和人才结构出现了不匹配的情况。现在区域人才和城乡人才发展不平衡，城市人才多，农村人才缺乏，领军人才不多，高精尖人才缺乏，市场配置人才资源的主体作用不够强。我国东部人才多，西部人才少，而且西部的人才还不断向东部发达地区流动。这说明人才流动不够合理。经济和人才必然要向少部分区域集中，任何一个国家和地区，都是这样一种情况。要解决我国中西部人才、乡村人才和高科技人才短缺问题，必须要让人才结构趋于合理，优化人才流动机制十分重要。美国学者卡倍里曾说："不要把人才当作是一个水库，应该当成一条河流来管理；不要期待他不流动，应该设法管理他的流速和方向。"[1] 没有流动就难有

---

[1] 转引自白春礼：《培养科技领军人才，支撑经济战略转型》，载《经济日报》2010年8月28日。

活力，我们在观念上要树立有利于人才价值实现和使队伍保持活力的人才流动理念，在管理上要着力建立一个切实可行的促进人才有序流动的良好机制。

首先，打破藩篱，让人才"各得其所"，使人才合理流动起来，通过人才的合理流动调整人才结构。实施引导人才向农村基层和艰苦边远地区流动政策；实施推进党政人才、经营管理人才、专业技术人才合理流动政策，解决城乡、区域、行业的人才发展不平衡、不充分问题。让人才真正流动起来，是让人才结构不断走向合理的重要工作之一。人才流动的出发点和落脚点是优化人才结构，具体地讲，就是除了要促进人才流动，形成合理布局，还要调整产业结构，让产业结构与人才结构趋于同步。人才结构调整呼唤人才流动，人才结构和布局不尽合理，人才发展体制机制障碍尚未消除。人才的结构和布局不尽合理，难以适应我国经济结构调整、产业结构转型升级和区域高质量发展；人才管理体制机制方面的问题依然突出，一定程度上束缚了人才的成长和作用发挥；人才资源开发投入不足，多元化的人才投入机制尚未形成，等等。这些问题说明了当前我国人才发展的总体水平同世界先进国家相比仍存在较大差距，与经济社会发展需要相比还有许多不适应的地方。现在出现的"就业难"与"用工荒"矛盾突出，高端人才难求，最直接地反映了人才结构存在的问题。人才良性流动形成后，人才结构也会相应地得到优化。要建立完善的人才流动配置机制，推进人才市场体系建设，完善市场服务功能，畅通人才流动渠道，建立政府宏观调控、市场主体公平竞争、中介组织提供服务、人才自主择业的人才流动配置机制。健全人才市场供求、价格竞争机制，进一步促进人才供求主体到位。大力发展人才服务业，加强政府对人才流动的政策引导和监督，推动产业、区域人才协调发展，促进人才资源有效配置。引进市场机制，促进人才合理流动，这对优化人才结构具有重要作用。对人才工作，党委和政府应更多地起到宏观调控的作用，由市场发挥作用，这样才能让人才在市场中自主择业，充分流动。在具体工作中，如何让人才实现自主择业是难点。营造公平竞争的人才环境，要大力发展中介组织服务，发展大量的中介组织。

其次，搞活人才市场，激发人才活力，发挥市场的力量调整人才结构，在调整人才结构中让人才充分流动起来。要在建立统一规范、更加开放的人力资源市场基础上，发展专业性、行业性人才市场；健全专业化、信息化、产业化、国际化人才市场服务体系；积极培育专业化人才服务机构，注重发挥人才服务行业协会作用。进一步破除人才流动的体制性障碍，制定发挥市场配置人才资源起决定性作用的政策措施。只有人才充分流动起来之后，人才的结构布局才会逐渐趋于合理。这就要适应市场发展需要，努力形成广纳群贤、人尽其才、能上能下、充满活力的用人机制。落实用人单位的自主权，增强企业科技创新和吸纳人才的主体地位。打破人才的部门、单位壁垒，加快发展人才市场。一要完善人才布局，发挥区域性人才市场、基础性人才市场、专业性人才市场、经营管理人才市场、高新技术人才市场和农村人才市场的作用。二要提高人才市场的信息化、社会化服务水平，建立健全人力资源服务机构，实现人才市场由集市型向信息化、智能化、云端化转变。三要加强人才市场管理，建立健全人才市场负面清单制度，实行"不见面的人才行政审批"制度，制定人才中介服务标准和评价指标，促进人才中介服务标准化、规范化。在发挥市场配置人才资源的决定性作用，逐步促进单位自主用人、人才自由择业，促进人才合理流动的同时，政府应当在市场失灵的领域采取多种措施配置人才资源，以调节各地区、行业和部门以及国内外人才流动的不平衡状况。四要营造汇聚人才、用好人才并能使各类人才创新创业的优良环境。吸引人才，留住人才，必须有尊重劳动、尊重知识、尊重人才、尊重创造的良好环境。要尽可能地为人才创造良好的工作和生活条件，努力营造民主活泼的学术氛围、和谐融洽的人际关系。要关心、爱护、理解、信赖人才，从而吸引人才、留住人才、凝聚人才，为各类人才的创新、创业和发挥才能创造更为宽松的环境，以激励他们为社会主义现代化建设多做贡献。五是教育要适应培养高素质创新人才的需要，就必须改变长期存在的条块分割、行业部门办学校、学科偏窄、学校规模偏小、力量分散的状况，对教育资源进行优化配置。树立以育人为本的观念，加快构建符合素质教育要求的人才创新的课程体系，把培养创新人才作为根本任务，优化学科和专业结构，改变考试评价制度，打通创新人才培养与人才创新实践的渠道，按照市场化、社会化需求培养创新人才，解决人才培养与社会创新脱节的根本问题。

再次，遵循市场规律配置人才资源，调整人才结构和促进人才合理流动。遵循和运用市场供求规律，完善人才流动机制。要完善人才流动的政策措施，畅通人才流动渠道，发挥市场配置人才资源决定性作用，进一步促进人才供求主体到位。遵循和运用市场价值规律，完善人才评价机制。突出靠实践和贡献评价人才。建立健全与工作业绩紧密联系、充分体现人才价值的收入分配制度，促进人才自身价值与人才社会价值相匹配。遵循和运用市场竞争规律，完善人才选拔使用机制。健全完善公开、公平、竞争、择优的人才选拔使用机制，促进人岗相适、用当其时、人尽其才，人人皆可成才，实现人才资源配置效能的科学化和最大化。

## 三、市场造就人才创新生态系统的作用

任何创新都有一个创新的生态系统，人才的创新也不例外。人才的创新系统只有在市场中形成才能有生命力。剑桥大学商学院艾伦·巴瑞尔教授认为，"从理念的出现，或者实验室中有一个新发现，到他们成为市场产品，最初提出这个理念的人不一定是发展出原型的人，发展出原型的人不一定是制造出最终产品的人，发展出最终产品的人也不一定是将产品投入市场的人。这是一条完整的活动供应链。"① 这里所讲的"一条完整的活动供应链"应当是人才创新的生态系统。

在创新生态体系中，创新链条上的每个利益相关体，都在朝着他们所希望的方向前进，这些力量相互融合产生的无限可能性，给个人、产品、技术、生活带来的发展和变化，远非单个个体的努力所能达成的结果。而当这些人聚集在一个能够滋养这份力量的土地时，这个地方，便成为一个国家的发动机，也有可能成为世界的发动机。② 在自由市场中，创新链条上的每一个利益相关体互相融合所带来的无限可能性，远远超过了单个个体的努力所能达成的结果。人才创新的链条上，每一个利益相关体和关键环节都会决定创新的成败，但起决定性作用的是市场，只有市场才能最终检验创新是否转化为现实生产力，检验创新是否成功。

适应市场淘汰规则的企业才能在市场的残酷竞争中生存下去。例如，硅谷

---

① 转引自《创新之路》主创团队：《创新之路》，北京：东方出版社2016年版，第172页。
② 参见《创新之路》主创团队：《创新之路》，北京：东方出版社2016年版，第172页。

地区是一个自由竞争的地方。对一些快死掉的企业只能是淘汰，政府不会管，比如像太阳公司，曾经很辉煌，几万会员，快死掉时政府不会说，是不是会产生几万人失业，政府不会想这个，自然被淘汰掉了，最后被甲骨文收购了。硅谷为什么会这样做，就是因为要把这个资源留出来给发展更新、更快的公司来使用。这就是硅谷人才创新的自然生态。《硅谷百年史》作者皮埃罗·斯加鲁菲说："硅谷的小企业相互竞争，一些成功，一些失败，创造了一个动态、随性的企业环境。"① 这样的企业创新环境是由市场造就的。

今天的硅谷已经成为全世界寻找创新的模板，各地政府都前来学习考察，希望借鉴硅谷经验，塑造一个本地的硅谷。在我国许多地方的开发园区中，都挂有"打造中国某某硅谷"的牌子，显然是想孵化一个地方的硅谷。然而，硅谷却不是政府计划的产物。有的地方用政府的行为打造硅谷都失败了，原因就是没有充分发挥市场的力量，没有处理好政府与市场的关系。美国的硅谷是企业自生自灭、自我生长、自我修复的地方，这里相信市场、尊重市场。学会适应市场的残酷，已经成为每个新来者的必修课。比如，一家名为YC的初创企业孵化器，因为造就了众多市值超过10亿美金的初创企业，而被称为硅谷的"明星孵化器"。它的成功吸引着全球创业者，但是，这些创业者来到这里的第一天学习到的却是如何面对死亡。正如YC孵化公司渡鸦科技创始人吕聘所讲的那样："他们每天考虑的都是存亡问题，即使你demoday（演示日）之后，拿到了很多很多钱，几百万美金，几千万美金，也不代表你真正的创业胜利，99%的初创企业会死掉，我们就是在拼搏那1%。"YC孵化器首席执行官萨姆·阿特曼说："初创公司的挑战就是，大多数时候，他们都会失败，但真正成功的时候是非常成功的，你必须要相信他们。非常好的理念，在一开始的时候总感觉比较糟糕。爱彼迎（Airbnb）一开始的时候听着就是一个糟糕的观点，但现在却成了一个数百亿美元的公司。"② 在硅谷，创新的过程是一场与死亡的赛跑。在60多年的时间里，伴随着企业的沉浮，产业的更迭，正是有接力棒的交接才能让硅谷走得更远，持续不断地创新。

---

① 转引自《创新之路》主创团队：《创新之路》，北京：东方出版社2016年版，第173页。
② 转引自《创新之路》主创团队：《创新之路》，北京：东方出版社2016年版，第173—174页。

创新必须冲出体制束缚，才能走向市场。自从市场诞生以来，人类试图去掌控市场、限制市场的力量就一直存在。例如，第二次世界大战结束后，来自美国的晶体管技术吸引了日本索尼创始人盛田昭夫，借助这一技术市场，就可以制造出袖珍型收音机，迅速占领电子消费市场。但是，晶体管技术的引进遭到了日本政府干预经济的职能机构通产省的阻碍。几个月后，当通产省终于予以批准的时候，一家美国公司已经提前将晶体管收音机投放了市场，索尼错失最佳时机。通产省对企业微观创新活动的干预，严重影响了企业的技术创新活动。20世纪60年代，本田从摩托车领域进入汽车领域就曾受到通产省打压，本田不懈地坚持才进入汽车产业领域；索尼在家用录像机的标准上也受到了通产省的打压，最终，不得不放弃在家用录像机市场上的竞争。通产省一般只支持那些已经具有技术和市场优势的企业，这使得破坏性的创新在日本几乎成为不可能。未来学家、《大趋势》的作者约翰·奈斯比特说："人们都说日本会掌控整个世界时，我却断言日本开始步入长期的经济衰退。问题就出在，日本人不愿意放松对经济的管控，不愿意让经济进行自我管理。他们必须时刻调控经济，即使公司状况恶化也不让其享有自主权，他们要让所有的船只保持相同的速度前进。这个理念太古旧，不敢相信他们依旧不愿意对经济松手。"①

纵观当今世界，凡在全球创新排行榜上排名靠前的国家，几乎都是市场化程度高的国家。美国仍然是世界上创新最强大的国家。北欧诸国借助开拓全球市场，在资源贫乏的土地上打造了世界最富裕的国度，以色列拥有中东地区最为完善的创业生态链，被誉为创业的国度。在英国伦敦，科技企业聚集的"硅环"，成为全欧洲风险投资活跃度最高的地区。而在全球创新排行榜上始终名列前茅的亚洲国家韩国，以市场经济为主导的策略更是造就了三星、LG等世界级创新公司。

中国的创新之路在哪里？人才应当怎样创新？中国也正在寻找市场化的创新之路。比如深圳，作为改革开放后最先市场化的城市，其市场化程度让它和硅谷有着相似的气息。根据华顿经济研究院2017年推出的"中国百强城市排行榜"，深圳位居第四位，在北京、上海、广州之后。经过改革开放40年的发

---

① 转引自《创新之路》主创团队：《创新之路》，北京：东方出版社2016年版，第176页。

展，深圳成为中国市场化程度最高的城市，小政府的观念，塑造了这片土地的创新生态环境。来自天南海北的移民，成为这座城市的主人，在这里实现着他们的创新梦想。正是因为深圳有着这样高的市场化程度，创新的活力也催生于市场经济的环境之下，腾讯、华为、大疆、小米……一大批企业越来越成为引领中国创新的主体。比如，华为是一家1987年成立于深圳，初始资本只有2.1万元的民营企业。经过30多年的奋斗，如今华为的电信网络设备、IT设备和解决方案以及智能终端已应用于全球170多个国家和地区，年销售收入5000亿元，位列世界500强。华为何以成为技术领跑全球通信产业的领头羊，创新的秘诀是什么？如果说华为在技术和产品创新方面的秘诀在于"以客户为中心"，那么在管理激励创新方面的关键就是"以奋斗者为本"。中共中央政策研究室经济研究局局长吴新力在评价华为时说："华为公司坚持市场导向，瞄准国际一流技术，脚踏实地、持之以恒地推进技术创新、管理创新和各方面创新，走出了一条中国特色的高技术企业创新发展之路。期盼中国通信产业以至其他产业，能够涌现出更多的'华为'，加快建设创新型国家。"①

正如中国工程院前院长徐匡迪解码深圳的创新那样："深圳原来是个渔村，一开始的时候，去深圳的人都是有冒险精神的人，都是丢得起饭碗下海的。总体上讲，深圳的条件比较宽松，政府不是尽量管的全，是尽量少管，就是说要有一定宽松的条件才能放水养鱼。"② 中国与全球化智库理事长王辉耀说："市场经济就是一个创新的经济，或者是一个创业的经济，因为创新创业是跟每一个人息息相关的，而且你要让市场承认你，你必须要标新立异，你必须要与众不同，你必须要独树一帜，这样的话，创新实际上跟我们现在这个文化是一个新的突破，也是一个飞跃。"③

在美国加利福尼亚州帕洛阿尔托市市中心，钱宁街和爱默生街的街角处，有一块不引人注意的石匾，上面写着：电子研究实验大楼。这是原联邦电报公司的实验室与工厂旧址所在地，也许是硅谷唯一一个百年以上的历史遗迹。在这里诞生了第一款真空管扬声器，催生了电子时代，促进了无线电通信、长途

---

① 转引自中组部干部教育局：《领航中国》，北京：党建读物出版社2016年版，第43页。
② 转引自《创新之路》主创团队：《创新之路》，北京：东方出版社2016年版，第176页。
③ 转引自《创新之路》主创团队：《创新之路》，北京：东方出版社2016年版，第182页。

电话、雷达以及电视的发展。但是今天这家公司已经消失在人们的视野中。有人说硅谷从不怀旧，过去的成功与失败，曾经的辉煌与成就，都随着不断涌现的新公司、新科技、新模式不断清零，每天都意味着新的一天。市场中，没有永远的王者。正是在生死成败之间，造就了持续的繁荣与创新，将人类带入超越想象的未来。

## 第三节　大数据、云创新时代的人才创新

大数据时代的来临，使人类第一次有机会和条件，在非常多的宽广领域和极为深入的层次获得和使用全面数据、完整数据和系统数据，全面系统地探索现实世界的规律，获取过去不可能获取的知识和创新。大数据时代是一场生活、工作与思维的大变革，开启了一次重大的时代转型。[①] 就像望远镜让我们能够感受宇宙，显微镜让我们能够观测微生物一样，大数据正在改变我们的生活以及理解世界的方式，成为新发明和新服务的源泉，而更多的改变正蓄势待发。云创新是一种更加开放灵活便捷精准的创新，是调动所有可能参与的人群、整合所有可能资源、不同于以往所有创新的创新。这种创新彻底颠覆了创新的组织形式、创新的产权制度、创新的文化主旨、创新成本的计算方法，是一种革命性的变革，蕴含了无穷的认识世界与改造世界的力量。在农耕时代，工坊、师徒密授技术是技术发展和创新的主旋律；在工业化时代，以工业实验室、研究院所为主要创新形式；在信息化时代，以应用互联网为主要技术环境、以社区管理为主要形式的云创新。

### 一、大数据视野下的人才思维创新

未来将是一个"大数据"引领的智能科技时代，这个时代为人才创新提供了非常广阔的空间。随着万物联网的迅速发展和社交网络的逐渐成熟，移动

---

① 参见〔英〕维克托·迈尔-舍恩伯格等：《大数据时代》，盛杨燕、周涛译，杭州：浙江人民出版社2014年版，第1页。

带宽迅速提升，云计算、物联网应用更加丰富深入和广泛，更多的传感设备、移动终端接入到网络，由此产生的数据及增长速度将比历史上的任何时期都要多、都要快。"大数据"时代的脚步悄然而至，带之而来的是人类思维、知识、技术、管理以及商业模式的颠覆性创新。而完成这些创新实际上是人才的创新。

  为什么大数据时代能够带来人类的这些颠覆性创新？回答是在数字化时代，人类对数据的处理变得更加便捷和快速，人们能够在瞬间处理数以万计的数据。英国大数据研究专家维克托·迈尔-舍恩伯格等，在其《大数据时代》书中提出，大数据是人们获得新的认知、创造新的价值的源泉；大数据还是改变市场、组织机构，以及政府与公民关系的方法。一方面，对大数据的掌握程度可以转化为经济价值的来源；另一方面，大数据已经撼动了世界的方方面面，从商业科技到医疗、政府、教育、经济、人文以及社会的其他各个领域。大数据标志着人类在寻求量化和认识世界的道路上前进了一大步。过去不可计量、存储、分析和共享的很多东西都被数据化了。拥有大量的数据和更多不那么精确的数据为我们理解世界打开了一扇新的大门。社会因此放弃了因果关系的传统偏好，开始挖掘相关关系的好处。实际上，大数据与三个重大思维转变密切相关，一是分析与某事物相关的所有数据，而不是依靠分析少量的数据样本；二是乐于接受数据的纷繁复杂，而不是再追求精确性；三是人们的思维发生了转变，不再探求难以捉摸的因果关系，转而关注事物的相关关系。

  大数据的精髓就在于人们在分析信息时发生了三个方面的重大转变，这些转变改变着人们认识问题和解决问题的思维和方法，也就是说为人才创新思维开辟了新的路径和模式。这三个转变是：第一个转变，在大数据时代，人们可以分析更多的数据，有时候可以处理和某个特别现象相关的所有数据，而不再有赖于随机采样。19世纪以来，人类处理大量数据都是依赖于采样分析。但是采样分析是信息缺乏和信息流通带来的一种人为限制。与局限在小数据范围相比，使用一切数据可以为人才带来更高的精确性，也让人才看到了一些以前无法发现的细节，具体地说就是大数据让人才更加清楚地看到了样本无法揭示的细节信息。第二个转变，研究数据如此之多，以至于人们不再热衷于追求精确度。大数据纷繁多样，优劣掺杂，分布在全球多个服务器上。拥有了大数据人们不再需要对一个现象追根究底，只要掌握大体的发展方向就可以了。当然，也不是完全放弃了精确度，而是不再沉迷于追求精确度。适当忽略微观层面上的精确度，反而会让人们在宏观层面拥有更好的洞察力。第三个转变，因前两个转变而促成，即我们不再热衷于寻找因果关系。寻找因果关系是人类长久以来的习惯。即使因果关系很困难而且用途不大，人类还是习惯性地寻找其缘由。相反，在大数据时代，人们无须再紧紧盯着事物之间的因果关系，而应当寻找事物之间的关系，这会给人们提供非常新颖而且具有价值的认识和观点。相关关系也许不能准确地告知人们某件事情为何会发生，但是它会提醒人们这件事情正在发生。在许多情况下，这种提醒的帮助已经足够大了。大数据给社会带来的益处是多层次、多方面的。因为大数据已经成为解决紧迫世界性问题，如抑制全球变暖、消除疾病、预防天灾、提高执政能力和发展经济的一个有力武器。但是大数据时代也向人们提出了新的挑战，需要做好充足的准备，迎接大数据技术给我们带来的改变。[①]

大数据时代将带来人才思维的深刻变革。采样的目的就是用最少的数据得到最多的信息。当我们可以获得海量数据的时候，它就没有什么意义了。数据处理技术已经发生了翻天覆地的改变，但我们的方法和思维却没有跟上这种改变。从人才的思维创新看，大数据变得更多、更杂、更好。[②] 更多——不是随机样本，而是全体数据。当数据处理技术已经发生了翻天覆地的变化时，在大数据时代进行的抽样分析就像汽车时代骑马一样，一切都改变了。在某些特定的情况下，人们依然可以使用样本分析法，但这将不再是人们分析数据的主要方式。利用所有的数据，而不是仅仅依靠一小部分数据，人们需要的是所有的数据，"样本＝总体"。更杂——不是精确性，而是混杂性。大数据通常用概率来说话，而不是板着"确凿无疑"的面孔。未来社会要习惯这种思维，虽然这种思维也会出现一些问题。但当人们试图扩大数据规模的时候，要学会拥抱混乱。只有5％的数据是结构化且能适用于传统数据库的。如果不接受混

---

[①] 参见〔英〕维克托·迈尔-舍恩伯格等：《大数据时代》，盛杨燕、周涛译，杭州：浙江人民出版社2014年版，第17页。

[②] 参见〔英〕维克托·迈尔-舍恩伯格等：《大数据时代》，盛杨燕、周涛译，杭州：浙江人民出版社2014年版，第27页。

杂，剩下95%的非结构化数据就都无法被利用了，只有不接受精确性，才能打开一扇从未涉足的世界的窗户。大数据要求人们有所改变，必须能够接受混乱和不确定性。精确性似乎一直是人们生活的支撑，就像人们常说的"丁是丁，卯是卯"一样。但认为每个问题只有一个答案的想法是站不住脚的，不管人们承不承认。一旦人们承认了这个事实甚至拥护这个事实的话，人们离真相就又近了一步。更好——不是因果关系，而是相关关系。关联物是预测事物的关键。在小数据世界中，相关关系也是有用的，但是在大数据的背景下，相关关系就会大放异彩。人们通过相关关系，可以比以前更容易、更快捷、更清晰地分析事物。"是什么"，而不是"为什么"。在小数据时代，相关关系分析和因果分析都不容易，都要耗费巨大的人力和时间，都要从建立假设开始。然后人们会进行实验来求证这个假设正确与否。但由于这两者都始于假设，这些分析就都有受偏见影响的可能，而且极易导致错误。与此同时，用来做相关关系分析的数据很难得到，收集这些数据耗资巨大。如今，可用的数据如此之多，也就不存在这些难题了。通过人们探求"是什么"，而不是"为什么"，相关关系可以帮助人们更好地了解这个世界。在大数据时代，人们不必知道现象背后的原因，而是要让数据自己"发声"。相关关系很有用，不仅仅是因为它能为人们提供新视觉，而且可以提供的视觉较为清晰。但是，当人们把因果关系考虑进来，这些视觉就有可能被蒙蔽掉了。

上述所讲的"三个转变"本身就是思维理念的创新。思维创新是所有创新的源头活水，人才创新的首要环节在思维和理念的创新，而思维和理念上的创新来源于人才认识世界的改变。这些大数据背景下的思维理念变革，实际是为人才创新思维打开了一扇"天窗"。透过"天窗"，人们过去无法思维和想象的禁区被打开了，创新创意创造的许多空间被打开了，许多创新创造的局限被突破了，这本身就是真正意义和价值上的大数据时代人才的思维创新。上述大数据条件下的"更多、更杂、更好"，实际上在人才实践和操作层面打开了创新的大门，过去人们想做而做不到的事情，现在可以通过互联网、云计算进行大数据处理而实现。

科技发展引领社会发展，互联网＋、大数据、云计算等话题不断出现在我们的生活中，未来社会将出现"四个无处不在"：互联网无处不在，数据无处不在，电能无处不在，智能无处不在。"人工智能＋"助力"互联网＋"。人工智能可以利用各种各样的数据平台，建立知识库，就可以做各种各样的智能服务，比如提供推荐、搜索，整合我们所需要的各种各样的数据。无线电力离我们不远了。未来无线充电将无处不在，充电就好像是零食一样，在家庭是唾手可得的，无线充电的技术在未来将会极大推动互联网发展以及电子汽车的发展。未来智能机器人的作用将会更加明显，主要反映在这样几个方面。一是替代现在的智能家居，最大的一个突破就是从被动到主动。二是将减缓因人口老龄化给制造业和国家发展造成的压力。三是在教育领域更高地满足需求。智能交通系统保障安全。先进驾驶辅助系统，可以进行道路检测、本车和旁车驾驶行为分析。自动巡航系统，帮助从疲劳驾驶里面解脱出来。提供非直线视觉直播，主动提供危险警报，主动干预交通指挥信号。从万物互联到万物智能。所有的设备都有智能传感器，都有云端大脑，都从过去的单一功能，变成连接人和整个互联网服务的界面。显然，大数据的价值已经得到国家和各界的高度重视，在有效开发国际人才资源的国际人才大数据中心建设启动。各地开始完善其大数据生态圈，推出大数据人才认证计划，并联合多所高校，为市场培养新一代的数据科学家和创新人才。

## 二、云创新模式下的人才创新

在当今以线为连接的、云创新为"发动机"的时代里，创新将不再局限于封闭的研发实验室里，而是发生在云中的任何角落。云创新并不是一个新名词，而是集中大众智慧的创新组织形式。传统的创新理论与实践更关注的是创新的结果，即获取新的产品；而如何进行创新、怎样管理创新本身也属于创新的范畴，只不过这是模式创新。云创新就是互联网时代应用数字技术对创新模式进行的一次重大变革。

从计算科学角度看，云计算是一种分布式计算技术，它可以通过网络将庞大的计算处理程序自动分拆成无数个较小的子程序，再交由多部服务器所组成的庞大系统，经搜寻、计算分析之后将处理结果回传给用户。透过这项技术，网络服务提供者可以在数秒之内，达成处理数以万计的甚至亿计的信息，达到和"超级计算机"同样强大效能的网络服务能力。云计算包括三个层面内容，一是云计算层面，主要是一般的计算分析的方法，云计算在这一层面是一种设计模式，可以实现自助服务。在自动化、可扩展、灵活、费用动机、数据分析方法等方面，非常丰富多彩。二是云平台层面，在这一层面它是各种工具、编号与信息模型、辅助软件运行组件及相关技术。这个平台可以使依赖于云计算以满足其需求的服务部署变得简单，特别是针对一些付费需求。三是云服务层面，在这一层面它是一种用于信息服务的分发模式。云服务可以优化配置各种资源，根据客户的独特需求进行产品个性化创新，也可以实现人才创新与企业或客户之间一对一进行联系。

能够向所有人才创新创造提供运营支持，把无限丰富的个性化需求从信息走向产品创意和设计，并对个性化的消费者进行对接，这样"整合"型的平台提供的服务就是"云服务"。

从云计算发展到云服务的转变，实质上是一种新的服务模式，云服务一个重大的变革就是从以设备为中心转向以信息为中心。云计算所提供的设备包括应用程序只是应用的工具而已，信息才是人才在创新过程中能够保存下来的资产。现在的人才创新多数是云服务过程中的一种具体体现。云创新是一个特殊领域里的新生事物，必须要有创新的共同体，具有活跃而有效的创新扩散能力，超越传统的协调开发，具有如下诸多特殊性质和特征。[①]

云创新必须要有创新共同体。这个创新主题是借助互联网汇集起来的共同体，是一个按照云创新模式，进行创意研发创新的共同体，它与传统的共同体有着质的区别。传统的共同体包括政治共同体、科学共同体、经济共同体、区域共同体等，是遵从一定的契约有着共同利益的集体组织。中国社科院的任丽梅认为，云创新共同体则不同，它有三个方面的不同：一是组织性不强，是一个松散的联合体；二是它不是一个完全有形的共同体，是为一个特殊的任务和创新而组建和存在，类似于介于传统与现代之间的"无形学院"，云创新是"网聚"的"无形学院"；三是它不一定是有着共同利益的共同体，在共同体

---

① 参见任丽梅、黄斌：《云创新：21世纪的创新模式》，北京：中共中央党校出版社2010年版，第54—63页。

内部各个个体之间还可能存在竞争。从自由软件业看，它不同于传统公司的关键就在于拥有一个较大规模群体参与的具有创新能力的研发团队，或者叫人才创新的共同体。这里的共同体成员既可以是用户，也可以是研发人员，他们之间的合作意愿要以共同的理念为核心，却又具有独特的优势，由此人才可以开发出最符合实际需要的各类产品。自由软件业因为拥有一个自由软件创新共同体作为强大的后盾，再加上它的服务模式与市场能够无限地接近，显示出强大的创新能力。自由软件开发满足这个条件，各类人才可以在云创新这个大平台上，运用自由软件开发，把这些创新的优势充分发挥出来。共同体的代码开放与网络优势可以使创新人员之间的衔接和交流更容易，不会因为一批人员的放弃而导致断层的问题发生。自由软件共同体的成员可以是数百万计的，而且他们可以在一种自组织的状态下开展创新。共同体内有无数优秀的工具软件，可以满足开发者与使用者的需要，功能十分强大。在云创新的活动中，将会自动形成利益相关共同体，有的还会有完备的利益反馈机制。

　　云创新具有有效的创新扩散和创新渠道。人才创新要重视研究创新成果扩散路径。云创新可以通过互联网聚合最大的创新资源，同时也可以通过互联网实现最有效快速的创新扩散。云创新是活跃在创新扩散阶段的有效模式。决定创新扩散过程的主要因素是创新、传播渠道、时间以及社会系统。由于云创新共同体与互联网的特殊关系，它具有专有软件大公司研发中心创新模式不可比拟的优越性。云创新的优势在于拥有一个有效的创新网络传播渠道，创新参与者可以在这个创新平台上开展联合、交换以及资源的转换。当信息交流的双方具有共同的信仰，共同的人生价值追求时，能够互相理解时，信息的传递速度就会快，同时这种传播也是最有效的。在云创新的过程中，信息的传递与扩散也正是通过网络人际关系来传递的。第一步，信息从网络媒体传播到观念创新者，也就是具有共同爱好、兴趣以及工作形式的人聚集在社区这个网络环境里，彼此通过任务联合传递思想、创意和技术，创新在这个小圈子里得以超时空界限的扩散。第二步，通过人际影响来实现从观念领导到跟随者的传播。云创新可以作为一种人际网络或者叫"创新共同体"而存在。人际网络作为一种社会资本对于各行业的发展至关重要。由于创新共同体的人们拥有共同的爱好、支持同样或相近的理念，能够把"志同道合"的人群联系在一起，能够大大地促进共同体内的知识创新与传播。在云创新共同体中，人才创新与用户、研发与企业之间的距离被消灭了，人才可以从各个方面探讨如何高效率处理所需要的服务。一言蔽之，在云创新的共同体内，人才之间形成一种基于互联网的人际关系，信息能够在这个渠道上传递，创新也能够在这个渠道上扩散。创新共同体中人才成员之间的有效沟通越多，人才就越能够彼此相互理解；而相互理解的程度越高，彼此之间的共同性就越大，人才之间越容易产生有效的沟通和创新。

  云创新与传统的各企业或机构间进行的协同开发有着本质的不同。首先，最大的不同是协调开发与云创新的着重点不同。协同开发侧重于管理层面，有时也涉及技术层面。主要包括人才之间的协同、应用软件和硬件的协同，项目之间的协同和企业之间的协同。云创新则侧重于企业在创新过程中应该改变的、原有的机械思维方式。将外部和内部的技术有机地结合成一个系统，通过这个系统，一方面企业可以通过技术许可，从外部获得企业需要的技术成果，另一方面，企业可以销售在封闭创新的环境下可能被抛弃的内部技术，从而使企业获益。其次，协同开发与云创新的任务分配不同。协同开发有一个明确的任务分配方案，而云创新模式下任务不存在分配，而是参与者根据自己的兴趣与特长自己设定承担的任务量。协同创新的关键优势是用户创新，云创新网络中模块设计以及设计任务之间的接口使单个用户参与云创新项目成为可能，这个设计任务能力的划分消除了设计成本约束，从而解决单用户创新所不能进行的大规模创新难题。第三，协同创新与云创新共享程度不同。云创新参与创新者的中间资源可以共享，而协同创新的中间资源共享是有限度的，必要的时候是各自拿出自己的资源来完成一项任务，不一定能够实现共享。总之，云创新与协同创新最本质区别在于创新过程中经济要素的全面参与，以及创新主体之间无协约有协议的竞争与合作。

  云创新是全员参与的创新，是一种服务过程中的模式创新，是一种网络化的服务创新模式。它既是服务创新的一般模式，也是知识密集服务的创新模式，还是网络化服务创新模式，即"云创新 = 服务创新 3.0"。任丽梅认为，在云创新中，服务是企业与用户之间的一种交融式共促进程。所有参与人都参与了价值链的形成。在云创新的机制中，开发不只是技术人员的工作，它变成了一项全员总动员，每个人都可以成为云中的一个分子，贡献出自己的价值。在新产品推介过程中，供应商越早参与其中，整个项目所节省的资金也就越多。在价值链上，高水平的外部供应商可以给企业提供更多的支持，减轻企业的负担，在核心环节上有助于企业更快更好地发展。云创新将互联网作为一个平台，一方面，积累系统内外的资源，将外部的和内部的技术有机地结合成一个系统；另一方面，建立广泛的企业与用户、需求者与提供者之间的关系网络，从而成为知识的制造者与知识的使用者之间的中介以及产品与服务这二者之间知识传输的桥梁。云创新囊括了所有服务创新的实践途径。一是全面创新，利用技术的重大突破和服务理念的变革，从而创造出全新的整体服务。二是局部创新，通过构思精巧的服务概念或利用服务技术的小发明、小创新，从而改善原有的服务。三是形象创新，服务企业通过改变服务环境、变化服务系列、命名新品牌来重新塑造新的服务形象。四是改型创新，通过市场再定位，在质量、档次、价格方面创造出有别于原有服务的新的服务项目，但服务的核心技术和形式并没有发生根本性改变。五是引入创新，将现成的标准化的服务通过购买服务设备、聘用专业人员或特许经营等方式引入到本企业中。服务创新是一种技术创新、业务模式创新、社会组织创新和需求、用户创新的综合，它需要跨学科的交流和合作。

### 三、人才群+产业链+云平台

建设人才产业云平台是推进大数据在人才及产业领域应用与发展的一个创新之举。在国内一些地方早已运用"云平台"打破壁垒，构建"人才产业云"体系。构建人才产业云体系主要是利用大数据技术将横向的"人才群"与纵向的"产业链"联结为一体，通过发展云计算应用服务，在构建的"云平台"上融合人才、新产品研发、产业项目、资金等，促进各种资源要素在线上、线下实时匹配对接，将人才链与产业链深度融合、精准匹配，从而实现人才集聚与产业升级高度对接，人才价值与产业价值共创，人才发展与产业发展共赢。根据广西人力资源和社会保障厅研究所的韦伟光助理研究员的研究成果，我们可以从人才产业云平台的构建、人才产业云体系理论依据和人才产业云平台建设路径等方面进一步深化认识。

构建人才产业云平台。韦伟光认为①，人才产业云平台主要包括四个重要组成部分。（1）人才与产业的基础资源部分，这一部分主要是建立人才大数据库和产业大数据库，掌握并能够实时更新有关人才与产业对接的大数据资源。（2）数据存储、集成与交互部分，主要是健全存储、集成人才、产业项目以及各类数据资源的数据库，即原始数据库、分布式数据库、集群交互数据库、计算数据库等。（3）数据管理与分析处理部分，主要是对数据的安全管控、数据的挖掘、统计分析、流计算、图计算、模型建设等进行分析处理。（4）平台服务部分，主要是运用大数据、云计算的分析处理结果，提供大数据可视化服务、人才与产业数据分析以及预测决策服务、人才结构调整和产业发展现状分析服务等。人才产业云平台的建设将为人才与产业深度融合发展创造得天独厚的有利条件。

人才产业云是人才、云计算与产业协同发展的契合点。韦伟光认为，人才、大数据及产业三者是相辅相成的关系，人才是核心要素，产业的发展从根本上来说靠人才支撑；大数据和云计算的应用与发展，是促进人才工作升级和产业发展的重要手段；产业的发展又能反作用于大数据与人才，促进大数据技术的创新与人才资源的开发。构建人才产业云平台是大数据、云计算条件下基于人才与产业融合发展的创新之举。在人才产业云平台的建设与应用实践中，大数据、云计算的应用将得到进一步拓展，大数据、云计算将对人才成长、人才与产业的精准匹配以及实现人才集聚与产业升级对接的问题，提供可行有效的解决方案。推动"大众创业、万众创新"和培育产业发展新生态，离不开人才资源，更离不开人才与大数据、产业的协同发展；而人才产业云平台的建设与应用能够升级人才工作与产业发展工作。可提高人才管理和产业管理效率，有利于建立健全人才大数据库，破除人才工作的信息孤岛障碍，实现人才信息共享，有效提高人才供给及需求预测的科学性与准确性；有利于建立健全产业大数据库，破除产业发展的区域限制障碍及行政藩篱，实现产业资源的优

---

① 参见韦伟光：《我国人才产业云平台建设的理论依据及实现路径》，载《广西教育学院学报》2017年第1期，第44—47页。

化配置与共享利用。建设人才产业云目的是打造科学化的人才产业大数据平台,通过人才大数据库与产业大数据库的衔接,以实现人才政策与产业发展需求对接、人才培养与产业培育对接、人才集聚与产业升级对接。

推进人才集聚与产业升级高度对接。人才产业云平台的建设,可为人才共聚、智慧共享、价值共创、发展共赢创造有利条件。实践证明,只有人才的创新力与产业发展产生共鸣时,才能实现真正意义上的产业发展。只有实现人才政策与产业需求对接、人才服务与产业平台对接、人才集聚与产业升级对接,人才链与创新链、产业链、价值链对接,才能实现以人才结构调整带动产业结构调整,以高端人才发展引领产业高质量发展,形成人才引领创新、创新驱动发展的生动局面。在人才政策与产业需求对接方面,要充分运用人才产业云平台,根据各地实际及时向社会发布产业发展导向目录和人才发展导向目录,制定包含产业行业分布、人才类别、需求数量以及学历、能力和经历要求等方面内容的人才开发方案,加快培养引进创新型紧缺适用人才。在人才服务与产业平台对接方面,充分运用人才产业云平台,依托各地建设的人才"一站式"服务中心、各园区产业平台的创业服务中心,有针对性地建设引进与重点产业密切相关的创新科研平台和团队。在人才集聚与产业升级对接方面,引进"重点人才计划人才"和实施人才支撑发展工程、海外人才引进工程、重大人才工程,为重点区域、重点产业、重点项目、重点企业配人才,产生"引进一个高端人才、带来一个创新团队、支撑一个产业、培育一个经济增长点"的"衍生效应"。要对人才信息进行动态统计分析,全面掌握各类人才的分布、流动与发展规律,为人才工作决策提供重要参考,促进人才合理良性流动,实现人才资源和产业平台进行深度融合,加快"人才—产业"生态链条的延伸。从人才创新力到产业发展,从信息共享到按需引育人才,从单向用才到良性流动,"人才产业云"体系的构建,标志着育才、引才、用才"大数据"时代的来临。

人才产业云平台是大数据、云创新时代的新事物。韦伟光认为,要树立大数据理念,决策思维从经验型决策转变为理性型决策,也就是说从经验到数据、从小数据到大数据;管理思维从封闭管理转变为开放管理,也就是说从部门到公共、从一元主导到多元合作;服务思维从传统服务转变为智慧服务,也就是说从被动到主动、普惠化与精准化并重。建立健全大数据资源的公开与共享机制，完善政府数据信息公开机制，破除"信息孤岛"障碍。建立大数据资源的共享机制。有关部门应制定出台大数据应用与发展的法律法规。建立健全人才数据库，运用大数据技术对汇聚融合在人才大数据库中的人才大数据进行深度挖掘、分析，从而为政府进行人才工作决策提供科学依据。建立健全产业大数据库，以"云计算平台"融合和汇聚来自不同地区、不同类型的产业平台子系统的方式，建立健全产业大数据库。重视并加强大数据人才的培养，依据大数据人才的特征培养大数据人才，要采用联合培养的方式培养大数据人才。

# 第三章　人才创新的目标取向

莎士比亚有句名言，"凡是过去，皆为序曲"，用来描述人类的创新活动。历史是解码未来的钥匙，今天也是未来的序曲。创新将把人类带向何方？创新会出现在哪里？哪些创新会引领未来？虽然人们还无法对未来作出准确的预测，但是未来一定是存在世界的某个地方的实验室里、孵化器中，甚至是一些人才的创新梦境里。为创造人类美好的未来而创新，这种力量来源于个人的目标与梦想；来源于企业的生存与竞争；来源于国家的发展战略和布局。21世纪是人才创新大显身手的世纪，也是人类用创新解决现实问题、造福人类创造美好未来的时代。

## 第一节　人才创新方向的选择

纵览人类创新的历史，人类社会在创新面前总是后知后觉。18世纪普鲁士国王曾预测铁路的发明将会失败，因为人们骑马就能够在一天之内免费从柏林到波茨坦；19世纪末，著名的西联公司认为电话有太多缺点，没法当作真正的通信手段；19世纪英国物理学家开尔文则宣称比空气重的飞行器不可能实现；1943年，IBM主席认为全世界的计算机不会超过5台。[①] 实践证明，历史上有一些对创新的预言和结果往往是错误的。在新一轮科技革命和产业变革

---

① 参见《创新之路》主创团队：《创新之路》，北京：东方出版社2016年版，第248页。

的大潮中，如何更好地创新，使人才的创新能够沿着正确的方向前行，必须坚持走中国特色自主创新道路，面向世界科技前沿、面向经济主战场、面向国家重大需求，加快各领域科技创新，把握全球科技竞争先机。

## 一、面向世界科技前沿

从世界范围看，人类文明在茹毛饮血的原始洪荒中开始启蒙，在穷兵黩武的封建愚昧中缓缓开化，终于在18世纪隆隆的蒸汽机声中驶出黑夜，迎来了科学技术快速发展的好时光。从第一次工业革命到第三次工业革命，仅仅用了两百多年时间。从我国看，我们的先人取得了以"四大发明"为代表的一大批发明创造，缔造了世界大国、强国地位。近代以后，由于国内外各种原因，我国屡次与科技革命失之交臂，从世界强国变为任人欺凌的半殖民地半封建国家。新中国成立70年来特别是改革开放40多年来，我国科学技术有了长足的发展，取得了令人震撼的成绩。但是，与世界发达国家科学技术水平相比，还存在很大差距。我们要有追赶意识和危机意识，在向世界发达国家学习中补齐短板。科学技术是世界性、时代性的，发展科学技术必须具有全球视野、把握时代脉搏。当今世界，新一轮科技革命蓄势待发，物质结构、宇宙演化、生命起源、意识本质等一些重大科学问题的原创性突破正在开辟新前沿新方向，一些重大颠覆性技术创新正在创造新产业新业态，信息技术、生物技术、制造技术、新材料技术、新能源技术广泛渗透到几乎所有领域，带动了以绿色、智能、低碳为特征的群体性重大技术变革，大数据、云计算、移动互联网等新一代信息技术同机器人和智能制造技术相互融合步伐加快，科技创新链条更加灵巧，技术更新和成果转化更加快捷，产业更新换代不断加快，使社会生产和消费从工业化向自动化、智能化转变，社会生产力将再次大提高，劳动生产率将再次大飞跃。习近平指出："如果我们不识变、不应变、不求变，就可能陷入战略被动，错失发展机遇，甚至错过整整一个时代。……抓科技创新，不能等待观望，不可亦步亦趋，当有只争朝夕的劲头。时不我待，我们必须增强紧迫感，及时确立发展战略，全面增强自主创新能力。我国科技界要坚定创新自信，坚定敢为天下先的志向，在独创独有上下功夫，勇于挑战最前沿的科学问题，提出更多原创理论，作出更多原创发现，力争在重要科技领域实现跨越发展，跟上甚至引领世界科技发展新方向，掌握新一轮全球科技竞争的战略主动。"[①] 面对科技创新发展的新趋势，世界主要国家都在寻找科技创新的突破口，抢占未来发展的先机。我国要在全球科技创新的大赛中不掉队、不落伍，必须瞄准世界科技创新的前沿，进行有方向的重点突破。把握创新动向才能有针对性地开创未来。准确认清方向有助于跟随或跟进趋势，甚至引领创新的潮流。

未来世界科技创新的十大目标方向趋势是什么？中国科学院院长白春礼认为，世界科技发展的十大趋势是：[②]（1）颠覆性技术层出不穷，将催生产业重大变革，成为社会生产力新飞跃的突破口。作为全球研发投入最集中的领域，信息网络、生物科技、清洁能源、新材料与先进制造等正孕育一批具有重大产业变革前景的颠覆性技术。（2）科技更加以人为本，绿色、健康、智能成为引领科技创新的重点方向。未来科技将更加重视生态环境保护与修复，致力于研发低能耗、高效能的绿色技术与产品。（3）"互联网+"蓬勃发展，将全方位改变人类生产生活。新一代信息技术发展和无线传输、无线充电等技术实用化，为实现从人与人、人与物、物与物、人与服务互联向"互联网+"发展提供丰富高效的工具与平台。（4）国际科技竞争日趋激烈，科技制高点向"深空、深海、深地、深蓝"推进。（5）前沿基础研究向宏观拓展、微观深入和极端条件方向交叉融合发展，一些基本科学问题正在孕育重大突破。（6）国防科技创新加速推进，军民融合向全要素、多领域、高效益深度发展。（7）国际科技合作重点围绕全球共同挑战，向更高层次和更大范围发展。（8）科技创新活动日益社会化、大众化、网络化，新型研发组织和创新模式将显著改变创新生态。（9）科技创新资源全球流动形成浪潮，优秀科技人才成为竞相争夺的焦点。（10）全球科技创新格局出现重大调整，将由以欧美为中心向北美、东亚、欧盟"三足鼎立"的方向加速发展。上述十条基本反映了未来科技创新的发展趋势，也是广大科技工作者和人才创新的主要目标领域

---

① 《习近平谈治国理政》，北京：外文出版社2017年版，第267、268、269页。
② 参见白春礼：《创造未来的科技发展新趋势》，载《人民日报》2015年7月5日。

和重点。

在未来世界科技创新发展趋势研究方面，国务院发展研究中心高级研究员邓寿鹏认为未来科技创新有如下十大趋势：①

第一，科技创新成为世界规模强大的潮流。在全球范围内，科学技术在各个领域中的巨大作用已被证实，科技创新成为一切文明、进步的源泉，人类为了良好的生存和发展，在现有的知识资源和物质资源基础上，大力推进科技创新已形成世界性潮流。

第二，知识资源成为科技创新第一要素。知识经济正在兴起，知识的创造和发展大大降低了社会对自然资源的依附，传统的生产要素（劳力、土地、资本）已逐渐失去主导地位，知识资源成为科技创新的战略性首要因素。

第三，前沿科技成为创新竞争主要焦点。高新技术的前沿科技是世界瞩目的制高点。在当前一代和未来几代人之间的科技发展链中蕴含着大量的机遇，一些国家和跨国公司正把主攻方向瞄准微电子—光电子—生物电子、细胞工程—基因技术—生命科学、核能氢能—太阳能、高磁材料—超导材料—纳米材料、空间提纯—微重力成形—太空基站、海水淡化—海洋油气开发—深海采掘等前沿领域，攻占这些科技高地的竞争已成为创新的主要焦点。

第四，科技集成成为创新常用形式。现有的科技成果和技术体系已相当丰富，当前面临的许多科技问题总是在很大程度上可以集成现有的技术加以解决。创新特点鲜明的计算机网络是当代计算机技术、微电子技术和通信技术的集成，困扰全球的Y2K（2000年）问题，可通过现有的硬件技术和软件技术的创造性系统集成加以克服和解决。

第五，研究—发展—生产成为创新链必需环节。长期以来，研究与发展活动被公认为创新，而产业过程往往被忽视。在强调创新绩效的今天，创新的终端目标是市场回报，若不通过生产环节就无法实现全部创新目标，完整的创新过程应包括研究、发展、生产三大环节。

第六，技术创新成为重大创新项目必要前提。具有规模性的重大科技创新

---

① 参见邓寿鹏：《未来世界科技创新十大趋势》，搜狐网·战略前沿技术（来源国研网）2017年1月22日。

项目,在开发前期必须对技术体制、技术标准和规范管理进行广泛协调,避免形成多种制式、多种标准、多种规范之间的壁垒,防止因缺乏协调使创新开发和成果应用的成本增高。全球运行的通信协议,在技术协调上堪称范例,而HDTV(高清晰度电视)开发前期未能充分协调技术体制和标准,导致一些国家和公司严重失误。

第七,可持续发展成为创新基本使命。历史上许多创新成果都是以牺牲生态环境和过度消耗自然资源为代价的。全球的人口剧增和自然资源枯竭,强制新的创新活动及其成果应用,必须以不损害人类和自然的可持续发展为原则。切实保证地球文明的高度民主发展和人类发展的可持续性,美好未来已成为一切科技创新的基本使命。

第八,公司并购成为重组创新有效途径。众多的创新主体在竞争中,对人才和技术的争夺异常激烈。一些实力强大的公司为了保持和扩大其创新优势地位,不惜用重金收购相关公司的全部有形资产和无形资产。近几年中,产生世界影响的"超级并购"频频发生,公司并购已成为一国范围内或国际范围内重组创新能力的有效途径。

第九,风险资金成为支撑创新金融支柱。科技创新需要资金投入。这些投入要面对技术风险、经济风险、市场风险等等,特别是大型项目、高难度项目所承受的风险压力更大。与高风险相对应的是高回报,民间的风险投资和政府的风险基金获得了发展,它担负着风险投入的重要角色。在当代科技创新活动中,风险资金已成为不可或缺的因素,它支撑创新活动并通过风险资金管理和监控改革创新过程。

第十,创新战略作为引导国家发展重要指针。一个企业、一个地区、一个国家的创新活动及其成果直接反映该企业、该地区、该国家的竞争力。注视全球科技进展,研究制定创新战略、策略是不可忽视的大事,许多国家都在不断制定和完善国家创新战略,以创新战略作为引导国家发展的重要指针。这十个方面也为广大科技工作者和人才创新提供了方向性引领。一个创新人才,要真正做到认准和把握创新的方向需要远见卓识,难度很大、充满挑战。伴随着社会进步和科技发展,信息在爆炸、知识在爆炸,把握住创新方向就更加不易。只有看得更远一点,尊重科学研究的灵感瞬间性、方式随意性和路径不确定性的特点，敢于站在巨人的肩膀上，大胆自由畅想、勇于想象假设、积极实践求证，力争在世界先进领域和关键环节取得重大突破。

## 二、面向经济主战场

科技创新的不断出现与发展是科技革命发生的必然前提。科技创新的重大突破和加快应用极有可能重塑全球经济结构，使产业和经济竞争的赛场发生转换。科技水平已经成为影响世界经济周期最主要的变量之一，也是决定经济总量提升的最主要因素。每一次科技革命都会扩大经济总量，为经济发展带来一个黄金发展期。因此，科技创新要面向经济主战场，推动科技和经济社会发展的深度融合，打通从人才强到科技强再到产业强、经济强、国家强的通道。

### （一）面向经济主战场是人才创新与经济融合发展的必然选择

人才创新必须与经济发展深度融合。融合发展是一种开放协作的思维和战略，强调对内整合、对外融合，我国经济社会正处于大发展、大融合、大变革的历史阶段，做好人才创新与经济社会深度融合这篇大文章，对于推动高质量发展具有重要的现实意义。

加快人才创新与经济社会深度融合，是转变经济发展方式、实现经济可持续发展的迫切要求。随着我国经济长期快速发展，经济发展过程中暴露的问题越来越突出，经济增长过程中过度依赖资源能源消耗，产业层次不高，低层次与高耗能并存的局面并没有取得根本性的改变，长期积累的结构性矛盾日益凸显。发展方式中还存在"产业结构偏重、产业分工层次偏低，全球价值链位置靠后"等突出问题。而通过加快人才发展与经济社会深度融合，可以充分发挥人才在经济发展中的作用，摆脱过去那种"资源消耗→制造产品→污染加重"的粗放生产方式，转变为"资源→产品→再生资源"的循环经济和清洁生产方式，从而实现经济的可持续发展。

加快人才创新与经济社会深度融合，是实现后发优势向先发优势转变的现实需要。改革开放以来，我国利用产业的后发优势，逐步建立了在国内具有比较优势的产业体系，但是还仍然停留在吸收产业后发优势阶段，具体表现为要素投入仍然以劳动密集型为主，技术密集型产业发展相对滞后，技术上仍然以跟踪模仿为主，科技在经济增长中的贡献率仍较低，参与国际产业分工上仍然以低成本优势进入全球生产体系，国际分工仍处于价值链的低端。中国经济进入新常态，必将带来新一轮的经济结构调整，应抓住这次经济结构调整的机遇，加快人才发展与经济社会深度融合，改善制造业一直处于世界产业价值链低端这一现象，实现制造业向现代制造业的转型发展，从而引领中国经济逐步摆脱产业的后发优势，提升在国际产业体系中的战略地位，逐步实现产业的后发优势向先发优势转变。

加快人才创新与经济社会深度融合，是提升竞争力、推动高质量发展的重要战略选择。目前，我国企业在国际上的整体竞争力较弱，主要表现在技术含量低、产品附加值低、处于价值链低端等方面，有效解决这一问题，只能依靠产业升级，实现产业升级的重要方式就是推进人才发展与经济社会深度融合，而人才发展与经济社会深度融合的过程就是技术含量增加与资源重新优化融合的过程。因此，加快推进人才发展与经济社会深度融合，将有效提高产业发展层次和产业竞争力，保持在国内和国际的竞争优势，推动实现高质量发展。

加快人才创新与经济社会深度融合，是适应世界科技革命和产业变革趋势的必然选择。我国的自主创新能力虽然取得巨大成绩，但仍存在基础研究和原始创新能力不足、科技资源与地方经济结合不够紧密、主导产业的技术支撑力量不强、高层次创新创业人才供给不足、科技投入力度强度相对不够等问题。立足新时代社会主要矛盾变化和经济社会发展重大需求，紧跟世界科技革命和产业变革趋势，要增强"等待观望不得"的紧迫感、"慢进就是退"的危机感、急起直追的责任感，着力深挖科技资源潜力，着力增强原始创新能力，着力提升产业技术实力，着力激发创新主体活力，在人才发展与经济社会深度融合中确保科技创新和高质量发展走在全国前列。

## （二）面向经济主战场是人才创新与经济融合发展的现实路径

人才创新与经济发展融合的实践表明，经济社会的发展离不开人才的支撑引领作用，人才的创新也必须与经济社会发展的特征和需求相适应，二者紧密联系、有机统一。要实现人才创新与经济社会发展同频共振，最根本的是要从理念上强化对创新融合发展的认识，最重要的是要将人才开发与产业发展紧密结合，最关键的是要以项目工程为抓手，最终实现招才引智与招商引资并举、人才开发与区域发展同步、人才创新同经济社会转型升级相统一。

理念与发展对接，推动源头创新融合发展。推动高质量发展，实现新旧动能转换，离不开创新"第一动力"的发挥；而创新这个"第一动力"发挥得好不好，关键还是要看人才这个"第一资源"用得好不好。用好人才"第一资源"，推动人才发展与经济社会深度融合尤为重要。要把握不同人才的发展需求和培养不同领域的人才之间的关系，促进人才规模、质量和结构与经济社会发展相适应、相协调。通过"产教融合""订单生产""校企合作"等模式，推动人才发展理念与发展实际深度对接，把人才培养转到培养应用型技术型人才上来，全面提高服务区域经济社会发展和创新驱动发展的能力。

科研与产业对接，实现价值创新融合发展。把科技创新作为产业转型升级和经济高质量发展的强引擎，通过更多的原始创新、集成创新、融合创新打造发展的核心竞争力。紧紧围绕经济社会发展的重点领域、重点行业和重点产业，加大资源整合集成力度，推进产学研深度融合，着力形成成果转化新机制、构建科技资源配置新格局，努力建设自主可控的现代产业体系。紧紧围绕市场规律，不断优化政务服务，为产学研合作和吸引留住人才创造更好环境，推动科研与产业合作不断取得新进展，以真正实现"把核心技术牢牢掌握在自己手里"。

人才与项目对接，提高创新融合发展水平。可以坚持以项目引进人才，以人才拓展项目，推动人才引育和项目孵化相互促进、共同发展。通过招才引智与招商引资并举，积极对接各类重点人才计划，发挥重点项目对人才的吸纳、引进作用，以"引进一个人才"促进"带动一个产业"，实现"人才跟着项目走"，形成产业聚集优势。同时，充分发挥科教资源优势，支持学科带头人培养、高水平研发团队建设和高层次研发平台载体构建等，整合产业链、布局创新链，实现"项目随着人才来"，推进关键领域核心技术攻关突破。

供给与需求对接，提升创新融合发展效率。可以通过建设大数据平台，绘制全球顶尖人才地图和产业发展地图，动态掌握人才家底，准确掌握各领域海内外领军人才分布，加强人才需求预测预警。在高层次人才集聚的国家和地区，建立引才引智联络机构。推广人才举荐制，强化以才引才、以才荐才。加强与国际学术组织和国家相关行业协会、专业学会联系对接，通过举办世界物联网大会、世界智能制造大会等具有全球影响力的产业科技活动，精准集聚产业人才，拓宽寻才引才渠道。

技术和需求对接，通过技术创新满足需求。从两个维度看，人才的创新来自技术创新和需求。论先后则是需求为先，首先要有社会需求，技术才能有开发的动力，人才才能有创新的方向和愿望；论轻重应以技术为重，有了社会需求，重心就在于技术，通过人才创新技术来满足需求。当然在实际过程中，技术与需求是相辅相成的，两者融合为一体。

### （三）面向经济主战场，人才创新必须搭建与经济融合发展的创新载体

平台载体是人才的"用武之地"，也是人才创新的必备条件。一流的平台载体能够吸引一流的人才，一流的创新载体能创造一流的事业。一方面，加强人才创新载体建设。按照合理布局、错位发展、优势互补的原则，加快现有开发区、高新技术园区、科技园、创业园区的转型升级，依托各类园区建设一批机制灵活、功能齐全、配套完善的创新创业孵化器。围绕人才创新创业所需，着力打造技术公共服务、技术成果交易、创新创业融资服务、社会化人才服务"四大平台"，努力为各类人才提供全方位服务和集成化支持。另一方面，加快企业创新载体建设。围绕重点领域和新兴产业的发展重点，建设一批国家级、省级技术创新中心、产业示范基地和技术服务示范平台。建立和完善科技金融合作机制，构建多元化、多层次、多渠道的创新投融资体制，真正解决人才从科技研发到科技创新创业再到市场化成长中的资金需求问题。鼓励发展各类创新创业投资机构，充分发挥政府创新创业投资引导资金的作用，积极吸引境内外各类资本支持创新创业。

## 三、面向国家重大需求

人才创新必须把国家重大战略需求放在首位，为全面建成小康社会和建设

社会主义现代化国家提供人才智力支撑。从 20 世纪上半叶开始，世界一些重大科技工程逐渐成为科学技术创新的热点。"曼哈顿计划""阿波罗登月计划""人类基因组计划"等这些带有"大科学"时代标志的工程，让人们记忆深刻。我国的"两弹一星"、载人航天、蛟龙号等一批耳熟能详、展示中国科研实力的工程已拔地而起。当前，在满足我国固有的重大需求的同时，新一轮科技和产业革命已经催生互联网＋、分享经济、智能制造等新产业新业态，同时也正在创造巨大新需求。实施这些重大工程都离不开人才，离不开人才的创新。这些也为人才创新带来了广阔的空间。

人才创新要围绕国家重大科技创新目标作为首要方向。重大科技项目是体现国家战略目标、集成科技资源、实现重点领域跨越发展的重要抓手。"十三五"期间，要在实施好已有国家科技重大专项的基础上，面向 2030 年再部署一批体现国家战略意图的重大科技项目，探索社会主义市场经济条件下科技创新的新型举国体制，完善重大项目组织模式，在战略必争领域抢占未来竞争制高点，开辟产业发展新方向，培育经济新增长点，带动生产力跨越发展，为提高国家综合竞争力、保障国家安全提供强大支撑。

人才创新要围绕国家科技创新规划的实践指向，构筑国家先发优势。我国《"十三五"国家科技创新规划》，从创新主体、创新基地、创新空间、创新网络、创新治理、创新生态六个方面提出建设国家创新体系的要求，并从构筑国家先发优势、增强原始创新能力、拓展创新发展空间、推进大众创业万众创新、全面深化科技体制改革、加强科普和创新文化建设等六个方面进行了系统部署。规划提出 12 项主要指标，其中国家综合创新能力世界排名从现在的 18 位提升到第 15 位，科技进步贡献率从现在的 55.3% 提高到 60%，知识密集型服务业增加值占国内生产总值的比重由现在的 15.6% 提高到 20%。

人才创新要围绕国家科技创新规划的目标，强化创新源头供给。原始创新是最根本、最重要的一类创新，也是我国科技创新的短板和薄弱环节。《"十三五"国家科技创新规划》提出，"十三五"时期我国将把着力提升原始创新能力作为重中之重，持续加强前瞻部署，强化创新源头供给，为经济社会长远发展提供持久动力。面向基础研究领域和重大全球性问题，在充分的前期研究基础上力争发起和组织新的国家大科学计划和大科学工程。同时，还将建设以国家实验室为引领的科技创新基地。《"十三五"国家科技创新规划》提出，优先在具有明确国家目标和紧迫战略需求的重大领域，在有望引领未来战略的制高点，布局建设一批突破型、引领型、平台型一体的国家实验室。创新少不了人才，《"十三五"国家科技创新规划》提出要促进科学研究、工程技术、科技管理、科技创业人员和技能型人才等协调发展。为此，将赋予创新领军人才更大的人财物支配权、技术路线决策权；改革评价激励制度，健全人才流动机制，推进科研去行政化；实行以增加知识价值为导向的分配政策，提高科研人员成果转化收益分享比例。抓住科技创新的重要战略机遇期，缩小与科技强国的差距，增强原始创新能力、培育重要战略创新力量是重中之重。无论是原始创新的基础研究，还是瞄准前沿的战略科技，都是拓展前所未有的科技领域。人才创新地基打得越深越实，人才创新之塔才能垒得越高。科技创新实质是人才创新，要从以跟踪为主转向跟踪和并进、领跑并存的新阶段，进而在全球创新版图上更具分量，这离不开一批战略高新技术和基础研究的进步和突破。要实现这个突破，人才储备首先要突破。

人才创新要围绕国家科技创新规划的实践要求，融入全球创新网络。《"十三五"国家科技创新规划》还体现出全球视野，要求打造"一带一路"协同创新共同体，全方位融入和布局全球创新网络，深度参与全球创新治理。我们已处在云创新时代，处于一个全球化的时代，任何一个创新体系都不能闭门造车，必须开放包容、共建共享，这样才能保持知识和人才的全方位流动，才能使资源配置最有效，在最大范围内集聚人才创新资源。未来我国将完善科技创新开放机制，通过与科技发达国家建立创新战略伙伴、与周边国家建立创新共同体等方式，使中国企业更好地融入全球经济体系。在国家层面营造更好的环境和条件，吸引海外创新资源进入中国，进行技术移民。此外，还将积极参与知识产权、技术标准等领域一些重要的国际创新规则的制定。

人才创新要解决原始创新能力不足问题，解决在高端技术领域被"卡脖子"问题。我国的科技发展现在还存在着一些突出的问题，主要表现在原始创新能力不足，基础研究比较薄弱，重大理论突破和原创引领性的成果不多，特殊材料、关键零部件、高端芯片等核心技术亟待攻克等。"知人者智，自知者明。"我们只有认识到与发达国家的差距，才有可能弥补差距。中国社会的很多问题归根结底是由于缺乏科学精神造成的。科学精神的内涵十分丰富，但其核心和精髓是批判和质疑。我国的自主创新之路是一条既不排斥拿来主义，又强调以我为主的知易行难之路。在自主创新方面，我们还存在着浮躁和浮夸，让一些科技工作者耐不住寂寞，坐不了冷板凳，总想走捷径，弯道超车。创新是耐得住寂寞的赛跑，创新需要坚守。总结别人的经验，吸取别人的教训，少走弯路这才是对的，也是应该做的。但更多情况下，弯道超车是一个伪命题，成了投机取巧的代名词。现在应该抛弃对科学功利化的肤浅理解，脚踏实地搞好创新。

## 第二节　人才创新原则的把握

在人类创新的历史长河中，全世界孕育出众多伟大的发明家，如电灯之父爱迪生、电话之父贝尔、蒸汽机之父瓦特、飞机之父莱特兄弟、汽车之父卡尔·本茨、计算机之父冯·诺依曼……但也有许许多多的人才没有实现伟大发明创造的抱负，特别是那些长期付出艰苦努力而没有取得创新成功者，让人为之十分惋惜。虽然每一个人才的创新成功各不相同，每一个人才创新的失败也千差万别，但也有一个最基本的原则和规律可以总结，进行深入探寻。这就是人才创新的基本原则，也是本节研究的重点问题。

### 一、鼓励创新，不可盲目创新

鼓励人才创新应当是政府鼓励创新和社会鼓励创新。政府鼓励创新主要从创新的体制机制和政策措施加大扶持力度。政府鼓励创新并不是什么都要做、什么都要管，而是要明确该做什么、不该做什么，重点是激活创新主体。社会鼓励创新主要是发挥市场的力量、社会的力量、民间的力量，形成人才创新创业的浓厚氛围。鼓励创新而不可盲目创新，很多创新的失败无不与盲目创新有关。有时候盲目创新带来的危害是巨大的。因此，鼓励创新而不可盲目创新，应当作为人才创新的一条原则要求。

**（一）从政府鼓励创新看，主要是解决人才管理体制存在的弊端，打通人才创新的"最后一公里"问题**

要解决的核心问题是处理好政府和市场的关系，进一步理顺政府、市场、社会之间的关系。说到底这是一个调整不适应的生产关系问题，是进一步解放人才生产力的问题。经济体制改革是全面深化改革的重点问题，核心问题要从政府职能转变入手，这是人才体制机制改革的一个重点问题。我国的人才管理体制是从计划经济体制下转变而来，还有很多过去的痕迹和束缚。在"计划管理体制"下，人才不管能力大小、不管贡献多少，都不会有谁去关注你的能力和贡献问题，因为人才的使用和安排多数是被计划出来的，人才的能力和贡献相游离，人才各方面的培养和使用相互脱节。因此，在这种状态下，不管是企业、个人、还是组织，都没有一个内在的开发人才的驱动性，所以只能停留在一种行政化体制的外生变量层面上。随着社会主义市场经济的深化和完善，讲效益、看能力、论功绩成为人才工作主流的思维。人才成为市场供求规律、价格规律、竞争规律的一个核心要素，人才开发管理成了市场经济体制下一个内在的驱动和本能的要求。从这个角度看，在市场经济条件下人才管理体制是内生性的，必须以市场主体作为配置资源并起决定性作用。

政府鼓励人才创新要转变政府职能，切实解决政府的管理错位、缺位和不到位的突出问题。在人才管理方面，核心问题是要解决一个到底谁来管的问题。一方面突破，就是从人才管理到人才治理的转变。要创造性地构建一个科学规范、开放包容、运行高效的人才发展治理体系。这是人才理论发展的一个重大突破，也就是说人才治理要从一元化走向多元化这样一个过程。人才管理与人才治理的区别，就是要从"择天下英才"向"聚天下英才"转变。这虽然只是一字之差，但体现了人才管理和治理的区别，也揭示了人才发展规律的变化。简单地讲就是要从行政的、等级的、人为的被动管理，向平等的、互动的、内生的人才治理转变。人才的制高点到底是什么，谁决定人才的命运？回答是人才本身，是人才自身的内驱动力。马克思关于人的"全面发展"或"自由个性"的学说表达的是一种人的解放；把人从一切"非人"的或"异化"的状态中"解放"出来。① 人才的解放就是把人才的发展和自由还给人才自己。政府要把人才的管理权还权于人才。人才治理的抽象的内涵，就是社会的每个人都有成长成才的自由和追求幸福的权利。每个人才都有施展才华的自由和创新创业的权利，构建人才发展治理体系的目的，就是要使人人都享有这种权利的制度和文化环境，这不仅仅是人才的发现、选拔、培养、使用、激励、保障等具体管理环节的完善，而是整体人才体制的变革。通过这种体制变革实现人才治理能力现代化的新要求，也包含转变政府职能，发挥市场配置人才资源的决定性作用，保障和落实用人的自主权，完善人才的公共服务，纠正人才管理当中存在的行政化、官本位的倾向，以及人才和经济发展的深度融合等问题。

政府鼓励人才创新要简政放权，解决激发人才的内驱动力问题。对于人才管理为什么要简政放权呢？这是因为管理者的理性是有限的这样一个根本命题。也就是说人才的积极性、创造性不是靠管理管出来的，而是靠激发人才的内驱力，靠人才自主的行为产生的。在市场经济环境下，要按照市场规律来管理人才。衡量人才管理体制的好坏，取决于三大变量关系，一是市场的开放度和自由度，看看人才市场是不是开放的，是不是自由的、流动的，特别是配置资源是不是通过市场这样一个基本规律来运行的。二是人才政策的受益度和公平度，这个政策的分配是不是合理的，受益者是谁，受益者是不是公平的，政策的导向性是什么，这些都应当和国家与地方的发展目标相一致。三是政府的监管适度和服务的效度。政府的监管，既要有监管，又不能监管过度，要有一个监管适度问题。要把监管和服务结合起来，为人才服务既要有一定的强度，更要有服务的效度，处理好监管和服务的关系。要把"放管服"改革纳入人才的创新服务之中。"放"就是通过政府权力的下放或削减，明晰政府、市场、社会的边界范围及相互关系，打破那些束缚人才和创新活力的条条框框，解决政府的缺位、错位、越位问题，让政府管得住、管得好。政府要勇于减手中的权、去部门的利、削自身的肉，把自己"有形"的手，换成市场"无形"

---

① 参见刘兰芝、卢珊珊：《论马克思关于人的解放理论及当代意义》，载《世纪桥》2008年第1期，第10页。

的手，使权力在制度的笼子里，更加适应人才发展的规律和市场需求，打通人才创新堵塞的血脉。"管"就是放管结合，解决政府人才管理模式转型的问题。要通过科学确定政府的监管范畴，采用有效的管理办法，精简管理程序，提升人才服务效能，建立畅通的沟通协调机制，使简政放权后的人才市场保持公平竞争的良好秩序。"服"就是优化服务，解决政府人才治理理念变革的问题，通过简化办事程序，消除不合理的环节，提升行政效率，优化政府服务，满足人才发展的公共服务需求，真正做到让人才满意，构建起政府服务的大格局。为人才服务要计利当计天下利，要相忍为国、让利于人才，用政府减权限权和监管改革，换来人才市场活力和人才创造力释放。

**（二）从社会鼓励创新看，主要解决人才创新的生态环境，在全社会营造鼓励大胆创新、勇于创新、包容创新的良好氛围**

习近平指出："要在全社会积极营造鼓励大胆创新、勇于创新、包容创新的良好氛围，既要重视成功，更要宽容失败，完善好人才评价指挥棒作用，为人才发挥作用、施展才华提供更加广阔的天地。"[①] 崇尚创新，国家才有希望，社会才能充满活力。就像生命成长需要充分的阳光、水和空气一样，创新尤其需要良好的社会氛围滋养。要培养人人皆可成才、人人皆可创新的积极向上的创新价值观，激发各类人才创新的积极性和创造性。应热情鼓励、精心呵护、积极支持创新，为各类人才大胆创新探索撑腰鼓劲。

社会鼓励人才创新，要宽容失败。创新与失误是辩证统一的，许多新发明、新创造、新事物，都是在无数次失败的基础上才取得成功的。宽容创新失误，创新过程中出现的失误、失败又为创新不断积累经验教训，最终促成创新成功。要正确对待创新过程遇到的挫折和失败。着力培育和增厚宽容的土壤，为敢想敢干、敢于创新的人才解决后顾之忧，真正做到支持鼓励创新者、善待挫折者、宽容失败者、保护干事者。要引导社会舆论，倡导积极、阳光、宽容的平和的创新心态和社会氛围。任何技术创新和创新产品都是在不断地认识缺陷和寻找改进中不断发展完善的，只有具备了良好的社会舆论氛围和大众宽容

---

① 《习近平谈治国理政》，北京：外文出版社2014年版，第127页。

的心理，才能形成全社会创新的和谐氛围，才能在宽容失败中鼓励自主创新，才能走出"引进、落后、再引进、再落后"的"循环怪圈"，打造具有中国持续创新创造的自主创新品牌。

社会鼓励人才创新，要保护创新成果。创新成果来之不易，是创新者朝思暮想、千辛万苦得来的，凝聚着创新者的心血和智慧，需要全社会倍加珍惜、保护和转化利用。创新成果是知识产权和发明专利，如果不能得到保护和利用，就会助长投机取巧者夺取创新成果，严重挫伤创新者的积极性和创造性。一个创新主体扩大、创新意愿增强、创新举措涌现的社会，一定是创新成果受到尊重、受到保护的社会。创新成果保护和应用，一方面，进一步健全和严格执行保护知识产权制度，打击损害知识产权的违法行为；另一方面，加快创新成果转移转化平台建设，扶持创新成果服务机构建设，加大对创新成果转移转化的支持力度，推进科技成果的知识产权运营，更好地凝聚和激发人才创新实践、应用创新成果、增加创新的获得感。

社会鼓励人才创新，要让更多社会主体投身于创新创业之中。要打造有利于创新创业的良好生态，破解制约创新创业的政策壁垒，优化鼓励创新创业的体制机制。针对人才创新"最后一公里"堵塞问题，制定实施激励创新的政策措施，着力破除制约人才创新的体制机制障碍，营造有利于大众创业、万众创新的制度环境和公平竞争的市场环境，为创新发展提供更加优质的服务。近年来，各地引进人才的意识越来越强，许多地方不仅以优越的待遇吸引人才，还突出用优质贴心服务留住人才，用适当的平台鼓励人才创新创业，不断打造人才建设高地，不断激发人才的活力。

**（三）从创新的有效程度的角度看，人才盲目的创新是危险的，不能为了创新而创新，盲目创新等于企业"自杀"**

盲目创新，就是比喻对创新认识不清，无见识、无目的，没有见解的，没有方向性的，缺乏明智、理性、目标、清醒的创新。当然创新是必需的，但企业对创新必须进行有效管理。大多数知识型或科技型企业都将创新视为企业的灵魂，视为企业发展的不竭动力，这是无可非议的。我国与国外优秀企业相比，我们的企业创新成果不多，创新投入不足，创新的差距是大的。但经过我们对许多企业创新的调研情况观察发现，创新不足是问题，盲目创新更是问题。事实上，创新对企业发展具有正反两方面的作用，创新需要管理。盲目的创新、过度的创新，可能是企业的自杀。众多人才创新过程中，多数由于盲目创新而走进一些创新的陷阱，导致创新失败。这些方面的教训很多，很值得在创新中吸取。

我国企业发展进入了由卖力气、卖产品、卖资源阶段，转向卖技术、卖专利、卖标准的阶段，也就是适应高质量发展的新阶段。这不仅需要继续艰苦努力，而且需要一系列的创新，包括技术创新、产品创新、经营模式创新、制度创新以及观念创新等。但是，在众多企业创新过程中，往往误入企业创新的陷阱。如过快创新、过早创新、过度创新、过虚创新、封闭创新等"五大创新陷阱"等。一是过快创新。过快创新是单纯追求技术推出速度而脱离市场节奏的一类创新。不给创新成果一段相对稳定的应用过程，总在快速不断地推陈出新，更新换代，虽然满足了技术人员的创新欲望，但造成创新的不经济。二是过早创新。过早创新表现为"曲高和寡"。企业存在的理由是满足客户需求，但更高调和更激进的企业往往提出要"创造客户需求"。尽管俗话讲，买的不如卖的精，但是这种假定自己比客户聪明的想法亦有问题。三是过度创新。过快创新和过早创新，主要是从技术和产品角度看的，掉进这两个陷阱可能是因为竞争激烈所致，但主要是与企业过强的技术导向有密切关系。过度创新陷阱则和技术因素无关。过度创新，是指企业在组织或管理变革方面过于激烈的、急风暴雨式的创新。由于创新或变革对原有组织或管理系统造成过大冲击，使组织失去了起码的稳定性和连续性，是很多企业创新或变革失败的主要原因之一。四是过虚创新。过虚创新，一类是形不成专利和标准，不能为企业带来竞争优势以至垄断地位的创新；二类是只喊口号，没有相应鼓励有效创新的考评和分配机制的创新。过虚创新所造成的问题是，有创新无专利，有创新无机制。五是封闭创新。创新不是一味强调从无到有，模仿超越式创新也是可以的！有效的创新要学会继承与发扬、自立和合作的平衡。我国企业要么一味模仿，要么太重视从无到有的创新，而不太重视从无序到有序的创新。其实很多成功的产品在技术上并没有大的原始创新，只是将精力放在研究受众的需要及应用便利的产品上就能成功。①

在人才创新过程中，多数失败是由于盲目创新造成的，而盲目创新多数是把事情做"过"了头。一个人有创新的激情是好的，但是一旦这种"激情"过了头，就会失去理智，就会发生蛮干。比如追求时间过了头，就会违背实事求是的规律；追求技术至上，就会失去市场需求；追求市场过了头，就会丢掉技术质量要求。创新要讲究辩证法，要按照创新规律做，对"禁忌"说不。被誉为"管理学之父"的彼得·F. 德鲁克认为，创新要避免"三个禁忌"。禁忌一，不要过于聪明。创新要由普通人操作，如果想要达到一定的规模或获取重要性，还必须由能力弱的人员操作。能力弱的人是唯一能量充沛且取之不尽的供应来源。过于聪明的创新，不管在设计上还是在实施上，几乎注定是要失败的。禁忌二，不要一次从事多种创新。做多种创新会分散自己的努力，不要一次做过多的事情。偏离核心的创新往往会变得非常松散。它们将一直停留在创意阶段，而无法转变成真正意义上的创新。这个核心不一定非得是科技或者知识。对于任何单位而言，不管是企业还是公共服务机构，市场知识比纯知识或科技提供了更好的整体核心。但是，创新必须围绕着一个整体核心，否则就可能会四分五裂。创新需要有一致的努力在背后支持它，并且还需要创新人员之间的彼此了解。若要做到这点，也需要有一个整体的核心，而同时从事多种创新或分散自己的努力，则会破坏这个核心。禁忌三，不要尝试为未来而创新。要为现在而创新。一项创新可能有长期的影响，它可能需要20年的时间才能完全成熟。例如电脑，直到70年代初电脑才开始对企业的业务处理方式产生重大影响。这是在第一批可运行的电脑推出后，时隔25年才做到的。但是，电脑自诞生之日起，就具备了明确的用途。如科学计算、制作工资表，模拟实际状况，训练飞行员驾驶飞机等。②

## 二、需求为先，不可技术为先

技术诚可贵，需求价更高。在各类人才的创新实践中，到底是技术重要还

---

① 参见杨杜：《论企业创新的五大陷阱》，载《经济理论与经济管理》2017年第2期，第65—67页。
② 参见〔美〕彼得·F. 德鲁克：《创新与创业精神》，张炜译，上海：上海人民出版社2002年版，第172—174页。

是需求重要，或是市场重要。这是创新的一个基本原则。人们在创新的实践中，往往犯技术至上的错误，结果技术创造出来了，但是没有需求，没有市场，这样的创新也就没有商业价值，从而导致创新失败。技术是为了满足需求，需求决定技术的走向。技术只是手段，是需求实现的方式，是为创新目标服务的。技术创新的最终目标是为了满足用户需求，最终的目的就是实践和应用。满足需求可以通过多种手段，技术并不是唯一的选择。因此，人才在创新的实践中一定是要先围绕需求选择创新的方向和目标，再围绕创新的方向和目标进行技术创新。"穷理以致其知，反躬以践其实"，人才创新的最终目的是实践与应用。只有将创新成果转化为产品和服务，才能真正实现其创新价值，推动社会经济的进步。但是，从创意到创新，从技术到产品需要经历漫长的过程，产业需求是推动这一过程、提高转化效率的决定性因素。

创新是从发现需求到创造需求。因为所有成功的创新都是围绕需求，需求有很多分类，如市场需求、消费需求、供给需求、投资需求、出口需求、技术需求、人的需求等等。从人的本质需求看，可以分为生理需求、安全需求、潜在需求和现实需求等。在现实生活中，凡是有需求的东西一般都有一定的创新实践价值。当一个人对需求有初步的想法之后，就会产生创意，就有了如何把创意变为现实的热情和动力。在张维迎看来，从发现需求到创造需求，企业家其实只做两件事：一是凭借敏锐的洞察和直觉发现不均衡，二是通过创新创造不平衡。不均衡意味着有盈利的空间，"发现不均衡"就是凭借敏锐的洞察或直觉发现这些空间，抓住盈利的机会，纠正市场不平衡，使资源得到更好的配置。它可能是跨市场的不平衡，时空观念的不平衡性，也可能是产品市场要素之间的不平衡。张维迎称他们是"发现需求的企业家"。许小年认为，这类企业家的特点是"发现和捕捉机会，尤其当市场中出现新的需求时，想方设法满足这些需求，在实现自身价值的同时，也为社会创造了价值"。在中国改革开放的几十年里，这样的机会和市场空间层出不穷，也让无数这样的企业家获得了财富，成就了一番事业。张维迎等认为，这样的时代呼唤的是"创造需求的企业家"，这类企业家"能够看到消费者自己都不明白的需求"，"他们不仅创造产品，其实也在创造产业。可以说所有人类历史上，特别是过去200年里，对商业和经济的发展做出最大贡献的就是这类企业家"。他甚至放言：

"伟大的企业必须是创造一个新产业,或者创造一个新市场,这个市场是创造出来的,不是满足出来的。汉能要干的事儿,就是要像乔布斯当年搞 iPhone 一样,创造一个薄膜太阳能产业,创造一个移动能源市场,从而改变人类传统的能源生产方式和消费方式,让能源变得更清洁、更高效、更智能,让人们的生活更方便、更自由。"①

创新是把一个想法变成市场。简单地讲,借用经济学家张维迎在 2014 年再版的《企业家——经济增长的国王》中提到的一个说法:"创新就是把一个想法变成一个市场"②。他认为,"所有的创新最初都只是一个想法而已,但是这个想法一定与众不同,也就是大部分人不会想到。即使你把这个想法说出来,大部分人也不会认同,认为完全不可能。这是创新的第一步。"例如,全球规模最大的快运公司联邦快递创始人弗雷德·史密斯,在耶鲁大学读经济学期间就萌生了一个想法:"任何一个东西能不能今天交给你,明天就送到对方手里?"他把自己的想法写成了论文,但他的教授认为这种想法从政策和技术上行不通,只给了他一个刚及格的分数。然而,这个想法后来变成了现实,也就是今天我们已经很熟悉的隔夜快递服务。史密斯不仅由此创立了一家世界级的公司,还开创了一个崭新的市场,同时也大大改变了人们的生活。实践表明,"坚持传统—不断创新—保证品质—做强品牌—走向世界",这是发达国家把创新的想法变成市场的路径和实践。创新的前提是把一些想法最终能变成现实,具体而言,就是变成消费者愿意买单的产品和服务。这是有决定意义的步骤,也是将创新与发明之类的概念区分开来的地方。

技术仅仅是需求实现的一种载体。完成一个项目,可以使用很多技术,利用多种手段实现。项目实际选择的技术,并不是唯一的技术,而是多种技术中权衡后,选择了比较有利的一种。技术是载体是因为技术不是最终目标,一定要以项目需求的实现作为最终目标。如果技术手段不能满足项目的最终目标,可以更换其他技术,而不是因为技术的限制,去更改项目目标。在现实生活中,一个产品进入市场后,真正的客户不会去关心你到底使用了什么技术,而

---

① 参见《汉能创新之路:从发现需求到创造需求》,中国新闻网 2017 年 12 月 20 日。
② 参见《汉能创新之路:从发现需求到创造需求》,中国新闻网 2017 年 12 月 20 日。

是看自己的目标达没达到，功能是不是好用、操作是不是方便、界面是不是绚丽、展示是不是丰富、提醒是不是及时。至于这些功能是用什么实现的，客户是不关心的，除非是需要宣传或者其他的目的。满足人们的需求可以通过各种技术手段来实现，而不是一种技术，可以从多种技术中优中选优。

人才在创新的实践中要防范"技术至上"的陷阱。自主创新强调技术的优势无可厚非的，但对技术优势的过分关注会使企业忽略对市场需求的研究和对技术转化的有效管理，从而陷入"技术至上"陷阱。陷入"技术至上"陷阱的企业往往认为先进的技术必然会带来大量的客户和丰厚的利润回报，忽视对市场需求的调查和技术转化过程的市场运作，其结果很可能给企业带来灾难。这是很多企业和研究机构创新的常见病，花大量投入研发出来的先进技术由于没有市场而导致失败。造成这种现象的原因在于企业过分重视技术优势，而忽略了技术创新前的市场调查研究和技术创新后的技术转化运作管理。有一些很先进的技术不一定有市场，这主要是缺乏客户的应用需求，或者是企业创新的产品没有很好地市场化推介。技术创新的动力来源于市场，市场是技术创新的起点和终点，其成败要经过市场来检验。规避"技术至上"陷阱，需要建立面向市场的自主创新体系，加强对创新成果转化的市场运作管理。技术创新必须通过实现技术机会与市场机会的有机结合，才能实现创新迈出成功的第一步。这就要求企业根据市场需求确定研究开发方向，并把市场、科研、生产、营销等各个环节紧密联系起来，按照系统工程方法组织技术创新，遵循市场经济和技术创新的客观规律开展创新工作，并强化对创新成果的市场转化管理，这样的创新路径才能造就成功的创新活动。譬如，华为公司的研发战略是市场驱动型，虽然该公司仍要瞄准世界顶尖技术，依然要建立一流的研发团队，但是坚持不研发"卖不掉的世界顶尖水平技术"，坚持"培养工程商人而不是培养科学家"。"华为"人认为，"技术是用来卖钱的，卖出去的技术才有价值。"与此同时，"华为"在技术成果转化方面也探索出了一套完善的机制。鼓励创新，但不搞盲目创新；重视技术，但不唯技术论；要求成果，但更强调对创新成果的市场转化。这种面向市场的自主创新机制和成果转化机制已成为华为自主创新的成功路径。

需求比技术更可贵。"华为"人认为，"技术是用来卖钱的，卖出去的技术才有价值。"怎样才能卖出去呢，根本要看市场需求。与此同时，"华为"在技术成果转化方面也探索出了一套完善的机制。鼓励创新，但不搞盲目创新；重视技术，但不唯技术论；要求成果，但更强调对创新成果的市场转化。这种面向市场的自主创新机制和成果转化机制已成为华为自主创新的成功路径。在项目开发的实践中，一定要使用成熟的技术，哪怕是你不掌握，也一定是要经过很多人的使用，被实践证明是没有问题的、成熟的技术，不要试图在项目中一边开发、一边学习、一边验证。特别是边开发、边验证会带来严重的后果。如果必须使用新技术，需要在正式应用前，做好足够的测试工作，起码保证项目的基础需求。总之，到任何时候需求都是第一位的，技术是为了满足需求的。在创新的实践中，一定要围绕需求进行服务，千万不要以种种原因，去擅自更改客户的需求。实践证明，只有满足了客户需求，才能得到客户的认可，客户是最终检验技术产品的唯一标准，谁违背了这一条，谁就会在市场竞争中败下阵来。

## 三、自主创新，不可忽视继承

人才创新一个最基本原则就是要坚持自主创新，也就是要突出创新的自主性。创新的自主性是指具有时代特征的重大原始性理论建构、科学发现和技术发明，是在已有创新成果上的系统集成创新，以及在有选择地积极引进国外先进理论和先进技术的基础上进行消化、吸收和再创新。① 但是，怎样自主创新，创新的自主性从哪里来呢？这就要处理好自主创新与继承创新的关系。创新的继承性是指一切创新都植根于所处的时代，都以继承已有的成果为基础。简单地说，只有在不断深化已有正确认识的基础上，以前人的成果作为创新的起点，对其进行合理的借鉴，才能在前人成果的基础上不断有所发现、有所创造。没有继承，就没有创新，继承是创新的基础和前提，创新是继承的目的和发展。因此，突出自主创新，不可忽视继承性创新，继承性创新又孕育着自主性创新。

一方面，强化自主性创新。自主创新的基本特征就是属于自己的、创造出

---

① 参见曹山河：《关于创新的哲学研究》，海口：海南出版社2005年版，第53页。

来的、是新的东西，形成自主知识产权。自主性就像一个人的脊梁骨，是主体创新素质的灵魂。当今世界日益激烈的竞争主要看综合竞争力，综合竞争力的大小取决于其综合创新能力，尤其是要提高自主创新能力。

提高自主创新能力，必须解放思想、在思想观念上求突破。观念是创新之本，失去创新的观念，犹如无本之木，无源之水。地方党委和政府要重视创新者的个性想法，鼓励创新者积极探索，帮助扶持创新事业的发展。破除旧的传统的观念，树立与时俱进的、科学的发展观念。要在全社会营造尊重知识、尊重人才、尊重劳动、尊重创造，营造自主创新的良好社会文化与舆论氛围。要尊重创新的规律，尊重人才成长规律，建设与完善符合不同类型人才和不同类型自主创新规律的创新文化与评价标准和方法。要根据各地实际，针对不同类型人才采取不同的培养方式和规划不同的成长途径，努力在认识和遵循人才成长规律上下功夫。要不断总结各地人才培养的经验教训，进一步完善人才科学分类、科学识别和科学培养机制，加强科学分类指导，注重实践锻炼，搭建人才成长阶梯，为人才创新创业创造良好环境。要最大限度调动科技人才创新积极性，尊重科技人才创新自主权，大力营造勇于创新、鼓励成功、宽容失败的社会氛围。

提高自主创新能力，必须以人才为本，践行教育优先和人才强国战略。提高自主创新能力，首先要大力提高国民素质和科学文化水平，进一步加强人力资源开发，将沉重的人口负担转变为创新人力资源的红利，这是创新能力建设的基础性工程。深化教育改革必须围绕创新型国家建设，推进素质教育，注重能力培养，从中学到大学都要开设提高学生创新能力的专业课程，改变"填鸭式"教学模式，倡导"疑问式"教学方式，把过去注重"学什么"转变为注重"问什么"。由"学"到"问"虽然是一字之差，但却是培养学生是"高分低能"还是"善于创新"的"分水岭"。几十年来我们之所以培养不出世界大师，从源头上说是我们的教育理念和方式出了问题。我们究竟要培养什么样的人才，在实践的层面还没有走出"高分低能"的"怪圈"。要培养、吸引和凝聚德才兼备的创新、创业和领导人才，为他们创新、创业和脱颖而出创造良好的环境和舞台。对于基础研究，要重在制订学科政策，优选重点领域，鼓励学科交叉，尊重学术自由，营造良好的人才交流合作环境，稳定支持优秀人才与团队。对于公益研究，要重在以需求为导向，构建监测研发体系，坚持以公益目标为创新工作的根本与归宿，实行社会需求的科学评价。对于高技术研发与转化，要以市场竞争力、国家安全保障和经济社会持续发展为战略目标，以市场竞争力和满足国家社会战略需求为评价目标，加大原创性、关键性技术创新与系统集成，实现技术创新的社会化、规模化、产业化。[①] 在人才的技术研发过程中，应当注重组织的管理和效率，依靠知识产权等制度由市场进行评价与激励，以保证技术创新价值的社会实现。

提高自主创新能力，必须使企业成为技术创新的主体，形成"政产学研金"紧密结合、相互协调的技术创新体系。企业是市场竞争的主体，也是人才自主创新的主体。要使企业真正成为技术创新的主体，必须进一步完善我国的相关法律、政策和要素市场建设，创造公平、公正、诚信、有序的市场环境和规则，让市场在配置人才资源中起决定性作用。反对一切形式的企业垄断，保护知识产权，保护和鼓励中小企业创新发展。大力推动产学研联合，鼓励和扶持国家科研机构和大学以企业和市场为主导实行知识、技术和科研成果的转移转化、孵化和规模产业化。支持企业有选择地引进、消化、吸收境外知识和先进技术，通过对基础研究、公益共性技术研究和重要高技术前沿研究的投入，加强自主知识创新和技术创新源头供给，保证企业有充分的知识、技术和人才资源。通过鼓励科技创新和人才培养紧密结合，为企业和市场提供充分的创新人力资源和人才供给。通过对企业重大技术创新的资助，实施税收、金融等手段，以及创建科技园区、工程技术中心、技术转化中心等方式，鼓励、支持企业技术创新活动。

另一方面，注重继承性创新。创新与继承是事物发展过程中对立统一的两个方面，这两个方面相互依存、相互贯通，各自都向着自己对立的方面转化。创新是在"有中见无"的基础上的"无中生有"，"无中生有"过程中的"无"，是以继承而来的"有"为条件的，而"无中生有"中的"有"，又是由继承而来的"有"中所"没有"的，即"无"，是以"有中见无"为前提

---

① 参见曹山河：《关于创新的哲学研究》，海口：海南出版社2005年版，第57—59页。

的，要通过创新，使之"生"出来。①

继承与创新的辩证统一，是人类历史长河中的一朵朵浪花，一波波激流，是事物发展链条上紧密相扣的一个个环节和因果关系。继承一个成果的同时也包含着放弃。放弃是促使事物走向灭亡的否定性因素。当继承下来的肯定性因素不足以满足人们的需要的时候，不足以促进事物的发展的时候，创新便有了必须开掘创新的不竭动力。与前一个继承与创新过程相同的道理，任何一个单个创新之后的"有"，只是相对于继承中的"无"而言的。继承是保留事物延续其存在的肯定性因素。人类的历史没有终结，创新的过程也不会终结。从认识创新的真理性看，犹如历史上的一条长河，从昨天流到今天，从今天流向明天，揭示了历史唯物主义的一个基本观点：就是人们总是在既定的历史条件下不断地创造历史。一方面，这既定的历史条件，首先包含着生产力与生产关系、经济基础与上层建筑这两对社会基本矛盾的复杂运动。另一方面，唯物辩证法在对现存事物的肯定的理解中同时包含对现存事物的否定性的理解和认识。唯物辩证法对每一种既成的形式都是从不断的运动中，因而也是从它的暂时性方面去理解，唯物辩证法不崇拜任何东西，按其本质来说，它是批判的和革命的。唯物辩证法的批判性和革命性，源自事物发展过程中的由肯定到否定再到否定之否定的扬弃过程。由继承到创新再到创新之创新，就是这样的扬弃过程，是一个有限与无限相统一的过程，某一个特定的即有限的创新之后，紧接着是在这个特定的、有限的创新基础之上的创新之创新。所谓创新之创新，既是前一个创新过程的完成，又是后一个创新过程的开始。创新之创新是在一个更高层次上对继承的回归，是对继承下来的"无"或"有"，被以"有"或"优"的形式创新的"否定"之后的"否定之否定"。"有"与"无"，"优"与"劣"，"新"与"更新"，都是相对而言的，是从暂时与永远、有限与无限相统一的意义上来讲的。它们都是相互贯通、相互转化的关系。如果相对的"优"和"新"，不能连续不断地变得"更优"和"更新"，就可能演变为某一特定时空的相对的"劣"和"旧"。因此，创新是一个永无止境的过程，创新之后，还得继续不断地创新下去，使"变"变得"更优""更新"起来，这

---

① 参见曹山河：《关于创新的哲学研究》，海口：海南出版社2005年版，第48—53页。

样才能创新再创新，永远保持发展进步的态势。① 这是客观事物发展的内在要求所决定的。

　　科技创新是人才创新的核心，必须以继承为基础，继承是创新的前提。人才在科技创新中，是从已经获得的科技水平出发的，它每前进一步都要以前一步为基础。学习和运用前人和同时代人的科技成果是继承的一般形式。它必须继承前人和同时代人积累起来的科技成果。继承是对以往科技积累成果的保留和发展。继承性表明科技的新发展与已往科技成就相互连续的基本特性，它使人类所取得的科技成就世代相继地保留下来。科学的发展必须以前人的成就为基础。离开了前人所奠定的基础，就不可能有科学的发展和创新。牛顿晚年在回顾自己的科学成就时说："如果说我所看到的比笛卡儿更远一点，那是因为站在巨人肩上的缘故。"② 事实如此，如果牛顿离开了对开普勒、伽利略等科学家的力学成果的继承，也就不可能有牛顿的经典力学体系。科技的继承并不是消极的前后相继和兼收并蓄，而是充满着批判的、革命的精神。批判地继承就是辩证的扬弃。科技创新是在扬弃错误理论的基础上建立起来的正确的理论。分子运动理论和氧化燃烧理论代替热素说和燃素说；哥白尼的日心说代替托勒密的地心说，这些都是科学史上的重大突破，带来科学史上的伟大变革。科技创新是在原有基础上的拓展。从功能上拓展，以比较全面的理论代替片面的理论，如光的波粒二像性理论就是对光的微粒说和光的波动说的辩证否定；从范围上拓展，以普遍的理论代替局部理论。相对论和量子力学把牛顿力学作为一种特殊情形，包含在自己的理论体系中，大大扩展了理论体系。科技创新彰显出对科技成果的不断完善。一是在内容上的综合。譬如，牛顿经典力学理论，就是开普勒行星运动定律，伽利略、惠更斯的力学理论，胡克的引力概念等科学理论的辩证综合。二是在形式上的精确。譬如，麦克斯韦关于电磁理论的微分方程组就是用比较精确的抽象形式代替未能进行数学推算和严密的逻辑证明的理论。因此，不论科技创新还是自然科学创新，都必须以继承为基础和前提，并在继承的基础上有新的突破和发展，实现质的飞跃。

---

① 参见曹山河：《关于创新的哲学研究》，海口：海南出版社2005年版，第49、50页。
② 转引自唐晓龙：《感恩的心（白金珍藏版）》，北京：人民出版社2010年版，第135页。

## 第三节　人才创新的目标定位

人才创新的目标定位关系着创新的成败。选择创新的方向是确立创新目标的前提条件，确立创新的目标是选择创新方向的必然结果。在人才创新的成功实践中，三个方面的因素决定成败。在具备创新物质条件的前提下，一是要选择正确的创新方向，二是要确立合理的创新目标，三是要实施可行的创新方法。创新目标是面向未来确定并存在于未来之中，必须在创新的方向中确立，引导着创新实践前进的方向。创新的规划、路径、方法、措施等都是创新精神层面的因素，创新目标是创新人才观念确立并在未来创新实践过程中要达到的创新境界和创新规划。因此，确立人才创新的目标对于创新成败是至关重要的一环。

### 一、把握人才创新目标的特征

创新目标是人才创新的关键环节，确立创新目标必须把握创新的基本特征。有学者认为，创新目标具有新颖性、未来性、科学性、导向性和动力性等五个特点。[①]

一是新颖性是创新目标的第一个显著特点。新颖性，简单理解就是"前所未有"。创新目标的新颖性是指创新目标的首创性。创新的产品或思想无一例外是新的环境条件下的新的成果，是人们以往没有经历体验过、没有得到使用过、没有贯彻实施过的东西。譬如，我国"杂交水稻之父"袁隆平的开创性研究具有新颖性。"杂交水稻"的成功培植为解决世界众多贫困人口的温饱问题作出了重大贡献。美国太空狂人埃隆·马斯克的目标是将火箭发射费用降到商业航天发射市场的十分之一，并计划在未来研制世界最大的火箭用于星际移民。2015年12月他首次实现了一级火箭"猎鹰9号"从发射到回收的全过程，并能够在一天之内完成整修且能做好重新发射的准备，大大降低了火箭的

---

[①] 参见彭健伯：《创新哲学论》，北京：人民出版社2006年版，第377—379页。

发射成本。① 这个创新目标既有冒险精神，又有独特的新颖性。

二是未来性是创新目标的第二个显著特点。在未来中探寻和确立创新目标被称为创新目标的未来性。创新目标不可能存在于过去和现在，但一定要在未来中去探寻和确立。创新目标只有前瞻性和未来性才有实践价值。譬如，党的十九大对开启全面建设社会主义现代化国家新征程作出了"两步走"的战略安排。第一阶段从2020年到2035年，在全面建成小康社会的基础上，再奋斗15年，基本实现社会主义现代化；第二阶段从2035年到21世纪中叶，在基本实现现代化的基础上，再奋斗15年，把我国建成富强民主文明和谐美丽的社会主义现代化强国。这是我们党把握历史新方位，顺应时代新特点作出的具有未来性的战略性安排，是新时代的创新目标。

三是创新目标的科学性体现了实事求是性。创新目标的实事求是性主要表现在两个方面：一方面是创新目标的寻找和确立，一定要坚持从实际出发，从客观的创新实践及其具备的物质条件出发，选择和确立创新目标。离开了必要的物质保证制定创新目标只能是一句空话。另一方面是确立的创新目标一定是事物本质和规律的体现。如果创新目标既没有物质条件保证，又没有反映事物本质和规律的精神条件保证，那就失去了创新目标的科学性，也不可能实现创新目标，而成为一个空洞的目标。由此可见，创新目标的科学性指引着创新目标由可能性转化为现实性的实践过程，创新目标的实现一定是符合创新的客观实际、符合事物发展的规律。

四是创新目标的导向性是指科学的创新目标发挥出指导正确方向的作用。这目标就是方向，科学的创新目标就是创新实践的正确导向，不断引导创新实践沿着事物发展的客观规律前进而实现创新目标。譬如，江苏省在推进小康建设和基本现代化建设中，科学制定了以全面小康建设指标体系和基本现代化指标体现作为引导，使江苏的小康建设和基本现代化建设走在了全国前列，实践证明这是非常有效的。近年来，江苏又围绕"六个高质量发展"，制定了江苏高质量发展指标体系，并制定了各项考核的具体指标，有力地推动了江苏高质量发展。

---

① 参见廖冰清：《埃隆·马斯克：一往无前的硅谷"钢铁侠"》，载《经济参考报》2013年10月18日。

五是创新目标的动力性是由创新的精神动力、物质动力和竞争动力形成的合动力。伟大的创新目标产生伟大的创新力量，汇聚成创新实践的伟大动力。创新目标是创新的精神动力的重要力量，推动着创新实践的发展。近年来，我国航天航空事业发展迅速，载人航天工程、探月工程、火星工程、空间站工程，实现中国人的飞天梦，探索无垠的宇宙，需要大推力的火箭，以便把更多的科研设备送入太空。但是，十几年前，我国的火箭推力滞后于整个航天事业的发展。经过十多年不断攻关，如今我国科学家终于攻克了液氧煤油发动机的核心技术。液氧煤油发动机的研制成功，为我国载人航天工程，月球探测工程，以及为下一步深空探测工程奠定坚实的基础，为中国在太空领域的竞争提供强大的保证。① 这是我国科学家自力更生、奋发图强在创新精神上的最好体现。从一穷二白到成长为科技大国，从"向科学进军"到"科学技术是第一生产力"，从"科教兴国""人才强国"到"建设创新型国家"，无不寄托着现代中国人对于改变落后面貌的强烈渴望，每句口号的背后，都彰显着独立自主、自力更生的创新精神内涵。

## 二、拓展人才创新目标的思路

确立科学的创新目标有助于沿着正确的创新方向前进。确立科学的创新目标，有助于科学地引导创新方向，在正确的创新方向指引下，进一步明晰科学创新目标的创新思路。这个创新的思路必须从基础理论研究、应用研究和技术开发研究等方面寻找和确立选题，特别是从基础理论研究的方向上发现问题、从科学技术前沿的生长点上选题、从科学技术前沿的空白区上选题、从科学技术前沿的交叉点上选题、从科学技术前沿的主攻方向上选题、从科学技术的原始创新方向上选题，确立科学的创新目标。

首先，从基础理论研究的方向上发现问题、研究问题，在解决问题中选择确立科学的创新目标。②

创新就是发现问题、研究问题和解决问题。发现问题是创新的起点，也是

---

① 吕红波：《一个真实的创新中国》，北京：航空工业出版社2018年版，第152—153页。
② 参见彭健伯：《创新哲学论》，北京：人民出版社2006年版，第381、382页。

人才创新的起点,解决问题是创新的目的,也是人才创新的目的。提出一个问题比解决一个问题更重要。在现实工作实践中怎样才能发现问题呢?这就要求我们从新的观察和新的实验同原有理论之间的矛盾、理论内部的逻辑矛盾、不同学派之间观点上的争论、人民群众对美好生活的需要同发展不平衡不充分之间的矛盾等方向上发现问题,在探究和解决这些矛盾和问题中选择和确立科学的创新目标,这是确立科学创新目标的第一条思路。譬如,年轻的数学家陈景润在数学基础理论研究方向上发现了一些没有解决的新难题,便产生了攻克哥德巴赫猜想问题的创新目标。在数学的基础理论即数论方面,有费马问题、孪生素数问题和哥德巴赫猜想问题等三大没有解决的难题。我国著名数学家华罗庚在《堆垒素数论》中对"他利问题"的探究指出:"他利问题"的"至善指数"尚未获得,有待进一步探究。陈景润正是从这里出发敲开科学殿堂的大门。陈景润发表了"他利问题"的论文,推进了华罗庚的数论研究,最终陈景润创立了"陈氏定理"。因此,善于在基础理论研究的方向上发现问题、研究问题,确立科学的攻克目标,是进行创新通向成功的奥秘所在。诸多实践证明,一些重大创新、颠覆性创新,基本上源自基础理论研究的创新。

其次,从世界科学技术前沿的生长点上精心选题,在选择问题和解决问题中确立科学的创新目标。

围绕世界科学技术前沿的生长点进行选题,在精心选题和解决问题中探究创新,是取得创新成功的奥秘之一。譬如,发电机的诞生历经35年。法拉第于1831年左右提出了电学原理,这在当时是世界最前沿的技术理论,正是在这个最前沿电学理论的基层上,直到1866年德国奥纳·西门子才应用此原理发明出第一台发电机,从而开创了人类利用电能产生动力的历史。计算机的发明是引用了二进制,是1938年信息论的奠基人香农发表了经典论文,首次引用二进制。而直到半个世纪后的1981年,世界上第一台个人计算机才诞生,人类从此才真正意义上实现了计算机的产业化。这一发明创造过程长达47年,主要得益于"二进制原理"的指引。互联网最早产生于1969年,美国国防部资助建立"阿帕网",直到1990年,万维网的发明者蒂姆·伯纳斯·李设计了世界上第一个网页服务器。人类用了21年迎来了互联网时代。人工智能的研究开发早在1956年就正式开始了。1987年,神经网络作为一门新学科诞生。直到2016年3月15日，谷歌的AlphaGo战胜韩国围棋棋手李世石。电脑战胜人脑历经整整60年的时间。[①] 目前，工业机器人、初级智能机器人、高级智能机器人已经被广泛应用于人们生产生活各个领域，人类迎来了智能化发展的新时代。近代以来，人类一些重大科学技术的发明创造，都是以先进的科学理论和前沿技术为指导，在此基础上不断进行创新的结果。如诺贝尔经济学奖获得者罗伯特·约翰·奥曼所言："你可以在没有良好的科学基础的情况下创新，但无法进行重大的创新、突破性的创新。"创新给科学的梦想捎上翅膀。在科学诞生之前，权力、武力，这些才算得上是力量，而如今，知识，它是真正属于每一个人的力量，也是属于全人类的力量。

第三，从科学技术前沿的空白区域上选题，在填补科学技术空白中确立科学的创新目标。

科学技术前沿的空白区域就是在此之前没有的系统化理论化的认识和研究的问题。从这些方面选择创新的突破方向和路径都是正确的，易于取得成功。譬如，在恩格斯提出"思维科学"范畴以前，由于人们一直注重对自然和社会的认识和改造，而对人自身思维王国的系统化理论化的认识和研究几乎还是一块空白。恩格斯在《自然辩证法》中指出："关于思维的科学，也和其他各门科学一样，是一种历史的科学，是关于人的思维的历史发展的科学。"[②] 1986年，钱学森编著的《关于思维科学》一书，提倡创立思维科学。他指出："思维科学只在研究思维的规律和方法。"他还在纪念中国科协成立30周年的大会上强调："要重视科学思想和科学方法的学术研讨。"[③] 这一方面说明关于科学思想和科学方法（包括思维方法）的学习研讨我们重视还不够，另一方面说明要高度重视和加强对科学思想和科学方法的学术研讨和实际应用。只有这样，才能有助于更好地培养出适应新时代要求的社会主义现代化建设的创新人才。目前我国有许多智库研究机构，但能够为地方党委和政府作出重大研判和预判的科学决策的成果较少，究其原因与整体团队科学思维和科学方法能力和水平较低有关。科学思维和科学方法的学术研究是思维的基础理论研究和应

---

① 参见《创新之路》主创团队：《创新之路》，北京：东方出版社2016年版，第46、47页。
② 《马克思恩格斯选集》（第四卷），北京：人民出版社1995年版，第284页。
③ 转引自彭健伯：《创新哲学论》，北京：人民出版社2006年版，第383、384页。

用研究的学术前沿领域和空白区，应当重视在这个学术前沿领域和空白区确立科学的创新目标。

第四，从科学技术前沿的交叉点上选题，在跨界交叉点上探究问题、确立科学的创新目标。①

回顾人类科技创新史，有许多创新人才在科学技术前沿的交叉点上选题，选择和确立科学的创新目标，走向了创新成功之路。钟科平先生认为：在科技史上，科学前沿的很多重大突破得益于学科交叉融合。近百年来获得诺贝尔自然科学奖的334项成果中，近半数是学科交叉融合的结果。例如DNA分子双螺旋结构的发现，就是依靠物理学、生物学、化学交叉融合取得的。事实上，随着科学的发展，仅凭某一学科领域的研究已很难解决复杂的现实问题。比如研究公共安全问题，就要把计算机、信息、法学、公共管理、化工、材料、物流、信息网络技术结合起来，甚至还要与传媒结合。考察当代科技，微观与宏观的统一、多学科的相互交叉、数学等基础科学向各领域的渗透、先进技术和手段的运用等，是发展前沿的重要特征。学科交叉点往往就是科学新的生长点、新的前沿，最有可能产生重大突破，使科学发生革命性的变化。美国、英国、德国等发达国家相继成立了学科交叉研究中心，为前沿学科建设开辟道路。在我国，以中国科学院为代表的科研机构格外重视交叉领域。例如，在中科院设置的战略性先导科技专项里，交叉类项目就受到高度重视。科学发展是有规律可循的，我们要在可能发生革命性变革的科技方向上，前瞻布局，重点支持，力争赢得未来发展的主动权。要适应学科交叉融合趋势，完善科技创新活动组织模式，建立健全科学合理的资源配置和科技评价制度，形成有利于跨学科研究的体制机制。交叉领域的发展是一个需要长期积累的艰苦过程，需要高素质的优秀人才相互合作、多方探索方可取得突破。要把交叉领域的合作与交流活动进一步落到实处，以利于产生创新思想，取得高水平的研究成果。交叉领域的突破，往往会产生令人意想不到的好效果，会带动相关学科迅猛发展，甚至会带来科技革命的曙光。因此，只有有效加强新兴前沿交叉领域部署，才能抓住新科技革命的战略先机，才会为实现科技创新梦想提供源源不断

---

① 参见钟科平：《重视新兴的交叉领域》，载《中国科学报》2013年7月30日。

的强大动力。

第五，从科学技术前沿的主攻方向上选题，在攻坚克难突破中确立科学的创新目标。

在科学技术前沿特别是大科学前沿的主攻方向上选题，确立科学的创新目标，是人才创新通向成功之路的必然选择，也是当今世界科技创新发展的主要渠道。当今世界科学技术发展特别是"大科学"发展日新月异，投入大、规模大、参与人多和工期长是科学技术创新发展的显著特点。"大科学"是国际科技界提出的新概念，就其研究特点来看，主要表现为：投资强度大、多学科交叉、需要昂贵且复杂的实验设备、研究目标宏大等。进行"大科学"研究需要分为两类：一是需要巨额投资建造、运行和维护大型研究设施的"工程式"的大科学研究，又称"大科学工程"，其中包括预研、设计、建设、运行、维护等一系列研究开发活动。如国际空间站计划、欧洲核子研究中心的大型强子对撞机计划（LHC）、Cassini卫星探测计划、Gemini望远镜计划等，这些大型设备是许多学科领域开展创新研究不可缺少的技术和手段支撑，同时，大科学工程本身又是科学技术高度发展的综合体现，是各国科技实力的重要标志。二是需要跨学科合作的大规模、大尺度的前沿性科学研究项目，通常是围绕一个总体研究目标，由众多科学家有组织、有分工、有协作、相对分散开展研究，如人类基因图谱研究、全球变化研究等即属于这类"分布式"的大科学研究。大科学不仅仅是创新个体和创新群体的科学，而且是国家创新体系的科学。20世纪90年代以来，世界各国政府和国际性组织在各科学领域组织实施的具有代表性的大科学国际合作研究计划大约有51项，我国作为合作成员参加的约有21项，占总数的41.2%，主要集中在全球变化、生态、环境、生物和地学领域，并且大多以发达国家为主。在核聚变、空间科学与空间天文学、地面天文学领域的大科学国际合作计划中，我国的参与存在空白。在高能物理与核物理领域，以参加CERN的LHC计划合作建造两个探测器为标志，表明我国在参与高能物理领域重大国际合作研究计划方面有了良好的开端。[1] 21世纪以来，随着新一轮科技革命和产业变革的兴起，世界主要国家纷纷寻

---

[1] 参见百度"大科学"词条。

找科技创新的突破口，以抢占未来发展先机。我国要具有屹立于世界民族之林的能力，就必须在世界高科技领域占有一席之地。"两弹一星"的成功，使我国在世界高科技领域占有了一席之地，成为世界有影响的大国。"神舟"系列飞船载人航天的成功，进一步奠定和发展了中国在世界高科技领域的地位和作用。我国载人航天飞行的圆满成功启示我们：努力在科学技术前沿的主攻方向上选题突破，确立科学的创新目标，是通向成功之路的奥秘所在。

第六，从科学技术的原始创新方向上选题，在理念创新即源头创新中确立科学的创新目标。

人才创新是一个系统，可以简单地理解为：理念创新＋制度创新。其中理念创新处于首位，创新需要自由的理念，这是创新之核心；制度创新高于技术创新，创新需要有试错的机制，这是创新之关键；技术创新为创新基本内涵，这是创新之成果。原始创新是在研究开发方面，特别是在基础研究和高技术研究领域取得独有的发现或发明。原始创新是最根本的创新，是最能体现智慧的创新。原始创新的源头活水是理念创新，理念创新往往可以带来颠覆性创新。科技创新宛如一条人类文明前行的长河。原始创新就是科技创新长河的源头。从科学技术原始创新史上考察，许多科技创新人才善于在科学技术原始创新的源头上选题，确立科学的创新目标，通向成功之路。譬如，牛顿善于在物理学领域研究中创立分析和综合的"双重"思维方法进行创新，向着物理学大综合的创新目标奋进，把牛顿力学三定律和万有引力定律统一起来，创立了牛顿力学，实现了物理学的第一次大综合，开创了经典力学的源头创新。牛顿力学的源头创新的成功实践启示人们：善于在科学技术的原始创新方向上选题，确立科学的创新目标，是通向成功之路的创新奥秘之一。改革开放以来，我国的科技创新走过了"市场换技术""资源换技术"和跟踪创新的阶段，现在到了由跟踪创新向领跑创新转变的新阶段。引进消化吸收再创新可以带来短期经济社会发展效益，但是原始技术创新才是强国之本。如果我们老是过不去"这道坎"，别人就会卡你的脖子。如果我们的科学技术的基础领域和重要行业的核心技术都是依附于别人，我们就会陷入受制于人的泥坑。原始技术创新是强国之本。核心技术可以诞生新的需求，发明创造可以改变市场格局，成功的产品可以带来可观的效益，创新管理举措可以提升运营能效。这些都是创新裂变出来的力量,需要政府引导创新的方式进行转变,需要政府引导和政策支持,改变过去政府自上而下的引导创新方式,更加适应市场导向的产业技术发展要求。科研领域的原始创新除了需要国家政策指导,还需要宽泛的环境和充足的经费,需要给一群科学家高度的精神自由,让各类人才全身心投入到社会发展的重大问题研究上,不急功近利,开展我国的原始创新。原始创新除了在基础研究取得突破外,需要科研机构与企业合理分工与通力合力,共同发挥各自优势,开发能促进产业进步的技术。需要深化科技人才体制机制改革,让制度和政策符合科技与产业发展实际,破除体制机制障碍,打通科技链与产业链、人才链与产业链,实现科技与人才和产业的深度融合发展。历史发展经验告诉我们,科技革命引发产业革命,产业革命带动经济发展。

## 三、设计人才创新蓝图的方法

人才创新实践是一项系统工程,构成内容包括精选创新方向、优化创新目标、设计创新蓝图、执行创新蓝图、评审创新成果和检验创新成果等诸多环节。精选创新方向是人才创新实践的起点,优化创新目标是创新实践的前提,设计创新蓝图是创新实践的关键,执行创新蓝图是创新实践的本质要求,评审创新成果是对创新认识价值的鉴定,创新实践是检验创新认识真理性的标准。从人才创新实践的角度,进一步研究人才创新蓝图的设计等问题。具体包括:

第一,明晰人才创新蓝图的基本特征。创新蓝图具有创新性、形象性、整体性、操作性和审美性等主要特点。[①] 一是创新性。创新蓝图是人才创新实践前的创意构想。创新实践是在未知领域进行的探索性实践。有没有创新性是创新实践的根本要求和本质特点。二是形象性。创新蓝图在创新实践前就存在于创新人才的头脑中,创新人才自觉能动地进行思维形象操作,把创新观念蓝图转化为思维形象蓝图,是对事物本质和规律认识的深化。三是整体性。创新实践是创新蓝图的逻辑展开和具体实施,是一个系统工程,本质上是整体性的,是逻辑与历史,理论与实践、知与行辩证统一的蓝图。四是可操作性。这是一个从认识到实践,从实践再到认识的反复过程。创新蓝图的实践就是把认识世

---

① 参见彭健伯:《创新哲学论》,北京:人民出版社2006年版,第387、388页。

界的能力转化为改造世界的能力，把创新蓝图的理念转化为创新蓝图的行动，使创新蓝图具有可操作性功能。五是审美性。创新蓝图的审美性是指创新蓝图实现真善美的统一，具有审美功能，使创新蓝图实现对新事物尽可能完美的内容和尽可能完美的形式的统一，是内在美和外在美的统一。

第二，坚持人才创新蓝图的设计原则。主要是坚持创新性、系统性、先进性、可操作性和实用性等五个方面的原则。（1）坚持创新性原则，要敢于打破条条框框，从模仿、照抄、照搬的旧思维定式中走出来，以人无我有、人有我新、人新我特、人特我优的科学的创新方法，设计出具有新颖性的蓝图。（2）坚持系统性原则，正确认识和处理创新蓝图总系统和子系统之间的关系、总系统和子系统与环境和谐协调发展的关系，完美地体现创新蓝图的整体性特征；认识和处理创新蓝图总系统和子系统与环境和谐协调发展的关系，体现创新蓝图的整体性特征，充分发挥创新蓝图的最佳功能。（3）坚持先进性原则，力求在基础理论研究、应用理论研究和技术发明的前沿成果上，在科学技术的生长点、空白区、交叉点、主攻方向等开拓性的前沿领域进行创新设计，充分体现前瞻性、战略性、高基础性和高起点性。（4）坚持可操作性原则，关键在于要有实用性。既要具有思维操作性；又要具有思维形象操作性；还要具有实践操作性。只有具有思维操作性、思维形象操作性和实践操作性的创新蓝图，才是有实用价值的蓝图。（5）坚持实用性原则，必须根据社会实践需求设计，坚持对社会有益有用、对改善和提高人民生活水平有益、对促进生产力发展有益有用。实施创新蓝图的结果和创新成果，主要体现在有社会理论意义、社会实践意义、社会经济意义和社会公益性意义。这是设计人才创新蓝图的本质要求。

第三，构想人才创新的观念蓝图。人才创新观念蓝图是创新人才从观念上创造性地认识创新客体所形成的思维形象蓝图。人们头脑中构想的创新观念蓝图是人自觉能动性和创造性的具体体现。例如，规划设计师头脑中设计出"现代化城市"的创新观念蓝图，工业工程师头脑中设计的"现代化工厂"的创新观念蓝图，科学家在头脑中想象出"科技创新"的观念蓝图等，都是人才创新的观念蓝图。科学地设计人才创新蓝图要有新思路，这是一个系统的创新思维过程，这个创新思维过程的思维机制是"观念蓝图""形象蓝图"和

"实践蓝图"。人才创新的观念蓝图是理论思维逻辑创新的起点，发挥着首要的开启引领作用；形象蓝图是观念蓝图形象性的外化，起着创新基本成型和定型的框架支撑作用；实践蓝图是所选择的应用于创新实践过程中执行操作的最佳形象蓝图，决定着人才创新的成败。这三者之间是紧密联系、相互促进的，每一个蓝图设计都很重要。

第四，创意人才创新的形象蓝图。形象蓝图是创新人才充分发挥创新思维能力把创新观念蓝图外化为具体的形象图式。要正确认识创新思维力和创新思维能力的关系。从创新思维的成果看，创新思维力形成"创新观念蓝图"，创新思维能力形成"创新形象蓝图"。创新思维力和创新思维能力都是人进行创新的最高本质力量。因为创新思维力是创新人才潜在最高本质力量的创新观念操作，是人的最高认识力的表现。创新思维能力是创新人才充分发挥最高本质力量的创造性，把创新思维观念外化为创新思维形象操作。要使创新的形象蓝图具有科学性，彭健伯教授认为，一要处理好形象蓝图的总系统与分系统之间的系统性关系，把形象蓝图的分系统科学地综合在总系统之中，做到从总体上去把握整个系统；二要处理好形象蓝图的内容和形式的完美性关系，实现形象蓝图的内容和形式尽可能完美的统一；三要处理好形象蓝图与生态环境之间和谐协调发展的关系，如形象蓝图的创新工程建设上生态（绿化）建设之间的和谐协调发展关系等；四要处理好形象蓝图与社会环境的协调性，如形象蓝图与相关的街道、通讯设施等的协调性等。

第五，优选人才创新的实践蓝图。不同的创新人才把一个创新观念蓝图外化为形象蓝图，可形成多种多样的形象蓝图。在实施或执行形象蓝图时，就需进行优选，选择出最佳的形象蓝图作为实践蓝图。所谓最佳的实践蓝图是创新人才按照创新实践的目的和目标从设计的若干创新蓝图中选择出最佳的操作蓝图。最佳的实践蓝图是对客体事物本质和规律的反映，并且自觉能动地指导人们进行实践活动并取得最佳功能。实践蓝图包括路线、方针、计划、方案方法、措施、战略和策略等。创新人才按照实践蓝图运用一定的物质手段自觉能动地改造自然和改造社会，实现创新的目的和目标。从以上分析研究中可以看出，科学的创新蓝图是创新人才自觉能动地构想观念蓝图、设计形象蓝图和选择实践蓝图的思维操作过程，是主观见之于客观的表现。思维操作分为观念思维操作、形象思维操作（或形式化思维操作）和行为思维操作。科学地设计创新蓝图的过程，实际上就是把观念蓝图转化为形象蓝图，再转化为实践蓝图的思维创新过程。

第六，科学地执行人才的创新蓝图。执行蓝图是把创新蓝图变为现实的实践活动。科学地执行人才的创新蓝图，实际上是把创新人才最佳的实践蓝图转化为改造世界的物化客体，从而实现创新目的和创新目标的实践活动。科学地执行创新蓝图的关键必须进行创新管理。创新蓝图执行过程可分为事前创新管理、事中创新管理和事后创新管理。为保证创新蓝图在创新实践中把精神力量化为物质力量、实现创新的目的和目标，获得创新实践的圆满成功，必须认真地分析研究在创新实践中事前、事中和事后的科学管理。一要从严管理、细化管理，做到科学地执行创新蓝图不走样，一丝不苟执行蓝图；二要严格地做好过程管理，做到科学地执行创新蓝图不马虎，执行动作全部到位；三要进行"零故障、零缺陷"的科学管理，做到科学地执行创新蓝图不遗漏，执行活动周到细致，获得创新实践的成功。

# 第四章　人才创新的方法简论

方法是人才由创新意向走向创新实践的具体操作过程的一种手段。方法选对了，就可以使我们想创新、会创新，实现创新的成功。这是诸多人才创新在实践探索中得出的一条务实管用的经验。这是因为，人们要想认识创新的本质是什么？创新受到哪些因素的影响？创新应当如何进行？如何进行管理等？所有这些问题的解决都是为实践服务的，从创新实践中产生了这些问题，这些问题的解决则又促进创新实践水平的提高。创新方法是对过去的创新实践活动进行经验总结和理论升华以后形成的。方法创新是以方法为对象的创新，根据对象的自身特殊性可以采取多种手段对方法进行创造或改造。从历史的角度考察创新可将创新分为常规性创新、突破性创新。而由突破性创新和常规性创新所组成的持续创新过程，称之为持续性创新。国内外研究创新方法的学者众多，其研究成果硕果累累，本章在这些研究成果的基础上，精心选择常规性创新、突破性创新和持续创新三种类型的创新方法进行研讨。

## 第一节　常规性创新

常规性创新是指在率先创新者获得重大的破性创新之后，跟随率先者的创新足迹，充分吸取率先创新者成功的经验和失败的教训的基础上，进一步对率先创新进行不断改进和完善，进一步开发和生产富有竞争力的产品参与竞争的一种渐进性创新活动。常规性创新是与追踪创新、模仿创新、渐进性创新、引进消化吸收再创新、二次创新、工艺创新等概念有着相似含义的一个概念。简单地讲，常规性创新是对率先创新者的突破性创新的进一步改进、充实和完善。

## 一、常规性创新的基本特点

常规性创新的显著特点是模仿跟随与开拓创新的有机结合。常规性创新既有跟随性，又有开拓性；既有创新资源的中间集聚性，又有创新的低风险、高成功率等显著特点。

### （一）跟踪模仿与开拓市场紧密结合

常规性创新是早先创新者所确立的创新范式下进行的二次创新，创新范式为常规创新确定了创新的基本原理、价值体系和市场体系。这是对创新范式的进一步完善。从跟随性上看，一是体现在技术上，二是体现在市场上。在技术上不做新技术的开拓探索者和早先使用者，而是做有价值的新技术的积极追随学习和不断改进者。在市场上不独自开辟全新的市场，而是充分利用并进一步发展早先者所开辟的市场。总之，是充分利用早先创新在技术和市场开发两方面的外溢效益。从开拓性上看，常规创新并不是简单的模仿、复制，而是在早先创新者的基础上进行再创新。如技术、工艺、管理或者市场等方面。常规创新在技术方面所做出的开拓性成果同样可以申请知识产权保护，即常规创新同样会拥有自己的知识产权。这就是模仿创新与对早先创新成果机械复制的区别。这种创新属于渐进性创新，其投入的研究开发力量一部分用于消化吸收，一部分用于对早先创新技术的完善和进一步开发。常规性创新在市场方面同样具有开拓性。开辟新市场，激发新需求同样是技术创新的一个重要特点和内容，常规创新也不例外。常规性创新不仅是抢占早先创新已开辟的市场空间，而且包含着对新市场空间的进一步拓展和扩充，常规创新产品的问世必将拓展和激发更大的市场需求，推动新市场边界的延伸。[①] 常规性创新通过提供不同特种功能的产品、不同品质、不同价格，形成多样化、差别化，不断激发潜在

---

① 参见曹山河：《关于创新的哲学研究》，海口：海南出版社2005年版，第119、120页。

的市场需求和额外的需求,逐步向市场开发的深度和广度进军。

### (二) 创新资源的中间聚集性与创新技术积累

常规创新研发投入具有高度的针对性,在研究开发方面更偏重于工艺的改进和创新。常规创新在资源投入方面,与早先创新有较大的不同。早先创新面临着艰巨的新技术和新市场开发的任务,在研究开发阶段也就是在创新链的前期,必须投入足够的人力、物力、财力,在后期的市场开发阶段,也必须投入大量的人力、物力和财力。因此,早先创新在创新链上的资源分布是比较均衡的,在一些特定的情况下,为集中创新资源进行强势投入,早先创新甚至会牺牲在创新链中段的投入。譬如,美国和欧洲等一些发达国家的公司,多数将生产制造环节服务外包给发展中国家企业,而在本国只保留研发机构和销售部门。由于常规性创新可以省去新技术探索性研发的大量早期投入,省去开发新市场建设的大量风险投入,因而能够在创新链的中游环节集中力量投入较多的人力、物力,特别是人才的投入最为关键,也就是在产品设计、工艺制造、新装备等方面投入大量的智力和财力,使创新链的资源分布向中间段聚积。在这方面,以早先创新为特征的美国企业和以模仿创新为特征的日本企业的有关资料可提供有力的证明。曼斯费尔德对美、日两国 R&D 资源配置情况调查分析发现[①],美国企业三分之二的研究开发预算用于产品的改进,三分之一用于工艺技术改进,而日本则正好相反,三分之二的预算用于工艺技术改进,三分之一预算用于产品改进。常规性创新的这种资源投入的中间聚积性,不仅保证了模仿创新企业并不丰厚的创新资源的集中利用,而且也保证了在工艺流程改进、质量成本监测、批量生产管理等方面,形成了强势技术积累,加固了常规性创新竞争力的又一重要根基。

### (三) 常规性创新的低风险、高成功率与普遍性

常规性创新跟随模仿的特点,具体表现在一定规范下的创新,其范式为常规性创新提供了创新解题的思路方法和答案的基本范围,可以节省早先创新的

---

① 参见曹山河:《关于创新的哲学研究》,海口:海南出版社2005年版,第122页。

许多环节和工作，同时还为常规性创新提供了一定的评价标准体系。因此，常规性创新的目标比较明确，风险比较小，成功率比较高。从海尔集团的创始人张瑞敏的23条经典管理方法可知，创造市场的企业劳民伤财，成本较高，据调查成功率11%，跟随模仿创新企业成功率44%，因此得出结论：能创造市场固然好，不能创造模仿创新也照样可以领先。当然，不在原有市场中厮杀，也不是在细分市场中耕耘，而是深度开拓出一种新的市场，创造出一种新的市场需求，是每一个企业都想做到的，但问题是这种方式难度不是一般的大，不是所有的企业都具备这样的能力，也不是什么时候都可以做得到，这应该是集天时、地利、人和等各种因素结合才能利用自己的创新而创造出来。由于常规性创新是在现有创新模式指导下的渐进式创新，因而它具有极大的普遍性，可以发生于创新活动的各个环节，其创新源也极其广泛，生产者和设计者、消费者等都可以成为常规性创新的主体。

### （四）常规性创新的社会化过程与能力积累过程同向给力

创新要产生广泛的社会影响，一般通过常规性创新得到持续的扩散和不断的完善。一是常规性创新是一个创新社会化的过程，在创新的传播过程中，创新的效应必然反馈给创新主体，创新主体依据反馈回来的信息进行调整和完善，进一步改进和完善产品的功能，改进和完善工艺流程，使创新产生更多的社会价值。没有常规性创新，也就没有创新的社会化效应，没有社会化效应，也就没有创新的社会价值。二是常规性创新是创新能力的积累过程，在不断学习、模仿和改进过程中积累了许多经验，从而使人才的创新能力得到提高，而创新能力的提高对于由模仿创新向自主创新的过渡具有非常重要的现实意义。三是常规性创新为突破性创新准备了基础条件。常规性创新是一个连续不断累积的过程，这一过程不仅提高了创新主体的创新能力，而且为创新资源的集聚和创新环境的培育创造了条件，通过对创新资源的集聚和创新能力的培育，可以为突破性创新准备必要条件。

## 二、常规性创新的主要方法

常规性创新的种类和方法有很多。但在常规性创新的知识运动过程中，知识创新是最重要、最关键的一步。因为创新的目的是要创造新价值,在创新活动中,模仿者与被模仿者之间是处于既合作又竞争的位置。模仿者要在竞争中立于不败之地,就必须在原有技术的基础上进行改进。模仿者要在知识学习的过程中发现率先创新存在的不足,才能在性能上或在服务质量上对率先创新进行改进;模仿者要利用自己在生产加工方面的优势,通过改善工艺流程降低成本;模仿者要立足于被模仿者不同的消费群体,通过对创新产品的适当改进,使产品能更符合模仿者定位的消费群体;模仿者通过将引入的技术移植到其他领域实现组合创新,以增加或改善产品的性能。从常规性创新的方法看,大体上可以分为如下几种。

一是产品性能改善创新。率先创新的产品往往很不完善,在产品的使用过程中就会暴露出来诸多缺点,因此解决这些缺点和不足就要创新。在实践活动中,人们发明了缺点创新法。这种创新就是利用事物存在的缺点,以毒攻毒,化弊为利,这样的方法就称为缺点创新法。它不是以克服事物的缺点为目的,而是巧妙地利用事物的缺点,化弊为利,以求出新。一些工业中的金属材料,如铜、铁、钢等,常常具有氢脆性、晶界腐蚀和低温脆性等缺点,破坏了材料的韧性。但如果能巧妙利用这种氢脆性,就会很容易地制成铜粉或铁粉。再譬如,蒸汽机、汽车的早期发明使用,都存在大量的缺点和不足,经过较长期的改进和创新,才逐步实现高端化和智能化。

二是工艺流程改善创新。工艺创新是指企业通过研究和运用新的方式方法和规则体系等,提高企业的生产技术水平、产品质量和生产效率的活动。工艺创新的方法主要有应用信息化手段、使用先进设备、使用集成技术、使用优化理论等。主要包括提高产品质量等级品率的工艺创新,减少质量损失率的工艺创新,提高工业产品销售率的工艺创新,提高新产品产值率的工艺创新,节约资源、降低成本的工艺创新,有益于环境的工艺创新等等。工艺流程创新的策略可分别采用市场导向策略,以满足市场需求进行新工艺的开发;采用技术导向策略,利用社会上的新技术或本企业原有的技术优势去开发新工艺;采用资源导向策略,利用企业所在地的已有资源或新发现的资源进行工艺创新;采用综合导向策略,综合技术与市场的优势进行工艺创新。

三是移植型常规性创新。移植创新法是将某种事物、某个领域中的原理、技术、方法等,应用或渗透到其他事物或领域当中,为解决某一问题提供启迪和帮助的创新思维方法。创新者在自己现有的创新实践与环境条件的基础上，通过引进和吸收外来的创新知识或创新成果，用引入的创新知识或成果改造自己现有的生产或管理的过程。这种方法主要有原理移植创新，即根据事物不同的要求和目的进行移植创新的一种方法。例如，红外辐射是一种很普通的物理过程，将其原理移植到其他领域，就形成了红外探测、遥感、诊断、导弹制导等多种功能。方法移植创新是将已经存在的计算、设计或制作方法移植到其他的领域。例如，将代数方法移植到几何领域，就给几何这门学科提供了便捷高效的计算方法。回采移植创新是将被弃置不用的"陈旧"事物，用现代技术重新回收加工，从而变成新的可以继续使用的物品。主要是对材料、制造过程以及信息控制加以改造，形成创新。功能移植创新是把不同领域中的一系列通用技术，以某种形式应用于其他领域。例如，净化细菌的繁殖可以用来处理废水，就是将生物领域的技术应用于环保领域。

这是一个真实的替代移用创新的故事。1969年7月20日，阿波罗11号宇宙飞船的登月舱在月球赤道附近的静海着陆，宇航员阿姆斯特朗和奥尔德林先后走出登月舱工作了两个半小时之后，带着月球土壤和岩石返回登月舱，准备乘坐"上升级"重新进入月球轨道与指令舱会合返回地球。然而一位宇航员的"生命保障系统"外壳不小心撞上了座舱内壁，把"上升级"喷气推进器启动开关的塑料旋柄撞断了。这就使登月舱"上升级"无法启动。如果不能有效排除故障，宇航员将"永驻"月球之上。由于没有携带任何修理工具，无法整修损坏的启动开关。阿姆斯特朗连忙向休斯敦控制中心报告险情，控制中心的科学家们震惊了。在这如何是好的紧急关头，有一位科学家想起每个登月宇航员身上都带有一支用硬合金制成的特制圆珠笔。能不能用这支圆珠笔管前端伸进启动开关内部去拨动一块极为关键的金属片呢？控制中心的科学家们对这个想法进行了反复试验，证明这个方法简单有用，便通知月球上的宇航员，请他们按此试验的方法进行操作。真是神奇得很，"上升级"喷气推进器启动的电路开关真的被宇航员随身携带的特制圆珠笔接通，点火一举成功！[①]

---

[①] 参见范军、李胜等：《创新技法188——实例与剖析》，广州：广东经济出版社2000年版，第95—96页。

这个创新故事说明，人在危难处，情急能生智。世界上任何事情都能找到三种以上的出路或者替代移用产品。因此，只要我们每天由浅入深地设想一两个"有中变无"的难题，就能从"绝境"中逼出新路来，不断设想与寻找可以替代身边的事与物的东西，就会大大提高创新的能力，甚至会收到"山重水复疑无路，柳暗花明又一村"的奇特效果。

四是正负补偿创新法。这个创新方法，就是数学上正负相加等于零的原理：（+1）与（-1）相加得到的是既不是正数也不是负数的新数——零。正与负得到了补偿。因此叫做正负补偿创新法。[①] 人们在日常生活中经常运用这种原理。比如"要想甜，加点盐"。又比如南方人为了能够多吃荔枝不生病，喜欢沾点盐水，或者吃过荔枝后来点"咸鱼蒸猪肉"。这是正负补偿创新法的活用。英国苏塞克斯园艺研究所的科学家根据"要想甜、加点盐"的生活经验，创新出一种全新的品种：将西红柿植株栽培在自动控制的营养液中加盐。盐被植株吸收后，改变了西红柿的酸糖比，使西红柿变得更甜、肉更多、果结实，在运输过程中不易损坏。从上面的事例中可以悟出一种道理，就是咸与甜、正与负、软与硬、新与旧、红与黑，还有粗与细、大与小、长与短、升与降、沉与浮等，都是一对矛盾的两个方面，在实践中我们可以列出成百上千个互相对立的矛盾着的事物或现象。在创新的实践活动中，面对一些产品或物件的特性功能或外貌或颜色等，进行比较，列出一一对应的反义词，就可以运用正负补偿创新法进行创新构思，比如哪些方面需要具备这两方面的特性？哪些对象只具备其中一方面？如何再新增加另一方面？用心思考和解决这些问题，新的创意就会源源不断地涌现出来。

五是多功能组合创新法。组合也是一种创新，但绝不是1+1=2，而是倍增其效益的创新方式。运用组合创新法进行产品创新，可以有多种思路，如产品的材料、产品的颜色、产品的体积、产品的功能等。开始时可以抓住其中一个方面进行思考，运用娴熟时，也可以拆解为多种物质元素然后进行综合考虑，灵活巧妙地组合。如果以产品功能提升为线索，从增加功能的角度考虑，

---

[①] 参见范军、李胜等：《创新技法188——实例与剖析》，广州：广东经济出版社2000年版，第113—114页。

可以产生诸多种组合创新的思路。在现实生活中，消费者追求商品的多功能，主要目的是提高档次、使用方便、省事、节约、符合新潮等。例如，现在的多媒体电视机，把收音机、电视机、录像机、VCD、卡拉 OK、回放、电脑等功能集于一身，价钱又比分别购齐上述单机便宜好几倍，备受当今消费者青睐。现代智能汽车也是组合创新的结果，与以前的老汽车相比，现在的新汽车增加了智能驾驶、智能导航、智能空调、自动刹车系统等，都是在原先汽车上的进一步改进和完善，大大提高了汽车的功能，属于常规性创新的示范。可见，追求多功能是创新的一条重要途径。功能的增加是相对于过去功能不多的老产品而言的，但功能的增加并非因为原有产品或经营方式有毛病，而是主要从组合的角度创新思路，有意识提出新的更高要求，从而激发出诸多的创新思路。

六是模仿创新的时机与方式。诸多实践经验告诉我们，一个新的产品或新的服务出现下列一种或几种因素后，往往是模仿创新的最好时机①。一是小企业开创了新市场的时候。小企业的新市场无论如何也是有限的，而占有大型市场网络的企业的营销能力与小企业存在本质上的差异。在这一时间段，效仿者要迎头赶上就比较容易。二是不存在专利或可以避开专利的时候。专利可提供的保护仍比人们想象的要少得多。这是因为有许多方法可绕过专利。具体的产品可以申请专利，但是抽象的东西如创意等却无法申请。三是拥有共同的经验的时候。模仿者曾生产和销售过非常接近创新产品的东西时，成功的机会将大大增加。这种经验很容易抵消率先研制或推出的优势。四是率先者的定位仅仅在某一端市场的时候。刚开始开辟新市场时，率先者可能在最初的那端市场占据了先发优势，但是随着市场的不断发展变化，已超出了原有的市场范围，最后先行者占据最佳地位的那端市场却越来越无足轻重，这就为较晚进入市场的模仿者提供了后来居上的先机，成为抢占新的最佳市场地位的好时机。

从模仿创新的方式方法看，应当注意把握如下几点。② 首先，做好模仿创新前的各项准备工作。要在广泛搜集整理信息的基础上，学习研究被模仿对象

---

① 参见范军、李胜等：《创新技法188——实例与剖析》，广州：广东经济出版社2000年版，第98页。

② 参见范军、李胜等：《创新技法188——实例与剖析》，广州：广东经济出版社2000年版，第99页。

的原型，进行创新的模拟物。模仿原型是基础，创新模拟物是目的。模拟物从哪里来，只能从原型的模仿中来。那么怎样才能更好地反映出原型呢？这就需要努力地广泛地学习各种知识。没有广泛的知识，就不可能了解原型，更不可能创新出好的模拟物。其次，要想方设法制造出模仿对象的模型。模拟是具体的，怎样才能知道头脑中的模拟物的具体形象和机理呢？好的方法就是找到或造出模型。通过模型，可以发现问题，改正缺点、弥补不足。离开了模型，有些试验就无法进行下去。第三，必须做到"青出于蓝而胜于蓝""创新源于实践而高于实践"，只有这样才能超越自我、不断创新。只有高于被模仿对象，创新出来的东西才能有强大的生命力。

常规性创新的方式方法还有很多，但总体来看都是模仿的跟随性与开拓性的有机结合。这些创新没有颠覆性的突破，都是在原有的基础上的新的改进和提高。而更有价值的创新是突破性创新，或者叫颠覆性创新，是从0到1的创新，脱胎换骨的创新。

### 三、常规性创新的机制分析

从常规性创新的机理作用和机制运行看，其创新过程主要是从创新范式的引入，到创新范式的模仿学习，再到对创新范式的进一步完善和超越。常规性创新的根本任务是通过对早先创新的"分解研究"与"反求破译"等途径，进一步挖掘、消化和吸收那些寓于其中的隐性知识，并在此基础上获得相关知识进行再创新，为研究和开发出更具有竞争力的创新产品或创新工艺打下知识基础。因此，能否通过深入学习、分解研究，不断破译和掌握寓于早先创新之中的核心技术、知识、信息和技术诀窍，并在此基础上进行有商业价值的知识创新，在很大程度上决定着模仿创新的绩效和成败。

#### （一）常规性创新的知识创新机理

常规性创新主要是模仿创新中的知识运动过程，这个过程可以划分为知识引进、知识学习和知识创新三大阶段。[1] 知识引进是基础，知识学习是孕育，

---

[1] 参见曹山河：《关于创新的哲学研究》，海口：海南出版社2005年版，第125、126页。

知识创新是目的，三者是紧密联系、层层递进、相辅相成、相得益彰的关系，基本反映出模仿创新中知识演化创新的过程。

在知识引进阶段，模仿创新者首先是把知识引进来，这就要通过有效的知识转移渠道和方式，将模仿学习的对象的相关知识引入过来。创新知识具有一定的特殊性，因此，引入创新知识的路径和方法也比较特殊。在引入进来的知识中，往往既包含诸多显性知识，即明晰知识，也包含诸多隐性知识，即模糊知识。譬如，专利文献中的知识是显性知识，而技术专家、学者、工程师头脑中的知识创意、设计操作能力等是隐性知识。对模仿创新企业来说，这些模糊不清楚的知识结构构成了"知识黑箱"，或称为"技术黑箱"。自古以来，人类在探索物质世界的过程中，总会遇到一些内部结构尚不清楚的系统，在控制论中人们把这样的系统叫做黑箱。就企业模仿创新而言，对某一未知知识系统称为知识黑箱，某一未知技术系统称为技术黑箱，通过实验和推理来研究其内部原理和内部结构的问题，一般称之为黑箱问题。一般黑箱问题解决了，模仿创新就向前推进一大步。

在知识学习阶段，模仿学习的主要任务是通过"分解研究""逆向工程"和最新相关科技文献、专利文献阅读等多种路径，尽快打开这些知识黑箱、技术黑箱，并把"箱"中的模糊知识、模糊技术等转化为明晰知识，然后对这些已经明晰的知识进行系统化集成与融合，从而实现对模仿对象特别是其核心技术知识和技术诀窍的"破译"和掌握。这里的"逆向工程"属于逆向思维系统，它以社会方法学为指导，以现代设计理论、方法、技术为基础，运用各种专业人才的工程设计经验、知识和创新思维，对已有的产品进行解剖、分析、重构和再创造，在工程设计领域，它具有独特的内涵，可以说它是对设计的设计。这里的知识的学习既是一个"知识挖掘"过程，也是一种"知识"整合过程。模仿创新人才所拥有的相关知识基础、技术吸收能力、模仿对象的知识性质以及模仿者与模仿对象之间存在的"知识距离"等因素，往往决定着这一创新过程的效率、质量和效果。

在知识创新阶段，模仿创新者的主要目标任务是对模仿对象的知识进行改进、重组、变异、创新，目的是创造出更新知识，重点是具有自主知识产权的新知识。然后再将这些新知识"内化"或"物化"到企业的产品设计和工艺的改进之中，也就是开发和生产出比模仿产品功能更完善、更具有市场竞争力的创新产品，或推出更先进的技术改造和工艺方法，从而赢得客户的青睐和市场的竞争新优势，超越模仿对象或模仿产品，实现青出于蓝而胜于蓝的创新目标。这个阶段既是"知识更新"或"知识进化"的过程，也是"知识内化"阶段，具体讲就是创新人才将企业在模仿创新过程中积累和形成的显性知识，进一步转化为个人的隐性知识，反映了知识创新转化过程和机理作用。

### （二）常规性创新的知识、技术的引进过程

常规性创新既是一个创新的不断扩散过程，也是一个创新的发展和深化过程，还是一个创新能力的培养和提高过程。

常规性创新范式的引进，不仅是早先创新者做出突破性创新之后对创新的进一步完善和发展，而且是大量的模仿创新者对突破性创新的逐步超越。要实现这种超越对模仿创新者而言，首先必须引入创新范式，通过对创新范式的学习、消化、吸收，进一步掌握创新范式的基本原理，找出创新范式中存在的不足，并在此基础上对它进行改进、完善和超越。[①] 由于不同创新主体之间既存在着合作又存在着竞争关系，而创新是一种重要的竞争手段。因而，创新知识的获得与其他知识的获得方式具有不同的特点。

常规性创新知识的存在，既可能是显性知识状态，也可能是隐性知识的状态。如果模仿创新引入早先创新的知识，就需要采取与其他商品不同的方式方法。譬如，企业技术创新，从外部获取技术的方式方法有不同的层次，通常为战略联盟、技术并购、技术合作、技术购买等等。企业从外部技术源获取技术知识具有多种多样的模式，既可以通过正式方式，如技术合作、技术许可、技术联盟等，也可以通过非正式方式，如文献检索、现场学习、样品剖析和引入有新知识的人才等方式获得。实践证明，通过引进高端人才是获得新知识的最有效办法。一个高端人才引进过来，不仅可以把先进的技术带来，而且可以把新知识、管理、新观念等带到企业来。

除此之外，技术在转移过程中具有层次性，技术要素的不确定性、复杂

---

[①] 参见曹山河：《关于创新的哲学研究》，海口：海南出版社2005年版，第126、127页。

性、满意度、隐含性等特征，与技术知识可转移性具有反比例关系。在通常情况下，不宜超越某一阶段的导入技术，而要尽量缩短在这一阶段停留的时间。这就决定了企业只有从可转移性强的技术源模式入手，然后再慢慢过渡到可转移性弱、但竞争性强的技术源模式。在我国多数企业都是从技术购买，到技术许可，再到技术联盟和技术并购，逐步实现技术创新发展。通常导入的新技术，也是从装配技术起步，转向制造技术，再过渡到设计技术。

实际上，一项国际技术的引进和新知识的引入是比较复杂的过程。因为国际技术转让不同于货物贸易那样简单。这主要是政府管制较严并且与知识产权的关系密切，国际技术转让涉及大量专利权、商标权等知识产权。国际技术转让大多采用许可使用的方式，其所有权一般并不转移且交易过程复杂，往往技术转让持续时间较长，且技术作价难度较大，大多数情况下采用提成等方式支付。不仅如此，而且还有较大的风险性。转让一项技术，要获得实际应用并取得市场认可，必须经历输出方提供和传授技术，也就是引进方要消化吸收掌握技术、引进使用技术进行生产和销售产品和技术创新，以及市场检验等一系列的过程。在这一过程中，不论是技术输出方，还是引进方，都可能面临失败的风险。这主要是因为技术的产生背景和应用的对象各不相同，在这些过程中转让的效果会受双方技术和管理水平的差异、技术的应用环境，以及原材料零部件的质量等因素的影响。

### （三）跟进模仿创新知识的消化吸收与内化

虽然常规性创新是以跟进、模仿为主的创新，但其最终目标是实现创新，特别是要通过模仿培养自己的创新能力，为实现从模仿创新到自主创新的跨越打下坚实的基础。

如何进行创新知识的学习？通常将创新知识的学习划分为三种形式。简单地讲就是实践中学、运用中学和研究开发中学。在创新知识的转移中，分为显性知识的转移和隐性知识的转移。创新转移中的显性知识，显然是技术成果转移过程中可知可查的技术成果的知识以及技术成果的背景知识。技术转移中的隐性知识，则是技术成果转移中不可能用语言或文字表达出来的知识，包括相关技术成果的创意、构想、设计、试制，以及生产制造的技术诀窍类知识，还包括技术成果研发单位及其员工的创新理念、企业文化、价值观念等文化层面的知识。例如，研发人员解决具体问题的经验和诀窍，仪器设备的操作能力等，这些都属于隐性知识的范畴。

模仿者创新获取率先创新主体上的隐性知识，虽然在通常情况下是比较困难的，但这对于实现创新至关重要。因此，需要模仿者从两个方面努力。一是想方设法与被模仿者进行广泛的了解接触，通过与率先创新者的直接交流领悟他们所拥有的隐性知识，二是通过对创新设备的反求，以开发研究的态度进行学习。这种学习首先对技术成果转让方提供的图纸或技术成果说明材料进行认真细致地研究。其次对隐藏在研发人员头脑中有关技术成果的创意、构想、设计、孵化、生产的能力、诀窍、实践经验等隐性知识进行挖掘获得。挖掘获取这类知识一要学习培训，通过外派技术人员到技术出让方培训学习或由技术出让方派专业人员到技术受让方指导。二要反求过程，通过应用不同的新手段，对引进的技术成果进行系统、深入地分析解剖，研究清楚并掌握其关键技术，并根据技术成果研制出符合具有自己特点的技术成果。在已经掌握这些隐性知识的基础上，运用反求工程，通过层层剖析研究技术产品，探索其创意设计的思路或工艺流程，并通过反复试验进一步挖掘技术成果说明材料中没有说明的知识，并及时将发现的隐性知识或新亮点总结记录下来。在前两个跟踪学习研究的基础上，第三个阶段要对隐藏在技术成果中的所在研发单位的组织管理体制、企业文化理念，及其员工的创意理念、价值观念等文化层面的知识进行挖掘获得。这些知识的获得往往是深层次的，对应创新产品转化为商业价值至关重要，要及时进行系统总结记录下来。

当然，不论是对显性知识的学习，还是对隐性知识的学习，最终目的是为了内化为模仿创新者的隐性知识。显性知识内化的过程是一个"干中学"的过程，模仿创新者将从率先创新者转移过来的知识，与自己长期积累的知识相互融合，并把这些知识转化为创新实践活动，通过实践内化为自己的隐性知识。通过不断深入地学习，逐步将隐性知识转化为显性知识，并进一步内化为学习者的隐性知识。只有这样，学习者的创新能力才能真正获得提高。在常规创新中，许多人才往往忽视了学习的重要性，没有认识到通过学习把显性知识转化为自己的隐性知识，再通过学习实践把隐性知识转化为显性知识这个过程的极端重要性。很多人认为只要从国外引进了先进的技术、设备以及生产线，就可以万事大吉了，从而放弃了对引入技术的进一步学习研究，这不仅使引入技术的使用效果大打折扣，而且使技术和管理水平停滞不前，自身的创新能力没有培养出来。说到底，创新知识的学习过程，实质上是创新能力的培育过程，而创新能力的培育是一个渐进和累积的过程。实践证明，先进技术可以引进，但是创新能力无法引进。

当工业4.0时代即将到来的时候，我国的制造产业整体上还停留在工业2.0（电气化与自动化）和3.0（电子信息化）的水平上。譬如，沈阳机床厂是自主研发核心技术助力传统企业重新崛起的典范。[①] 2002年，沈阳机床股份有限公司作为中国最大的机床厂参加芝加哥机床展会，却没有资格进驻主馆，最后被安排在了地下室。作为新中国第一台机床的诞生地，沈阳机床曾有过一段辉煌的历史，是我国传统工业企业的代表。但彼时的沈阳机床核心技术完全依赖国外。沈阳开始组建机床核心技术团队，坚持每年投入2亿元用于引进和消化国外先进技术。此后，不甘于仰人鼻息的沈阳机床开始寻求多方团队共同开发核心技术，但出于种种原因，结果不了了之。从2008年起，沈阳机床开始转为彻底自主研发，逐步建立起以企业为主体、开放式和国际化的研发、产业化、应用"三位体"研发体系。除建立了高档数控机床国家重点实验室外，沈阳机床还联合8家企业、6家院所组建了数控机床产业技术创新联盟，重点突破关键共性技术。同时，沈阳机床开始探索从传统制造商向现代工业服务商转变，从过去单一的造机床、卖机床向包括机床及其他工业品销售、金融服务、二手机床回购、机床再制造、工业设计、营销咨询等在内的"产品全生命周期经营"转变，为客户提供全方位的服务。从2002年世界排名36位，到2011年跃居全球同行业销售收入第一。如今的沈阳机床拥有了国际先进水平的核心技术产品，且批量进入国家重点行业的核心制造领域。

---

[①] 参见中组部干部教育局：《领航中国》，北京：党建读物出版社2016年版，第23—24页。

## 第二节 突破性创新

什么叫突破性创新，目前国内外学者对突破性技术创新的定义不尽相同。但这些定义也存在一些共同的特点，主要是所有关于突破性创新的定义都是针对市场、产业、经济社会的发展的重大影响展开的；突破性创新是相对于渐进性创新而言，其区别在于创新度的不同；突破性创新产品的产生能够改变市场规则和竞争态势，甚至导致整个产业重新洗牌；突破性创新多数是建立在新的工程和科学原理之上，大体上与原始创新相类似，绝大多数的原始性创新为突破性创新。

### 一、突破性创新的概念辨析

突破性技术创新不是改进现有技术，而是用全新技术替代旧有技术，革新产品架构，产生新的应用甚至新的市场和产业。突破性技术创新具有三个鲜明特征[①]：（1）突破性技术发明的存在，如研发出具有绝对新特征的技术产品；（2）突破性技术到产品的市场实现的可能性，如制造新产品的可能性，从技术研发的理论原型到成果物化，乃至市场实现的可能性；（3）产品的价值实现，从价值创造到价值交付的过程，通过市场细分以保证产品的销售利润，实现企业市场竞争目标。

突破性创新是导致产品性能主要指标发生巨大跃迁，对市场规则、竞争态势、产业版图具有决定性影响，甚至导致产业重新洗牌的一类创新。[②] 譬如，移动电话、计算机、电视机、互联网、真空管、晶体管、集成电路、Google 和 Yahoo 网络商业模式等，都属于突破性创新，有的叫根本性创新、原创性创新或创造性破坏。这些创新体现在突破性的产品创新、工艺创新、社会创新和商

---

[①] 参见邵云飞等：《突破性技术创新：理论综述与研究展望》，载《技术经济》2017 年第 4 期，第 32 页。

[②] 参见范军、李胜等：《创新技法188——实例与剖析》，广州：广东经济出版社2000年版，第 137—139 页。

业模式创新等。突破性创新常常能摧毁一个旧产业，或者创造一个新产业，开辟一个新市场等，从而彻底改变竞争的性质和基础，决定了以后的竞争格局和技术创新格局。突破性创新是引起产业结构变化的决定性力量和主导力量。虽然多数突破性创新仍然针对原来的市场和客户，但它会造成原有技术、技能和生产能力过时甚至淘汰。如汽车代替马车，数码相机代替胶卷，新兴媒体冲击传统媒体，太阳能发电代替火力发电，像真空管、磁带录像机、胶片，甚至传统媒体等，都被革命性的创新所推翻。

突破性技术创新是具有高度影响力的创新，其影响不仅体现为技术取得的突破性发展，而且体现为技术发展对市场的重要影响。有关专家学者认为主要有以下三点：① 一是突破性技术创新对市场有重大影响，如重新定义市场产品和服务、显著改变市场消费格局、改变或有潜力破坏现存的商业景观、具有重新评估价值的能力等；二是伴随突破性技术创新将出现新产品或新的用户需求，如产品、工艺或服务具有前所未有的性能特征或性能和成本均有显著提高，产品具有全新性能或绩效呈数量级提升；三是突破性技术创新中技术的颠覆性，即技术发展跨越了原有技术轨道，呈现出非连续性、非线性的特征。在技术层面，突破性技术被认为是"范式创新"或"激进创新"，它脱离了原有的技术轨道，能使企业的产品、工艺或服务产生非线性变革、激发颠覆性革命，并推动产业技术竞争格局重塑。在市场层面，突破性技术创新定义了新的需求关系及竞争关系，可使企业获得先发优势，以灵活多变的、非连续性的创新策略获得较高的市场占有率，促进市场追随者突破创新壁垒，保持自身在市场竞争中的领先地位。在组织层面，突破性技术创新能提高组织获取外部资源和捆绑异质性资源的能力，破除资源壁垒，拓展组织边界，避免企业陷入"能力陷阱"和"核心刚性"的困境。

首先，渐进性创新是指持续的、不断发生的局部或改良性创新活动，更多强调对现有技术和商业模式的利用。这种创新是对现有技术进行较小的改进，整个过程中产品元件间的联系不变。

---

① 参见邵云飞等：《突破性技术创新：理论综述与研究展望》，载《技术经济》2017年第4期，第31—33页。

其次，颠覆性创新或破坏性创新则起步于低端市场或新市场。在质量达到主流顾客标准前，颠覆性创新不会以主流顾客为目标。同时，颠覆是一个过程，颠覆者通常建立与在位企业迥异的商业模式，通过应用颠覆性技术或重新定义客户价值曲线来为客户带来新的价值，进而引发行业生态系统的巨变。

第三，激进式创新是指产品属性具有新颖性和独特性，以及体现最先进的技术的创新，它能使既有产品和过时技术焕发出新的活力，从而重塑行业和市场。

第四，激进式创新涉及的是纯技术问题。突破性技术创新不是改进现有技术，而是用全新技术替代旧有技术，革新产品架构，产生新的应用甚至新的市场和产业。

如表4-1所示，从技术变革和商业模式变革的创新类型比较看，突破性技术创新是科学前沿研究与新兴技术结合产生新的蜕变，可以带来产业技术架构与组件的双重变革和市场颠覆，引领技术及产业发展方向，是企业、产业、国家获得制胜先机和持续竞争优势的关键。在技术角度上，突破性技术创新突出技术的重大突破、前沿性和变革性。在市场角度上，突破性技术创新突出重大市场需求。一旦技术实现知识物化，能够提升产业结构的层次和水平；使得企业、客户价值主张、创新网络及获取方式发生颠覆性的转变。在价值角度上，突破性技术创新会破坏原有的价值路径，形成新的价值空间，强调企业不仅要关注自身的价值链，而且要重新定义和优化价值网络上的活动。

表4-1 基于技术变革和商业模式变革创新类型的比较

| 类型 | 渐进性创新 | 颠覆性创新 | 激进式创新 | 突破性技术创新 |
| --- | --- | --- | --- | --- |
| 性质 | 能力维持型连续创新 | 能力破坏型不连续创新 | 能力提升型不连续创新 | 能力跃迁型不连续创新 |
| 概念 | 持续的、不断开展的局部或改良性创新活动，更多强调对现有技术和商业模式的利用 | 从市场变化方面衡量创新，强调市场价值与破坏 | 产品属性具有新颖性、独特性，体现最先进的技术，过多强调技术 | 从技术变化程度与市场颠覆来衡量创新，强调技术性能的巨大跃迁，与渐进性创新相对应 |

(续表)

| 类型 | 渐进性创新 | 颠覆性创新 | 激进式创新 | 突破性技术创新 |
|---|---|---|---|---|
| 技术实现 | 利用现有技术能力 | 利用现有技术能力 | 需要新技术能力 | 需要新技术能力；需要整套不同的科学原理 |
| 商业实现 | 利用现有商业模式 | 需要新商业模式 | 利用现有商业模式 | 需要新商业模式 |
| 推翻现有市场主导者的方法 | 行业竞争结构已经建立 | 起步于低端市场或新市场，从边缘市场向主流市场移动 | 关注纯技术问题 | 具有前沿性、基础性、不确定性、复杂性、不连续性及发散性等特征；价值主张或价值网络尚未完全形成 |
| 新进入企业的企业家角色 | 市场驱动创新；关注在位企业目前的客户需求及产品性能的改善 | 在质量未达到主流客户标准前，不会以主流客户为目标；会颠覆现有的商业模式 | 通过技术推动创新 | 关注于领先客户需求或创造新的供给市场来求得生存与发展，可能导致整个产业链及价值链的变革 |
| 适合企业类型 | 资金投入少、风险低、成功率高，适合中小企业的二次创新或技术突破后的创新发展 | 资金投入少、成功率高，对于发展中国家企业而言是一种挖掘、发展新兴市场需求、开发市场愿意接受的新产品或新服务的有效方法 | 资金投入较多、成功率也不高，即使技术成功，也往往在商业化过程中失败，要求企业有一定的资本和技术储备 | 风险性和不确定性的存在使得失败率极高，要求公司在创新方面投入大量时间、金钱，需要高层领导持续关注，如此才可能实现重大突破 |

资料来源：《突破性技术创新：理论综述与研究展望》，载《技术经济》2017年第4期，第32页。

## 二、突破性创新的演化机理

突破性技术创新伴随着行业技术轨道的转变而发生，其诞生取决于企业社会资本以及克服技术创新壁垒的主动性和创造性。这些创新的源动力都来自市场的需求与技术革新的融合。① 从企业的长期发展战略和市场效应出发，渐进性创新虽然更易成功，但不利于企业保持更大的优势地位和实现长期发展。突破性技术创新能够有效提升企业的核心竞争力，使企业的市场地位保持领先。突破性技术创新更注重的是知识的原创性和技术的先进性，它的诞生多数与研究初期实验室的研究成果密切相连。虽然突破性技术创新在知识储备、创意研发、资金筹备和战略定位等方面具有很高的要求，同时还具有高度的不确定性、风险和困难等等，但是它的颠覆式革新可以改变现有市场或产生新的市场，可以使企业一举占领新的市场，从而获得极大的竞争优势。

从微观企业创新产品的视角看，突破性技术创新的形成过程大致分为两个阶段，即新产品开发的创意构想阶段和新产品开发的执行阶段。第一，在创意构想阶段，是新产品进行实质性开发前的准备阶段，包括产品创意的产生、创意的评价和筛选、产品概念的开发及定义、产品规划设计等方法步骤。在这个过程中，企业需要大量的新思维、新创意或能够营造激发新思想和新创意产生的氛围。模糊性、非常规性、动态性和不确定性是此阶段最明显的特点。为了实现突破性技术创新，在创意构想阶段，企业倾向于在最大范围内通过跨界搜索获取创新资源；而在复杂的新产品开发执行过程中，企业则要通过跨界合作连接不同结构层次的合作伙伴进行跨界创新。殷俊杰、王思梦和邵云飞等从企业资源观的视角，构建了联盟组合管理能力、关键资源获取与突破性技术创新绩效的理论模型。其分析结果显示②：联盟组合管理能力的合作前瞻性、关系治理和组合协调三个维度与突破性技术创新绩效

---

① 参见邵云飞等：《突破性技术创新：理论综述与研究展望》，载《技术经济》2017 年第 4 期，第 33—35 页。
② 参见殷俊杰、王思梦、邵云飞等，《联盟组合管理能力、关键资源获取与突破性技术创新绩效研究》，载《电子科技大学学报（社科版）》2017 年第 19 期，第 8—14 页。

显著正相关。这说明了在开展突破性技术创新活动时彼此存在竞争关系的企业会选择合作或联盟的真正原因。第二，在新产品开发的执行阶段，是新产品开发的正式和结构化阶段，包括产品设计和开发、样品生产和检验以及规模生产和市场化扩散等。这一阶段主要是完成新产品的研发、孵化、中试、生产和市场开拓等任务。突破性技术创新的形成具有随机性、偶然性、不确定性和复杂性，单靠一个企业已很难实现自身研发所获得突破性技术创新的成果，更多需要寻找内外部资源，通过与外部企业建立创新联结、共同研究开发新产品，这样可以从企业的外部搜寻到更多的创新机会。它的形成涵盖了突破性技术的新产品开发概念构想阶段到执行阶段的创新机会识别与价值共创过程。同时，随着"云创新"时代的到来，每一个创新企业的方式方法都发生了新的改变，"互联网+"等开放式创新环境的兴起，跨界融合与创新已成为一种应对复杂环境或开放式环境下不确定性竞争的有效创新战略，对企业发掘潜在市场机会、拓展技术知识域、加速产品创新及维系竞争优势等都具有重要的作用。

从突破性技术创新的演化渠道看，突破性技术具有新兴技术的共性，其技术进步是在新旧技术演进下实现的。这种创新具有周期长、不确定性、不连续性与跳跃性、高度的环境因素敏感性以及高度的渗透性（对行业、对产业链）等显著特征，其演化路径涵盖了科学研究、技术研发、知识物化、产业实现、商业可行和效率确认等串联阶段。突破性技术创新演化的本质是来自技术和商业模式杠杆的新旧元素融合，是技术价值到商业价值的变迁与再造，这一过程是由技术演进、市场需求等因素不平衡性驱动的结果。雷弗（Leifer）基于生命周期理论，建立了突破性技术创新的过程模型，将突破性技术创新演化周期的特性归结为长期性、高度不确定性、偶发性、随机性和背景依赖性，并将突破性技术创新从初现到成熟的发展系统过程归纳为技术研发、知识物化、产品成型和市场实现四个阶段。① 如图4-1所示。

---

① 参见邵云飞等：《突破性技术创新：理论综述与研究展望》，载《技术经济》2017年第4期，第33、34、35页。

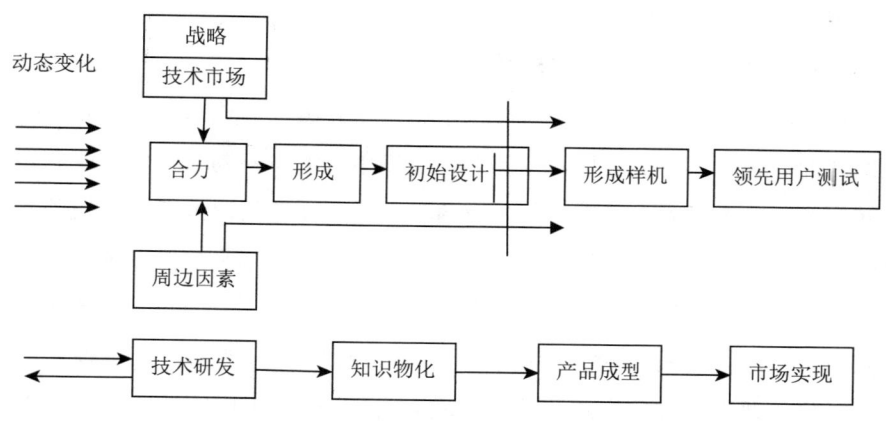

**图 4-1 突破性技术演化过程**

资料来源：邵云飞等，《突破性技术创新：理论综述与研究展望》，载《技术经济》2017 年第 4 期，第 34 页。

在突破性技术研发阶段，首先要根据市场需求变化和周边环境影响，以及企业、部门、团队、个人和产业政策的影响等，选择技术研发的功能定位，也就是说要把客户需求作为第一选择的原则，而不要把技术作为首先考虑的内容，要让技术满足需求。这一阶段主要是根据市场需求变化和发展趋势要求，进行初步构思和创意设想，选择创新的方向和目标，从而确立技术的功能定位和技术研发线路。

在突破性技术创新的知识物化阶段，要根据创新产品的功能要求进行相关知识的储备，企业的主要活动是产生创新构想、确认机会以及评估机会，通过这些步骤缩小技术知识物化与突破性技术创新产品成型的差距，可以把知识、技能转化为实践运用。蒋军峰、李孝兵等认为，突破性技术创新蕴含着先进甚至共性的技术知识，值得后续创新借鉴，因而会引领技术发展方向，推动产业技术进步。稳定的市场环境和渐进式创新会受到新的突破性创新的挑战，使市场结构和商业模式发生突破性变化，新一代产品将会出现在新结构化的市场中。

在突破性技术创新的产品成型阶段，企业需要对经评估的创新构想进行实验，并转化为商品。对于突破性技术创新，在试验阶段，形成样机是一种市场给予技术的反馈（或企业内部对技术的反馈），且可从市场中窥视突破性技术在应用领域中的潜在价值。这个阶段是产品从研发到孵化再到中试的过程,其实质是知识物化向实践功能的转化。

在突破性技术市场的实现阶段,也就是把突破性的技术价值转化为突破性创新的商业化阶段。突破性技术创新使市场中的竞争格局由在位企业之间的竞争转变为新进入者和在位者之间的竞争,新进入者往往通过产品的便利性和个性化等方面渗透到低端市场或者通过逐渐扩张新兴市场来挤占在位企业的市场份额,从低端市场进行突破主要借助市场价格弹性杠杆,当技术进步达到使某一行业的产品性能较好时,顾客将对产品质量的关注转向产品的便利、个性化、价格等要素,导致突破性技术变革的出现。[①] 由于以突破性技术创新为基础的新产品完全不同于现有产品,因此企业必须培养潜在客户。游达明、杨晓辉和朱桂菊研究发现,供应商和顾客参与能增大企业选择突破性技术创新模式的权重,且参与程度随着市场中选择突破性技术创新比例的增大而提高;当创新产品为价格弹性需求时,顾客参与更能促进突破性技术创新;当创新产品为价格非弹性需求时,供应商参与更能促进突破性技术创新。在突破性技术创新的市场实现阶段,不断接收来自市场的反馈并纳入产品开发构想,有利于突破性技术创新取得市场的认可以及技术和产品的演化和扩散。[②] 突破性技术创新与其他技术创新的区别,不仅仅体现在技术的新兴性和市场的不确定性两个独立维度上,更体现在技术与市场相互作用机制的独特性上。

总之,从突破性技术创新的内涵看,邵云飞、詹坤等认为,突破性技术创新可以定义为科学前沿研究与新兴技术相结合而产生的创新变革,它能够带来产业技术架构与组件双重变革和市场颠覆,引领技术及产业发展方向。站在新一轮技术变革的浪潮,企业要想在市场竞争中获胜,关键是把握突破性技术创新的技术与市场发展规律,把市场需求与技术创新紧密地结合起来,破除创新的掣肘因素及传统发展的惯性,推动自我革新、自我超越及价值战略调整,构建新的创新链与价值链的空间,促进突破性技术创新的孕育与涌现,不断推动

---

① 参见蒋军锋、李孝兵等:《突破性技术创新的形成:述评与未来研究》,载《研究与发展管理》2017年第6期,第115页。
② 参见徐蕾、魏江等:《双重社会资本、组织学习与突破式创新关系研究》,载《科研管理》2013年第5期,第46页。

创新链、技术链、产业链、价值链融合发展。

从突破性技术创新孕育发展看，它贯穿于从科学研究到市场实现的整个过程，揭示着技术与市场在不同阶段的间隙均衡的交替变化规律。在技术与市场的结合过程中，突破性技术创新主要经历了"科学研究（模糊前端）→技术研发（范式竞争）→知识物化（主导设计）→市场实现（商业化）"阶段。通过梳理现有文献，从知识创新、组织学习、创新过程和伙伴选择等维度研究了突破性技术创新的形成机理或演化过程，但这只是识别了一般性的技术创新或产品创新，没有考虑变革环境下企业基于价值共创、跨界创新所进行的突破性技术创新等因素。

从突破性技术创新演化的角度看，突破性技术创新具有高度的不确定性、不连续性及跳跃性等特征，常常伴随颠覆性的科学技术产生，引起产业技术架构与组件的巨大变化，产生新的消费市场，催生与以往不同的商业模式。然而，已有研究更多关注单一技术范式与演化轨道、创新扩散与生命周期，较少关注突破性技术演化路径的非连续、非线性等问题，且对突破性技术创新扩散过程中的无边界现状和立体状结构缺乏研究。此外，"静态视角"的传统竞争理论无法有效解释动态环境中突破性技术创新过程中"演进轨迹→扩散路径→商业实现"的互动。因此，现有研究亟待聚焦于突破性技术演化的非连续性特征，探讨不同阶段技术与市场对演化路径的影响，挖掘突破性技术创新的演化轨迹与扩散规律，以明晰商业价值的实现方式。

在大数据、云创新时代，产业与市场环境发生的深刻的变化，对企业的传统价值链带来了破坏性。[①] 从企业角度讲，竞争对手和合作伙伴可能来自不同的跨界领域，具有刚性和单一性的传统经典竞争优势理论在全球化和网络化背景下不再适用，实施突破性技术创新的企业必须重新思考企业竞争优势的来源。企业进行突破性技术创新需要不断适应技术变革和环境变化。企业需要通过优化内部与外部价值网络活动、积累资源与能力、有效利用内部与外部资源、构建企业组合生态圈、协调和优化合作伙伴间的关系及能力来实现开放共

---

① 参见邵云飞等：《突破性技术创新：理论综述与研究展望》，载《技术经济》2017年第4期，第35页。

赢。在互联网+的创新发展浪潮中，不论是技术创新，还是商业模式创新，都与互联网密切相连。

### 三、突破性创新的策略选择

突破性创新一般都要经过思想形成、解决问题、基本实现三个阶段，简单地讲就是把解决问题的方法或发明推向市场。因此，研究突破性创新的战略和策略至关重要。

首先，着眼于价值观念体系的突破与突破性创新思想的形成。[①] 任何一种创新活动都以一种新理念、新思想的形成为基础。这种新理念、新思想是基于一种人与自然或人与人之间的新型关系的发现。而这种发现又进一步依赖于对自然规律和社会发展规律的深刻认识以及对人的需求的更清楚的理解，将这几个方面有效地结合起来，创新理念和思想就会得到确立。人才的创新活动通常起始于技术可能性跟人类社会需求的有机结合。而这种结合，也就是一种人类社会活动价值目标的发现。创新的最终目标是要创造出更多的新价值。

人才在创新活动中如何不断创造新价值呢？人类社会的最高利益就是为整体社会的利用。价值主体通常是指人类社会整体。人们探讨创新的价值，这时的价值客体就是创新主体的活动或者创新主体研发生产出来的新产品。价值是由创新主体即生产者创造的，但它由消费者即市场来决定。创新的主体要立足于用户的需求，通过与用户对话，为具有特定功能以特定价格提供的产品来精确定义价值。要实现这些创新价值，首先要确立正确的超前的价值观念，作出创新方向和创新活动的正确选择与判断，沿着正确的轨道进行。因而要创建创新价值观念体系，也就是要对生产者与消费者潜意识中的关于某产品或者商品、服务或与两者的结合功能、可靠性、便利性、价格等方面因素的综合权衡，有利于创新价值观念体系更好地指导各种创新活动的开展。

任何创新尤其是突破性创新，都与价值观念和价值新思想的选择与确立有关。譬如，我国著名的量子信息学家郭光灿院士，从学习研究量子力学，转到研究探讨量子光学，再转向量子信息，提出了用量子力学经典理论的方法研究

---

[①] 参见曹山河：《关于创新的哲学研究》，海口：海南出版社2005年版，第150、151页。

量子世界的奥秘已经走不通了,必须用量子信息技术打开研究量子世界的大门。① 35 年前郭光灿在研究量子光学时,量子光学领域的研究在国外早在 20 多年前就开始涉足,而国内学术界几乎无人问津,这是一个大冷门。20 世纪 90 年代初,当量子信息作为一门新兴学科在国际学术界悄然萌芽时,郭光灿就敏锐地意识到,这是极富生命力的崭新发展方向,是中国可能在国际学术界获得一席之地的大好机遇。然而,搞好科研,仅凭一腔热血还远远不够。在提出量子信息之初,这一想法遭到了不少质疑:量子信息理论能否具有说服力?量子光学尚处于起步阶段,量子信息能搞成吗?郭光灿这样回答:"要以搞'两弹一星'的精神来推动量子信息的发展,以抢占先机。"有了这样的论断,他又一次选择了"冷门"。郭光灿创新的成功实践告诉我们,只有超前的正确的创新理念和创新思想的形成,才能在创新的实践活动中走向成功。进行创新可以沿着两条不同路线进行:一条路是持续不断地改善产品的某一种或几种性能;另一条路是破坏或者重新规定性能轨道。沿着第一种思路的创新就是常规性创新,沿着第二条思路的创新就是突破性创新。

其次,着眼于突破性创新共同规律的探索。突破性创新的过程就是不断解决重大问题的过程,在这个过程中也就是突破性创新思想的孕育和发展过程。当一个全新的价值体系被确立之后,创新的目标就会明朗起来,随着之后的问题就是要探寻在现有的条件下如何解决问题实现目标,这是一个解难题的过程。虽然突破性创新是一种人类社会实践方式的根本性转化过程,其解题路径具有很大的不确定性,但可以通过对历史上大量的创新活动进行分析,从而找到一些突破性创新的共同规律。总结和掌握了这些规律就可以指导随后的创新实践活动,使创新少走弯路、缩短时间,提高创新的成功率。

从目前的文献收录可知,发明问题解决理论(TRIZ)是人们通过对大量的创新案例的分析归纳出来的一种比较有影响的创新方法。TRIZ 是俄文首字母的缩写,内容解释为解决发明创造问题的理论。国际著名的 TRIZ 专家赛弗兰斯基(Savransky)博士给出了 TRIZ 的如下定义:TRIZ 是基于知识的、面向

---

① 参见徐靖:《搞科研就是为了国家强盛》,载《人民日报》2018 年 10 月 3 日。

人的解决发明问题的系统化方法学。① TRIZ 的提出源于以下认识，大量发明面临的基本问题和矛盾（称之为系统冲突和物理矛盾）是相同的。只是技术领域不同而已。在现实的创新活动中，同样的技术发明和相应的解决方案一次次地在发明创造中被重新使用。将这些同样的创新活动所涉及的有关的知识进行提炼和重新组织，形成一种系统化的理论知识，就可以用所形成的理论指导后来新的发明创造、创新和开发。解决发明创造问题的理论核心技术是技术系统进化理论，这一理论指出，技术系统一直处于进化之中，解决冲突是进化的推动力、进化速度随技术系统一般冲突的解决而降低，使其产生突变的唯一方法是解决阻碍技术系统进化的更深层次的冲突。

第三，着眼于创新问题的解决方法探索。根里奇·阿奇舒勒（G. S. Altshuler）依据世界著名的发明专利，研究了消除冲突的方法，他提出了消除冲突的发明创造理论，建立了消除冲突的基于知识的逻辑方法，这些方法包括发明创造原理，发明问题解决算法及标准解。TRIZ 理论有以下基本观点。②

1. 目标：理想技术系统

TRIZ 认为，对技术系统本身而言，重要的不在于系统本身而在于如何更科学地实现功能，较好的技术系统应是再构造和使用维护中消耗资源较少，而能完成同样功能的系统。理想系统则是不需要建造材料，不耗费能量和空间，不需要维护，以及不会损坏的系统，即在物理上不存在，却能完成所需要的功能。这一思想充分体现了简化的原则，是 TRIZ 所追求的理想目标。

2. 比较：缩小的问题与扩大的问题

TRIZ 将所有的问题分为两类，即缩小的问题和扩大的问题。缩小的问题致力于使系统不变甚至简化，而消除系统的缺点，不断完成改进和提高；扩大的问题则不对可选择的改变加以约束，因而可能为实现所需功能而开发一个新的系统，使解决方案复杂化，甚至使解决问题所需的耗费与解决的效果相比得

---

① 参见曹山河：《关于创新的哲学研究》，海口：海南出版社 2005 年版，第 152、153 页。
② 参见曹山河：《关于创新的哲学研究》，海口：海南出版社 2005 年版，第 153、154 页。

不偿失。TRIZ 建议采用缩小的问题。

3. 化解：系统冲突

系统冲突是表示隐藏在问题后面的固有矛盾。如果要改进系统的某一部分属性，其他的某些属性就会恶化。这种问题称作系统冲突。这是 TRIZ 的一个核心概念。典型的系统冲突有重量—强度、形状—速度、可靠性—复杂忹冲突等。TRIZ 认为，发明可认为是系统冲突的解决过程。

4. 认知：物理冲突

物理冲突称为内部系统冲突，是指同一物体必须处于相排斥的物理状态，也可以表述为：为实现功能 F1，元素应具有属性 P；为实现功能 F2，元素应有对立的属性 P1。如果互相独立的属性集中于系统的同一元素上，就称为存在物理冲突。根据 TRIZ 理论，物理矛盾可以用三种方法解决：把对立属性分别在时间上、在空间上加以分割和把对立属性所在的系统与部件分开。

总之，要在利用 TRIZ 解决问题的过程中，首先将待解决的技术问题或技术冲突表达成 TRIZ 问题，然后利用 TRIZ 的工具。如发明创造原理、标准解等求出该 TRIZ 问题的普适解或模拟解，最后再应用普适解的方法解决特殊问题或冲突。TRIZ 认为，一个问题解决的困难程度取决于对这个问题的描述或程序化的方法，描述得越清楚，问题的解决方案就越容易找到。TRIZ 中发明问题求解的过程，实际上是对问题不断的描述、不断的程序化的过程。如何运用程序解决问题非常重要。ARIZ 为解决发明问题的程序，是 TRIZ 的一种重要工具，是解决发明问题的完整算法。这个算法采用一套逻辑过程逐渐将初始问题程序化。ARIZ 中，冲突的消除有强大的效应知识库的支持。已有的知识能解决冲突，说明创新问题有解，反之不能解决冲突，说明创新问题不好解决。应用 ARIZ 的关键在于没有理解问题的本质前，要不断地将问题进一步细化再细化，一直到确定了物理冲突。TRIZ 的目标就是把创新问题转化为常规问题，利用前人的创新经验进行获得创新问题的解答。如图 4-2 所示。

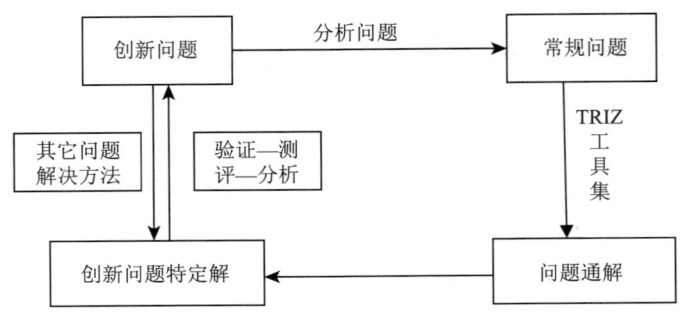

**图 4-2　创新问题解决流程示意图**

来源：曹山河，《关于创新的哲学研究》，海口：海南出版社 2005 年版，第 155 页。

上图为 TRIZ 问题解决流程示意图。TRIZ 理论主要是解决创新问题设计中怎样做的问题，对设计中具体做什么的问题未能给出合适的方法。质量功能布置即 QFD，能够解决做什么的问题，稳健设计则特别适合于详细设计阶段的参数设计，将 QFD、TRIZ 与稳健设计集成，能形成从产品定义、概念设计到详细设计的强有力支持工具。因此，这三者的有机集成已成为设计领域的重要研究方向，也是创新问题的通常使用方法。

第四，着眼于基础研究夯实突破性创新的基础。突破性创新的起点来源于新的价值体系的确立，而新价值体系的实现往往需要探寻到一种新的效应关系。这种效应关系就是客观存在着的但尚未被发现或已发现或未被充分利用的自然规律或社会发展规律。自然规律和社会发展规律是一种效应。在创新活动中，必须充分利用这种效应以满足人类社会不断发展的需求。效应是多种多样的，有物理的、化学的、生物的以及社会方面的。每一种创新都会利用一种或多种效应。突破性创新常常表现为对一种新的效应关系的利用。由此可知，基础研究在突破性创新中具有特别重要的意义。

发现自然界的内在规律是基础研究的主要目的所在。基础研究往往使科学家发现全新的自然现象、自然规律或自然事物。这种全新的发现往往是重大创新的源头活水。在现实的创新活动中，谁能把一些全新的自然现象、自然规律或自然事物与人类的需求结合起来，往往谁就会形成重大的突破性创新。在科技创新史上，X 射线、电磁波、电流磁效应等重大发现，就直接导致了 X 光照相术、无线通讯、雷达、有线电报等突破性创新的诞生。如果将基础研究所产生的理论成果应用到实践中，往往会产生全新的技术原理，并进而引发重大的突破性创新。譬如，原子弹爆炸的原理源于爱因斯坦狭义相对论的质能方程 $E=mc^2$。1905 年，爱因斯坦在《论动体的电动力学》中提出了狭义相对理论，并推出了质能方程，该公式表明所有能量均来自质量、质量与能量是可以相互转化的。爱因斯坦预言，质能互变现象最有可能在重核原子蜕变为轻核原子过程中观察到。1939 年，德国物理学家奥托·哈恩（Otto Hahn）在做中子轰击铀原子的时候，发现了铀核裂变反应，从而验证了爱因斯坦的预言。这个实验结果公布后，诸多物理学家马上想到可用该原理制造出威力巨大的原子弹。

世界上诸多发展中国家与先进国家相比，在基础研究上是不具有比较优势的，在发展初期把有限的资源集中于应用开发无疑是合理的，但因此忽视基础科学研究的长远影响则是不明智的。中国仍属于发展中国家，有的地方政府强调应用研究开发，而忽视了基础研究，从短期看好像见效快，但从长期看这些地方很难有重大的突破创新产生，这将带来一些有影响力的新产品、新产业少，导致地方经济发展的带动力不强。因此，我国应该吸取日本的教训，借鉴 19 世纪落后的德国在赶超英国时注重基础科学研究的经验，建立起适应于新时代新知识经济发展的中国国家创新体制。

## 第三节　持续性创新

任何重大的技术创新都会引起创新群和一系列连续的创新，这就是持续创新过程，它跟随在重大的变革之后，伴随着一个新产业的成长和老产业的再生或衰亡。持续性创新就是指能持续的创造新价值的创新。持续创新强调的是新价值的持续产生这样一种结果。但它并不意味这种创新是一个渐变的过程。事实上，持续创新应该是一种渐变与突变有机结合起来的创新。完整的持续创新过程应该是从常规性创新到突破性创新再到新的常规性创新的多次循环过程。

### 一、持续性创新的基本特性

欧洲联盟资助立项的"21 世纪的持续性技术创新政策研究项目"于 1999

年提出了持续创新的两个不同含义。① 一是持续性创新是创新过程或产出具有持续性目标的创新，主要是基于经济管理科学领域的创新理论的持续创新定义，强调创新过程的持续性和产出（创新效益）的持续性目标；二是持续性创新是创新过程或产出具有改进环境质量的目标的创新，主要是基于可持续发展理论的持续创新定义，它强调创新过程或产出具有改进环境质量，与可持续发展相一致的目标，但不一定强调创新过程和产出的持续性。

一是持续性创新的人本性。一个创新能不能持续，关键是人的创新动力和创新能力问题，也就是要真正解决"人的创新活力"问题。任何创新的主体都是以人才、企业家及其领导下的创新团队为核心。创新能不能持续创造新的价值是根本，决定着持续性创新成败。具体讲就是要解决好人的需求与供给之间的关系问题。要培育人的合理需求和创新需求，使人们的需求保持一种合理的需求度，增强持续创新动力。正确处理好创新需求与供给之间的关系，既不要使人的需求预期或期望值过度高于现有的经济社会发展条件，也不要使"供给"远远满足不了人们的需求。从本质上讲，持续性创新就是以人为核心创造新的价值不断满足人的需求，体现了持续性创新的人本性的鲜明特征。

二是持续性创新的持续性。创新行为的持续发生是持续性创新的首要特点。持续创新要求创新主体不能抱有惰性心理，取得了某一突破性创新一定不能有松懈下来的思想。因为现实社会竞争异常激烈，创新的模仿和扩散非常迅速，只要稍有松懈就会被别人模仿创新赶超、并被挤垮。而且原来的创新还会有较大的提升和完善空间，必须不断的连续跟踪创新。要建立和完善创新供给效能和供给度。在需求侧与供给侧矛盾的双方，供给侧是矛盾的主要方面。一方面要健全创新的体制、文化、环境和社会流动机制，做到尊重、鼓励和支持创新，另一方面又要关注和研究社会和人的需求层次，做到有针对性地精准"满足"，提供高质量的公共服务。

三是持续性创新的目的性。创新的目的就是创造出新的价值。持续创新必须持续地创造出新价值。对于企业而言，持续创新的目的在于获取持续的竞争优势或盈利能力，进而获取潜在的利润。一些已经取得了一定成功的企业，大

---

① 参见曹山河：《关于创新的哲学研究》，海口：海南出版社2005年版，第172、173页。

多数都在进行持续创新,但有大企业最终被一些名不见经传的小企业挤垮了。究其原因不是因为它们没有持续的创新行为,而是没能持续地创造新价值,特别是价值观念体系没有创新。因此,持续性创新的目的就是持续不断地创造新的价值,必须连续不断地更新价值观念体系,不断延伸技术链、产业链和价值链。

四是持续性创新的融合性。常规创新与突破性创新的有机结合是持续性创新的重要特征之一。常规性创新是在现有的创新范式指引下,将产品的某些性能不断地进行改进提高和完善。突破性创新是改变原有的价值规范体系,形成新的创新范式,持续性创新则要求将常规性创新与突破性创新有机地结合起来。许多事实证明,一个国家、地区或者一个企业,要在竞争中获胜就必须进行持续创新,而要持续的创新就必须把常规性创新和突破性创新有机地结合起来,把两者的优势融合起来就是持续性创新的优势所在。

五是持续性创新的系统性。从宏观来讲,持续性创新与国家的发展导向、政策支持、人文环境、市场需求密切相关,不仅仅是单纯的技术创新范畴的事情。从微观而言,持续创新对企业决策很重要,是企业创新活动和获取竞争优势的核心内容之一。持续创新是企业在市场、原材料、技术、工艺、组织等方面持续不断地进行创新的过程,在这一过程中,企业的各种生产要素相互联系、相互耦合,共同形成了一个综合性的、具有强大功能的企业持续创新系统。

## 二、持续性创新的原则把握

持续性创新要遵循科学的原则,即坚持以持续的创造新的价值为根本性目的,以适应新变化为根本性宗旨,以培养创新人才为根本性出路[①],把"三个根本"贯穿到持续性创新的实践中,可以使创新方向明确、方法对头、措施对路。

### (一)创造新价值原则

必须坚持以市场为导向,以持续创造新价值为目标。一是持续性创造新价

---

① 参见曹山河:《关于创新的哲学研究》,海口:海南出版社2005年版,第176、179、182页。

值,二是坚持市场导向,这两者是紧密联系在一起的。要实现新价值必须通过市场转化为创新的实践应用成为商品。失去市场导向的创新是无法实现获利和实践应用价值的。持续创新追求系统的持续生命力,提高企业市场的竞争力,为人类社会持续创造新的更多的价值。当然,持续创新的目标不仅仅是为了稳定获利,因为稳定获利和持续创新本身都是手段而不是目标。从微观来讲,对于一个企业或企业家来讲,其实都有一个高于稳定获利的目标。譬如,微软的创新目标不仅仅是为了获利,更重要的是让全世界每个办公桌上都有使用微软技术的计算机。微软把不断地提高和改进软件技术,并使人们更加轻松、经济有效而且更有趣味地使用计算机作为公司的使命和长期发展战略。因此,创新也好,获利也好,都是为企业达到更加宏伟的目标而采取的不可或缺的手段。怎样才能对创新的现实进行评价呢?最好的方式是发挥市场对创新的选择作用。创新以市场为导向,实质是以消费者的利益为根本。持续创新要以市场为导向,就是要把消费者的利益摆在第一位。持续创新机制实质内涵是创新人员获得的收入与其做出贡献的一致性,人才创新的贡献越大则收入越高,收入越高就应当有较大的贡献。同时,持续创新利益机制应当具有普惠性,让绝大多数人在创新中受益。如果持续创新机制只能让少数人受益,而绝大多数人不能从创新中获利,这样的创新是没有生命力的,也是不可持续的。这里要说明的是,在企业里搞科研、创新与在学校里搞科研、创新是不一样的。虽然都是创新,但最终的表现形式发生了新变化,主要是评价的标准、收益的方式变了,创新的方法和策略也应该相应改变。企业技术创新最终以产品的形式表现出来,光有满意的实验结果、高水平的论文和各种奖项、荣誉是不够的,最终是市场说了算。因此,成功的创新,跟职称、学术地位、新的研发经费的投入不再有必然的联系,而是看消费者、客户、市场占有率和令人满意的利润回报。无论多么先进的技术,产品市场销售不行、投入回报不行、收不回资金,都等于前功尽弃。这说明,企业的创新涉及的环节更多、更复杂,从技术成果到新产品孵化,从产业化到市场销售,任何一个环节出了问题,整个创新的链条都会被打断。

**(二)适应新变化原则**

创新活动体现了一个"变"字,变则通、变则活、变则新。变化是永恒的、绝对的，不变才是暂时的、相对的。世界上只有一个字不变就是"变"。创新实质上是一个弃旧图新的过程。持续性创新要不断地根据环境的变化调整自己的创新行为。强调"变"并不是舍本逐末，纯粹为了变而变。相反，坚持"以应变为宗旨"是基于对客观环境的尊重，主动地去适应新环境、不断突破自身、超越自我，追求可持续的成长。新陈代谢是生命之源，新陈代谢一旦终止，生命将会完结。创新也是如此，人才必须研究变化。世界在变、中国在变、市场在变、环境在变；人们的观念在变、需求在变、竞争对手也在变，人才只有研究变化，才能预测变化，适应变化，应对变化，创造变化，在变化中创新，在创新中发展。变化是企业发展的真谛。一个企业、一个产品，必须具备时代性。时代在变，企业、产品也必须变。创新的过程，往往是变不可能为可能。人类的创造力把许多不可能变为了可能，而一个可能性的诞生，又会带来诸多新的可能，以此循环渐进变化，人类一步又一步走向未来，从不可能走向可能。例如，新加坡是一个没有资源能源的国家，却依靠海港优势建成了世界第二大炼油厂；没有土地，却进行填海造田；没有淡水，却能从马来西亚引入水源，把一个个不可能变成了可能。哥伦布能在光滑的桌面把鸡蛋立住，体现了求异创新的探索精神，难怪能够发现新大陆的不是别人，而是哥伦布。

### （三）培育新出路原则

培养创新人才是持续性创新的根本出路。在人才创新的实践中特别是持续性创新，都要通过人才创新这个根本和人才创新这个载体来实现。从知识创新的二重性看，都不是根源于知识与创新本身，它是作为主体的社会与人的镜子，是作为矛盾统一体的历史的产物。人类社会的发展史就是在理性与非理性、效率与非效率、进步与代价的交织中得到发展的。知识的误用还要依靠知识的发展得以纠正，创新的浪费还要依靠进一步创新加以遏制，问题与解决问题的手段是同生共长的。知识创新活动本身是不完全、不完善的，它只有通过人自身不断否定的创造性活动，才能使从不完全得到弥补、从不完善得到改善。作为经济与社会活动的知识创新，是人"为自己创造新的生存条件"的不懈努力。知识创新具有多种功能，产生了多种效应，归根结底，它应该是有利于人的生存与发展的。对知识创新的价值与意义作出评价，必须从人的维度出发。知识创新活动的产物,无论是新的产品、还是新的关系、新的行为,其主要功能在于改善人的生活环境,提高人的生存质量,进而改造人本身。从人的维度评价知识创新,是从人本身的价值标准出发,评价知识创新活动对于人所产生的效果与效用,这包括知识创新活动及其成果与人的主体性、本质力量的关系,知识创新的对象化对人的需要与满足的作用,知识创新的社会化对于人的塑造与人的文明的影响,知识创新与人的进化、人的解放的关系,知识创新对人的生存与发展带来的问题和负效应等等。人的价值标准是一个系统,对知识创新的人文评价也应该是系统评价,从人的完整本质与全面发展的要求来掌握。① 因此,不论是从马克思提出的经济标准和人的标准的统一性看,还是从知识创新的二重性看,人特别是创新人才的创新的根本,更是持续性创新的根本动力之源。在创新的实践中要有一套专门的培养人才的思路,才能找到持续性创新的根本出路。在创新人才培养和激励方面,要不断推陈出新,目的只有一个,怎样才能更好地留住人才、用好人才,怎样才能培养出新时代的创新人才。要从深化我国教育制度改革、科技制度改革、人才制度改革系统入手,在培养人才的创新意识、创新精神、创新思维、创新知识、创新能力以及创新人格方面下工夫,以务实有用的创新人才支撑持续性创新发展。

## 三、持续性创新的机制探究

持续创新的机制是持续创新的结构和机理。从历史的角度看创新,不难发现创新是一个不断持续发展的过程,而且创新的速率越来越快。持续创新不管是在过去、现在还是将来都与人类社会的发展相伴随。实质上人类社会发展的过程就是人类创新的过程,体现了历史的必然性。汤姆·本斯和 G.M. 斯托克认为,影响创新生产的当代社会环境有两大特点:② 一是工业企业规模扩大导致复杂性增加,这样内部创新的可能性已经具备;二是多种多样的制度关系和作用形成使发明成为可能。这里强调的是相关要素的复杂性成为创新的前提条件。有个专家认为创新是背景涌现的结果,"当充分的多样性的联系和一个适

---

① 参见颜晓峰:《创新研究》,北京:人民出版社2011年版,第402—405页。
② 参见曹山河:《关于创新的哲学研究》,海口:海南出版社2005年版,第183页。

当的结构在同一时间里发生时,更会产生一个突现现象",这种突现的结果则是创新的一种。创新的机制是复杂适应性系统,是从开放有限性→选择→竞争→合作→创新的阶段的产物。在局限性上,有限的要素、开放的系统以及要素之间的关系的多样性是创新的最基本的前提。任何人或组织都是局限性的产物,任何创新都是在进行不断突破局限的创新。在选择性上,选择是主体对潜在趋势的把握和对事物内在属性的发现和判断,是主体对事物多样性、可能性的取舍。在竞争性上,资源有限性必然在经济活动中通过竞争直接反映出来,激烈的市场竞争迫使企业在有限性中寻找突破。在创新的来源上,竞争不会直接产生创新,只有合作才是创新的直接来源。在表面上,竞争与合作是对抗性的,但实际上竞争与合作之间存在着内在的联系,竞争是外在的对适应性系统形成的压力,而合作则是对适应这种压力的一种反映。同时,合作还是应对创新风险的必要条件,多要素、多主体、多规则以及大量的资源聚集才能有创新。总之,资源的有限性与人类社会发展需求的无限性之间的持续矛盾,必然要求创新的持续不断地进行,人类社会的发展事实上就是随着一个矛盾的不断解决又不断再产生新的矛盾的持续过程。这一过程体现出人类社会的活动方式是一个变与不变的历史统一过程。

持续性创新的机理是一个系统性、集成性和适用性相互作用的过程。必须以战略的高度和组合的角度研究企业的技术创新行为。企业持续创新实质上是在企业发展战略引导下,受组织因素和技术因素制约的系统性协同创新行为。持续性创新并不是孤立的而是系统性的行为,必须把企业战略创新、技术创新、管理创新、工艺创新和市场创新有机地相结合起来,把突破性创新与常规性创新有机地结合起来,把理念创新、技术创新、管理创新、制度创新与组织文化创新结合起来,在创新实践中不断地集成技术、生产和市场各职能部门的工作,建立以企业为中心、以科研院所为依托、以客户需求为导向的创新系统,才能进行持续性创新,培育提高企业自主创新能力。因此,从根本上改变技术创新与管理的传统思维,必须从组合与集成的角度用系统的方法研究企业的持续创新行为。[1]

---

[1] 参见曹山河:《关于创新的哲学研究》,海口:海南出版社2005年版,第186—190页。

首先，产品创新、工艺创新和市场创新的协调发展。产品创新是企业活力和竞争力的基本表现。工艺是把作为软件形式的产品设计转变为现实产品所要采取的技术手段。产品创新和工艺创新都必须以消费者的利益即市场创新为出发点。产品创新和工艺创新为市场创新打下基础，市场创新是产品创新和工艺创新的延续和最终依归。

其次，常规性创新与突破性创新的有机组合。质量互变规律在一定程度上决定了突破性创新与常规性创新必然交替出现的可能。在实践中多数重视突破性创新而忽视常规性创新，特别是对突破性创新后的常规性创新的重要性相对认识不足，在渐进性产品开发上分配较少的资源，导致渐进性产品开发的作用发挥不够。相反，一些成功的企业很重视突破性创新后的常规性创新。常规创新虽然对提高各种生产要素的效率是极端重要的，但它只表现在现有产业的产出范围及其效率的改进上，而不能创造新产业。突破性创新是导致产业结构演进的主导力量，它会产生基本的产品创新，但它必须由长期的和大量的常规创新所辅助，才能使新产业成长为在经济体系中产生扩散性影响的主导产业。

第三，隐性创新效益与显性创新效益的相互组合。企业进行技术创新，不仅具有显性的经济效益，而且存在一些隐性的创新效益。而且这种隐性效益对企业发展有"长时效"的作用，但大多数企业只重视显性创新却忽视了隐性创新。企业创新项目将对组织创新行为产生影响，首先体现在知识存量上，现有的知识存量使知识的发展呈现出路径依赖性、并影响到企业未来问题的选择，现有创新项目会影响到企业技术范式的形成和发展。随着技术创新项目的深入进行，组织知识存量、技术范式、学习模式和组织秉性都将发生动态的演化，这种演化最终表现为组织技术能力的积累和提高。这是技术创新效益中最为核心的部分。

第四，组织创新与技术创新的相互协调。要根据组织创新的不同层次，建立相应层次的协调模式。在企业整体层次上，组织创新来源于市场竞争或技术经济范式的变革，更集中地表现为企业制度的创新，实际上是重建了技术创新的运行机制。在部门层次上，组织创新来源于企业的目标与战略，是为了适应市场竞争和更有利于技术创新而进行的部门目标的重新定位以及部门内部或部分部门间资源的重新配置。在项目层次上．组织创新来源于技术创新，是为适应具体的技术创新项目的需要而进行的即时性创新。

第五，持续创新文化与理念创新的相互衔接。企业文化是企业创新的源头活水。企业在技术创新上之所以有不同的表现，是由企业之间的文化差异所致。持续创新实质上是在持续创造新价值的目标指引下，受技术、组织、文化等各种因素制约的系统性协同创新行为。正如熊彼特把创新当作一个新的生产函数的引入一样，持续创新是从企业长远利益出发，对企业所拥有的或可获得的生产要素和资源进行优化重组的过程。持续性创新源于理念创新，理念创新是以文化创新为基因的。任何创新与文化相结合才能走向新的高度。

## 四、持续性创新的资源配置

在所有的创新资源中，创新人才和创新成果是最重要的资源，其配置能力如何决定着创新发展的绩效和水平，决定着创新的延续与发展。

发挥市场配置创新资源的决定性作用和人才主渠道作用。在盘活人才存量方面，打通党政机关、科研院所、企业事业单位、社会各方面人才流动渠道，采取公开招考和业绩评审的办法，为非公有制经济组织和社会组织创新人才开辟进入行政机关、国有企事业单位任职新渠道，促进企业、科研院所、新型研发机构、科技类社会组织创新人才有序流动，鼓励高等院校、科研院所设立一定比例的流动岗位吸引有创新经验的企业家和企业科研人员兼职，鼓励高等院校、科研院所的科研人员到企业兼职，畅通企业与科研院所之间的人才流动通道。在用活人才流量方面，充分利用专业性、行业性人才市场，引导各类人才和科研成果向创新课题和创新项目集聚，建立人才引进市场化供求机制，形成流量创新人才对存量创新人才的倒逼机制。在激活人才增量方面，进一步完善政府、企业、社会"三位一体"的人才培养体系，创建后备人才、储备人才市场化供给机制，强化创新人才战略储备库功能，把人才资源和创新成果的转化有效配置到重大创新项目建设之中，增强可持续创新能力。

用好创新项目成果交易平台和技术转化平台配置创新成果主通道功能。在技术成果转化方面，要围绕市场导向和面向基层发展需求，依托各类开发园区和创业园区，夯实持续性创新的技术基础；在技术交易方面，完善技术产权交易、知识产权交易等各类平台功能，促进科技成果与资本的有效对接，建立政产学研金相结合的科技成果转移转化长效机制，夯实持续性创新的制度；在技术服务方面，支持各类服务机构提供信息发布、融资并购、公开挂牌、竞价拍卖、咨询辅导等专业化服务，形成便捷高效的创新市场服务网络，为持续性创新提供优质廉价的要素资源，夯实持续性创新的载体基础。

创建创新资源配置的供求、价格、竞争机制。目前，我国在配置创新资源上存在着"一手硬"和"一手软"的现象，即"看得见的手"——行政手段配置创新资源力度大；"看不见的手"——市场配置创新资源较为薄弱，往往造成人才资源浪费严重。从全国看，一方面，地方政府对创新发展和创新人才需求迫切、积极性和期望值过高；另一方面，我国总体上呈现创新人才存量流动性不足、增量储备不足与创新成果总量不足、转移转化不足并存，市场化手段能够提供创新人才与创新成果供给不足与供给过度并存，供求关系的变化难以及时反映到价格上，导致市场配置创新资源疲软，原因在于缺乏竞争性的制度安排，出路在于推进创新资源供给侧结构性改革。实践证明创新人才和创新成果主要是通过供求机制和价格机制实现。只有破除人才流动障碍，打破户籍、地域、身份、学历、人事关系等制约，才能实现人才跨地区、跨行业、跨体制流动，扩大创新人才有效供给，把创新资源集聚到创新项目建设中；只有打通科技与经济融合的通道，才能促进高等院校、科研院所、企业等创新主体及创新人才转移转化科技成果；只有通过技术市场挂牌交易、拍卖等市场化形式确定价格，才能提高创新人才与创新成果有效供给。总之，要用好利益分配杠杆，让创新人才获利，让创新企业家获利，才能把更多的创新成果和创新要素集聚到持续性创新中来，夯实持续性创新的制度基础。

坚持开放创新汇聚创新资源。从地方看，提高地方政府汇聚创新资源的能力，必须以全球化的大视野、大胸怀，引进外国人才，完善外国人才到岗工作、居留、永久居留法规条例，全面提升创新人才国际化水平；必须加强国际化科技创新合作，充分发挥各类自由贸易试验区、国际化合作研发机构，构建与国际发达国家联合研发、人才交流、知识产权、技术转移转化等综合性合作平台；必须抓住"一带一路"合作倡议的机遇，围绕本地重大科技需求，与相关领域具有创新优势的国家，建设一批联合研究中心和国际技术转移中心，建设一批国际科技合作基地和国际科技创新合作中心。

# 第五章　人才创新的实践路径

实践是检验创新成败的唯一标准，任何创新都要经过实践探索来完成。仰望新时代创新的天空，有很多很多的创新梦想期待我们去实现；站在新时代创新的制高点，我们必须脚踏实地、埋头苦干，用一滴滴汗水和一步步付出，攀登人类创新的高峰。人才创新的实践和路径有很多，没有固定的模式，但最为关键的是理论与实际相结合、现实需求与技术支撑相结合、自由创意与自主探索相结合，最终把创新成果转化为市场需求。人才创新的基础条件各不相同、千差万别，但有一条是最为重要的，就是找到适合自己特点的创新实践的方法和路子。人才创新的实践必须发挥个人与组织和环境的协同作用，才能使人才这个稀缺的资源释放出创新的巨大能量。因此，人才创新实践的路径应当是构建人才创新体系、搭建人才创新平台、丰富人才创新实践。这里的创新体系是实践的基础，创新平台是实践的关键，创新制度是实践的保障，三者构成了人才创新实践的"金三角"。

## 第一节　构建人才创新体系

目前，在我国"人才创新体系"是一个较新的概念，不同学者对人才创新体系概念的理解各有侧重，到目前为止没有普遍认同的定义。这里讲的"体系"，一般认为是为了一个共同目标而组成的一整套相互关联，它包括构成要素、要素间相互关系以及属性（功能）。构成要素是体系运行的主体，为体系的操纵部分；相互关系是要素间的相互依存联系，这种相互联系使得体系富有活力；属性是不同构成要素及相互关系的特性，决定着体系的特征。我们认为，人才创新体系应当是政产学研金相结合，为了一系列共同的社会和经济目标，通过相互之间的互动作用，而进行的有机组合的体系，其主要的活动是进行知识创新、技术研发、引进与扩散，各构成要素在此体系产生知识扩散和技术转移，进而建立互动机制，通过人才创新实践，增强人才创新绩效，以人才创新驱动经济增长。

## 一、人才创新体系的目标取向

人才创新体系不是一个封闭的体系，而是一种动态的、开放的、多元的、互动的模型，使人才创新能够通过人才与基础和应用研究相结合，主要是进行科技创新和商业化创新。人才创新体系的目标定位，应当建成一个以人才为主体、企业为阵地、市场为导向、应用为目的、创新为核心、政府职能转变为关键，构建政产学研金相结合的现代人才创新体系，加速推进人才与产业、与经济社会深度融合发展，提高人才的创新能力和人才的国际竞争力。

第一，构建人才创新体系，必须坚持政府引导与市场主导相结合。一方面，人才创新必须以市场机制为基础，最大限度地发挥市场在配置人才创新资源的决定性作用，使人才创新实践富有活力和效率。因为人才创新成果最终要转化为商品，要经过市场认可。没有市场认可的任何创新都是没有商业价值的。另一方面，在人才创新实践过程中，往往存在着技术的不确定性、市场的不确定性、权益分配的不确定性和政策环境的不确定性，以及市场机制在激励创新中的不完善等诸多因素，需要一定的政府干预，需要政府担负起应有的责任，特别是需要为人才创新营造良好的环境。

目前，我国多数企业和基层社会的创新能力偏低，人才创新成果在实践转化中存在着"肠梗阻"现象。政府可以在为人才创新体系营造良好的政策环境、法制环境和社会环境，以及通过政策、法规、规划、项目、采购、财政金融、服务等多种形式，有效引导人才创新活动开展，提高创新效率。在我国市场机制不完善和企业技术创新能力偏弱的情况下，政府对人才创新、技术创新的引导和扶持是必要的。因此，在完善人才创新体系过程中，必须考虑政府作用与市场机制的互补性，在市场机制失效或低效的领域由政府充分发挥作用。

现在，我国多数地区高层次人才的服务，主要是由政府职能部门及其所属机构负责服务管理，但是政府提供的这些服务一般只是基础性、普惠性的，而高层次人才在创新实践中的服务需求是个性化、专业性的，单纯由政府提供这样的服务是困难的，也是难以满足高层次人才创新创业服务需求的。构建人才创新体系，首先要处理好政府引导与市场主导的关系，既要发挥市场在配置人才创新资源的决定性作用，又要发挥好政府的有效作用，让"有形"的手与"无形"的手同时给力。

第二，构建人才创新体系，必须坚持开放创新与产学研融合。在我国进入高质量发展的新阶段，要实现经济的新旧动能转换、产业转型升级，需要靠人才创新来实现。在这样一个历史节点上，研究人才创新体系助力人才创新显得越来越重要。多年以来，我国创新体系的发展轨迹，在很大程度上体现为一种开放条件下的自主创新，或者说是不仅持续吸收全球的知识与资源，而且不断累积自身的创新基础和能力，是一个双轨交互的动态过程。

从改革开放最初的引进外资和对外贸易，到对外投资和跨国并购，再到近年来人才和要素的双向流动，实现了"引进来"和"走出去"相结合的互动方式，不仅得益于国家和地方的系统性的政策支持引导，而且在很大程度上得益于市场所发挥的决定性作用。这说明我国开放的国家创新体系是多种资源、多个主体，以及多种互动、扩散渠道共存的，人才创新体系必须在开放创新中丰富发展。

随着我国创新体系的不断完善，人才的创新生态环境也变得越来越开放。从国际上看，我国的创新者包括人才、机构、企业等，能够面向国际、国内两个市场，同时利用国际国内的要素、人才、资本进行创新。从国内看，创新者可以根据需要和创新生态体系中的其他参与者进行合作与互动，也就是说可以与政府、大学、科研机构，市场上的供应商、客户，以及投资人、各种中介机构和科技服务平台等在内的所有主体，进行广泛地合作交流和协同创新。从创新实践看,① 我国本土企业的优势主要集中在创新链的"价值捕捉"环节,在已有的技术基础上,进行适当改造,形成大规模的产业化生产能力。我国创新的未来升级之路需要把价值捕捉的优势逐步升级为"价值创造+价值捕捉",即更多关注创新链的前端即研究和开发阶段,在研发阶段就捕捉到有价值的方向,从而占住先机。从过去看,不论是企业实践,还是政府政策,都注重国际技术转移和技术本地化的结合;面向未来,我国需要更多的自主创新和合作创新,特别是要在全球范围内利用和整合创新资源,与全球各国的创新者们共创新技术、新产品、新模式。

人才开放创新不仅成为世界创新的新趋势,而且要与产学研融合发展。人才创新体系的完善和发展,首先要整合政府、高校、科研院所、企业等各种资源,瞄准科技创新创业人才培育主体、技术创新和成果应用主体、创新成果转化中间体、科技创新服务者,开展现代人才能力提升培训,提高人才创新能力。在"培"与"育"上同时发力,培养创新人才,在人才具有创新创业想法、创新创业能力的基础上,打通从创新创业培训到创新创业项目设计,再到项目推介、融资、落地、孵化的路径。② 一要邀请创业导师、专家团队为人才创新创业项目提供指导与服务,协助人才创新从项目完善、团队构建、市场定位等方面进行完善,提升项目价值。二要搭建好集资本、市场、技术于一体的对接平台,通过人才创新项目路演等形式,邀请融资机构、创业孵化器、天使基金等参与,帮助人才创新解决融资难、落地难等问题。三要搭建国际与区域交流及合作的平台,通过技术对接、产业合作、平台共建等形式,帮助人才创新项目获取人力、技术支持,协助人才创新项目进行推广,推动项目走向市场化。

人才创新兼具创造性、挑战性、高风险性,任何一个人才的创新都必须投入大量的人力、物力、财力。因此,构建人才创新的激励保障体系是必不可少的一部分。要加强人才创新服务工作的协同与合作,构建以高等院校为主体、

---

① 参见傅晓岚:《中国"国家创新体系"的未来:共创造、谋引领》,载《商业观察》2017年第6期,第54页。
② 参见龚稳等:《全链条式科技创新创业人才培育体系的构建与探索》,载《湖南人文科技学院学报》2018年第5期,第51页。

政府扶持、企业参与的立体培育模式，形成共同推进创新创业人才培育工作的合力。要进一步完善引才、聚才、育才、用才的政策与机制，实施人才创新工程，或设立人才创新专项基金等，对人才创新创业项目实施予以专项经费支持，提高各类人才创新创业的积极性。要整合项目、平台等科教、人才资源，通过实施重大专项与重点研发计划项目和构建各类科研项目创新平台，为人才创新成果落地、发展壮大提供全方位支持，营造支持创业、服务创新的生态环境。

第三，构建人才创新体系，必须注重发挥个人与组织环境协同作用。创新行为与环境因素关系密切。越来越多的研究表明，组织环境因素对人才的创新能力有明显影响。人才的创新能力是个体与环境相互作用的结果，情境性与社会性的环境同时对创新活动产生促进或削弱作用。人才作为个体，必须在组织环境因素的协同作用下提升创新能力，实现创新梦想。

影响人才创新能力的组织环境因素较多。有学者认为，影响员工创新能力的组织环境因素有四类，即工作因素、人际与群体因素、组织文化与政策因素、资源丰富性因素。[①] 人才相对于员工而言，创新能力更强一些。我们认为，影响人才创新能力的组织环境因素可以划分为六个方面：

一是工作维度因素。创新能力同人才工作的复杂维度之间有着显著的正向关系，还与人才的创新目标有着较为密切的联系。在科研岗位一线的人才比在二线的人才创新能力要强，被分配了创新目标的人才与那些没有被分配创新目标的人才相比，更具有创造性。工作复杂性一方面有利于提高工作任务的信息丰富性，另一方面有利于激发深度信息加工，有利于提升工作兴趣和激活与创新相关的心理目标。

二是创新群体因素。诸多研究发现，一个人才创新的成功率与人际关系和创新团队密切相关。一般而言，创新型领导风格同人才创新水平之间存在正向关系，反之，保守型领导的控制行为同人才的创新之间存在负相关系。通常善于交际的人才协调能力强，能够及时捕捉到创新的时机和有价值的新

---

① 参见章凯等：《组织环境因素影响员工创新能力的动力机制探索》，载《安徽大学学报（哲学社会科学版）》2012年第4期，第150—155页。

知识。同时，人才在现有的工作环境中需要依靠从其他人那里获得隐性的知识，通过学习交流和暗示来形成对自身创造力的认知。具有高创新能力的个体通常是跟随创新能力高的人学习，或者受到创造性模范的影响。一个人所处的创新群体能力越强，越能提高自己的创新能力，一般创新的成功率就越高。

三是合作协同因素。当今时代的创新已转化为竞争与合作共赢的创新，更多的创新是团队式的创新、战略联盟式的创新、协同式的创新。人才作为个体在创新的过程中，不仅要有丰富的专业知识和较高的研究能力，而且要有合作交流、协作协同的能力，才能在创新实践活动中取得成功。实际上人才创新的过程，就是不断地与课题组合作、与团队合作、与项目合作的过程，这种合作、协作能力的高低，往往决定着创新的成败。

四是政策导向性因素。长期以来，在我国创新体系中，创新的主体企业与创新人才培养和学术研究的大学和进行基础研究、应用研究的科研机构，多数是互动联系不紧密，有的自成一体，企业在研发上与大学和科研机构的互动合作不频繁，而大学和科研机构进行科学研究的经费依赖于政府各种研究资助，缺乏与企业互动合作动力以及激励机制。这种现象使诸多人才创新因为缺资金、缺合作平台而难以付诸实践创新活动。虽然各地已经创建了产学研联合互动机制，但企业、高校和科研机构的深度合作和互动交流仍然不足，尚未形成通过市场化运作模式，增强三者的互动联系，形成企业、大学和科研机构"三位一体"的深度合作融合机制。因此，要加快研究制度产学研战略联盟激励政策，鼓励企业、高校和科研机构共同组建产学研战略联盟。

五是组织文化因素。文化往往是创新的源泉。诸多研究发现，当组织文化显示出愿意承担风险和挑战的特征的时候，组织就更有创新性。还有学者认为，创新的气氛是研发创新最重要的因素。从本质上看，如果一个群体高度重视创新，有鼓励创新、宽容失败、倡导批判性思维的浓厚文化氛围，那么这个群体中的每一个人都更易于接受新的想法，更易于交流，更易于从他人那里寻找新的想法，而这些行为都会促成创造性的结果。企业家精神、企业文化等，都是创新型组织文化与组织气氛。如果一个组织形成了领导重视创新、鼓励承担风险，不回避不确定性这样一种文化，那么人才创新在心理上感到安全，创新的内生动力会更足。从国内外成功创新的实践看，凡是实现颠覆性创新、重大突破性创新，往往都是来自思想的蜕变和观念的更新，说到底都是深层次的创新文化起关键作用。

六是资源适配性因素。人才创新活动需要有丰富的创新资源作基础，这种资源简单地讲就是要有充足的时间、必要的物质资源、差异化的人力与信息资源。如果创新资源缺乏，或者达不到一定的适配性，一般很难创新成功。人才有充足的时间进行创造性思考是创新的必要条件之一，尤其是那些进入痴迷创新阶段的人们更需要安静和充足的时间。人才创新还需要一定的研究经费、实验设备、孵化中试等物质资源。差异化的人力与信息资源对人才创新也很重要。人才本身就是资源，应当多与不同专长的人交流，从而获得进行创造性活动所需的知识。创造性想法的产生和执行往往需要不同的个体或团队的投入和支持。

## 二、人才创新体系的框架设计

人才创新体系在我国是一个新概念，目前尚未找到人才创新体系的框架设计方面组织环境因素影响员工创新能力的动力机制探索的文献。人才创新体系作为一种分析框架，其实质上是把构成和影响人才创新的诸多因素和要素都纳入对人才创新的理解框架范围内。人才创新体系应当是在组织上和制度上的各种要素相互作用和合力作用的结果，这里应当着力强调各要素的互动作用和相互依赖。从组织上讲，人才创新的主体是企业、高等院校、科研院所、教育培训和中介机构，其中企业是人才创新最为重要的组织。从制度上讲，人才创新主要是用以调节人才个体与团体以及组织之间的相互关系和互动的一整套共同的习惯、规范、常规、习惯做法、规章或法律，主要包括政府出台的政策、法律法规、专利法，以及对高校和企业间关系的规则规范等。从组织与制度的关系上讲，一方面，组织是根植于特定的制度环境中的，制度确定人才创新活动的激励机制，塑造着核心内在的组织，制约和牵引着组织间的相互作用关系；另一方面，制度也根植于组织之中,制度规则是与人才、企业等组织创新活动密切相关的。人才创新体系各要素之间存在着复杂的联系,人才创新体系内各构成要素在创新活动中的功能定位,要素之间的相互作用及联系决定着人才创新体系的绩效。

我国的人才创新体系的构建,要在学习借鉴美国、日本等发达国家创新体系的基础上,结合我国实际进行引进消化吸收再创新。我国的人才创新体系的构成要素,可以设计为创新能力培养系统、知识创新系统、技术转化系统、政策导向系统、科技中介服务系统、产业孵化系统。创新能力培养系统主要是围绕培育创新人才,打造创新人才培养协作体,创建人才创新实践基地,提高人才创新的本领;知识创新系统主要是实现科研院所与高等教育的有机结合,实现从知识引进、知识学习到知识创新、知识生产,创造出有自主知识产权的有价值的新知识;技术转化系统主要是以人才为主体、企业为主阵地、市场需求为导向,把人才创新创业与产学研有机结合起来;政策导向系统主要是从政府的角度,为人才创新提供政策激励和法规保障,营造良好的创新环境;中介服务系统主要是承接政府职能以外的人才服务,发挥社会化和市场化的作用,为人才创新构建社会化和网络化的服务体系;产业孵化体系主要是打造人才链与创新链、产业链的深度融合,目的是通过人才创新促进产业发展。

我国创新体系由企业、政府部门、高等院校、科研院所和技术中介等多个系统组成,各子系统的地位和作用各不相同,又密切联系。人才创新体系也是同样的道理,划分为创新能力培养系统、知识创新系统、技术转化系统、政策导向系统、科技中介服务系统、产业孵化系统等六个子系统,这六个子系统相互协调、互动融合、相互促进,共同推进人才创新工作的顺利进行。人才创新体系效率与效益水平的差异取决于六个子系统构成的整体运行效率。人才创新体系的构建是一项系统性工程,如何充分发挥各个子系统之间协同效应的最大效用,是提升人才创新体系质量的关键。如图5-1所示,即"人才创新体系结构示意图"。

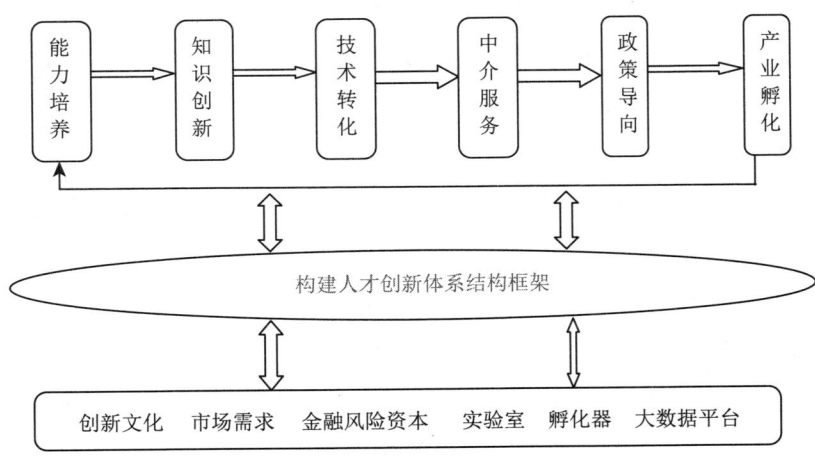

**图 5-1　人才创新体系结构示意图**

人才创新能力的培养是人才创新的源头活水，是创新的最基本的前提。人才的知识创新是整个创新的开端和前奏，没有知识的引进、学习和创新，就没有技术研发的突破。要从教育培训入手，实施"创新人才培养工程"。一要制定实施"人才培养计划"，对人才的知识、能力和素质等方面综合培养做出新要求和整体安排，并作为确定专业人才培养目标和规格的依据。二要制定人才培养行动规划，将人才培养计划付诸实践。三要进行"人才培养评估"，这是对人才培养计划、实施过程和实施结果的综合评价，其目的是在于实施人才培养过程中起着激励导向和质量监控的作用。我国应当加快构建创新人才培养体系，努力在人才培养的管理系统、激励系统、调控系统、结构优化系统和考核评价系统等多个方面，形成具有中国特色的结构优化和功能完备的有机系统。

知识创新系统是人才从技术研发到技术成果转化，从而使人才创新走向实践和成熟的关键。知识创新才有力量，知识如何进行创新呢？有学者认为，知识创新系统是包括知识产生、知识创造和知识应用的统一体。这是一个可以通过追求新发现、探索新规律以及积累新知识，从而实现创造知识附加值、谋取竞争优势的系统。这一系统主要由知识的储备、知识的配置网络和知识配置效率构成。[①]

---

[①] 参见《MBA 智库百科》中的"知识创新系统"内容。

知识的储备是人才创新的基础，知识的扩散具有逐级向下扩散的特点，等级越高，势能也越高。新技术、新思想的传播和扩散是以一定的接受能力为基础的。教育能力是提高创新能力的基础，受教育的广度比深度更为重要。知识的配置网络主要体现为"知识配置力"，即一个系统向创新者及时提供渠道，使其获得相关知识储备的能力。这里强调的知识配置力比知识的生产更为重要。知识的配置力影响到人才创新活动的风险性的大小，获得知识的速度以及社会资源重复浪费的程度。知识的储备在一定的时期内是不容易改变的，创新竞争能力的关键是知识的配置效率的不同。政府的政策制度目标就是为创新提供渠道的畅通，进而提高创新效率和降低创新风险。

技术成果转化系统是为提高生产力水平而对科学研究与技术开发所产生的具有实用价值的科技成果所进行的后续试验、开发、应用、推广直至形成新产品、新工艺、新材料，发展新产业等的活动。促进技术成果转化和科技成果产业化，已经成为世界各国科技政策创新的新趋势。科技成果转化的途径主要有直接和间接两种转化方式，并且这两种方式经常是相互包含的。科技成果的直接转化，主要是科技人员自己创办企业；高等院校、科研院所与企业开展合作或合同研究，与企业开展人才交流和企业沟通交流。科技成果的间接转化主要是通过各类中介机构来开展的。一般情况下通过专门机构实施科技成果转化；通过高校设立的科技成果转化机构实施转化；通过科技咨询公司开展科技成果转化活动。科技成果转化，首先是政府要制定有效的产业政策和相应的产业技术政策及产业结构政策，促使企业组织集团化。企业是科技成果转化和推广过程中的重要主体，使企业寓科技成果于产品开发和发展生产之中，真正成为促进科技成果转化的重要途径。高等院校、科研院所等科研单位是科技成果的供给主体，正逐渐发展成为基础研究的主力军、应用研究的重要方面军，以及高新技术产业化的生力军。第三方技术服务平台能够为广大科研工作者提供一个良好的技术支持服务平台，确保特别是研发阶段的顺利进行。

政策导向系统主要是为人才创新提供政策激励和法规保障。完善人才创新政策的导向系统，不仅具有重要的学术价值，而且具有重要的实践意义。① 一是有利于促进人才创新的政策科学化。政策导向是鼓励和激励人才创新的根本，寓于政策制定实施的每一个环节之中，并通过政策颁布实施体现出来。政策导向，可以从根本上促进政策制定的科学化，实现人才政策优化的目的。二是有利于政府有的放矢引进与开发创新人才。人才创新的政策导向就像海上的灯塔，引领地方政府有针对性地开发创新人才，最大限度地激发人才创新的积极性和创造性。三是有利于以人才创新推动和引领经济高质量发展。通过制定导向正确、明确的人才创新政策，培养与引进一批符合本地发展需求的人才，通过创新人才推动和引领产业结构转型升级，为地方经济发展带来新的活力。政策的制定实施与人才的开发使用可以产生形象的"渠水效应"。良好的政策可以聚拢人才、盘活人才、引导人才，同时还可以为人才创新提供优质服务和法规保障，优化人才创新的生态环境。

科技中介服务系统主要是以面向中小企业技术创新和提高竞争力为主，提供社会化、产业化服务的科技服务机构所组成的科技组织系统。科技中介服务机构的迅速发展，沟通了技术供给方与需求方的联系，是人才、技术与经济结合的切入点，是技术进入市场的重要渠道，对于技术市场化的进程有很大的推动作用。科技中介服务系统架起了技术转移和扩散的桥梁，成为推动科技成果转化和产业化的纽带。实际上科技中介服务是为提升科技创新能力、促进科技成果转化、培育科技型企业、发展高新技术产业而不断营造的一种环境，它能有效降低企业创业门槛、减少成本、化解风险、扩大社会就业、加快企业高科技的开发应用，还可以为转变政府行政职能发挥积极作用，政府推进经济和科技发展的各项政策的具体贯彻，都要更多地依靠科技中介服务机构来实现。

产业孵化系统作为人才创新的集中、有效的资源整合体系，从人才的产品研发到产品孵化、到企业孵化、再到产业孵化，是一个由低到高的创新发展演变过程。② "加速器"是从"企业孵化"到"产业孵化"的突破口，将形成产

---

① 参见喻晓雪：《优化地方政府创新人才政策研究——以苏州市地区为例》，苏州大学硕士论文，2017年，第2页。
② 参见季旭：《上海科技企业孵化器演变机制与功能提升研究——基于产业集群视角》，上海工程技术大学硕士学位论文，2015年，第26—29页。

业集聚效应，促进优势高科技产业的集约化发展。科技企业孵化器向产业集群的演变所形成的整体与入孵企业之间是相互依存、相互促进的，只有发挥入孵企业与产业集群整体各自的优势，形成集群发展的动力机制，科技企业孵化器才能实现可持续发展。从科技企业孵化器向产业集群的内生推动力看，主要是由集群内企业个体的核心的价值、竞争体系、协作体系和文化体系构成。从外生推动力看，只有具备宽松的政策、高效的政府管理、通畅的资金渠道、良好的服务体系，才能形成完善的科技企业孵化器外生动力要素。从科技企业孵化集群的生命周期演化过程看，在集群的形成的萌芽阶段和成长阶段主要是外生动力起作用，而在集群的成熟阶段主要是以发挥集聚效应为主的外生动力因素起作用。在政府层面上，企业加速器是区域进行自主创新的一个重要平台，可高效利用日益紧缺的土地资源，是企业集约化发展的新空间。在产业层面上，现代企业加速器是一个具有产业集聚效应的有机整体，促进创新型组织的集聚。在企业层面上，加速器解决了"后孵化"期的高科技企业发展"瓶颈"问题，并满足了快速成长企业对灵活的物理空间的需求。

当然，人才的创新还需要基础设施建设作为重要保障，需要创新的实验室、孵化器、风险投资、大数据平台，以及创新文化、企业家精神等。人才创新主体所处的环境将直接影响创新体系的效率。从国际的创新经验看，最有效的制度环境是政府与市场的互补作用，凡是市场机制能够发挥作用的领域和方面，就交给市场充分起作用；凡是市场失效的方面，则通过政府干预加以补充。一言以蔽之，在人才创新体系中，必须将人才、企业、高等院校与科研院所，市场与政府，微观规范和宏观调控等各个方面，形成紧密相连、相互交织、深度融合、共同发展的创新战略联盟，增强创新体系的整体优势。

## 三、人才创新体系的制度安排

人才创新的活力源于制度的效力。人才制度是基于人才发展理念，对实践中各类人才政策的系统化、规范化，是保障人才发展的基本遵循。人才制度涵盖人才培养开发、评价发现、选拔任用、流动配置、激励保障等各个方面，具有根本性、稳定性与长期性，需要通过长期建设和积累才能形成优势，发挥持续性作用。我国人才创新体系存在问题的原因在于制度失效导致互动失效。目前我国的人创新体系，在制度方面缺少有效的激励制度，促进创新主体之间互动不足，而能否构建符合市场经济规律、适应我国国情的激励制度，是关系到我国人才创新体系能否更好发展的重要任务。

首先，把握人才创新制度的基本特征。一是实践性。人才制度在人才工作实践中产生，既源于实践又指导实践，并在实践探索中不断丰富和完善，又上升到理性和理论层面固定下来，更好地指导实践。二是规范性。人才制度是否科学先进、规范合理，体现了制度的层次和质量，决定着制度的竞争力和生命力。人才制度是人才科学发展的基本尺度、基本规范和基本遵循。三是多样性。不同国家和地区的经济、政治、文化和社会环境不同，人们的文化传统和思想理念相差各异，决定了人才制度在表现形式上具有多样性和包容性，需要互为借鉴、取长补短，在交流融合中形成符合本国家、本地区的制度特色。四是系统性。人才制度只有系统性，才能体现科学性。人才制度作为一系列人才政策的总和，涉及人才发展的方方面面，需要注重其内在联系和相互关系，形成制度的整体化、系列化和科学化。五是执行性。制定制度的目的在于落实，并且富有长效。不仅要实体性制度，也要程序性制度，既要注重制度的制定，更要注重制度的执行，只有把制定与执行结合起来，才能取得制度的实践效应。

其次，在人才制度的组织和功能上增创新优势。一方面，科学界定人才制度的功能定位，有利于增强人才制度的优越性。要围绕人才制度的配置功能、激励功能、服务功能、调节功能、保障功能、预测功能，搭建人才发展载体，实行制度项目化落实，工程化推进，延伸和拓展人才制度功能体系。进一步推进人才管理改革试验区建设，借鉴经济特区成功经验，先行先试、创造经验，以点突破、带动面上，逐级放大、全面推开。构建人才"孵化器—加速器—产业园"一体化载体，把人才制度建设融入人才载体建设中，在制度建设中创设人才载体，在人才载体创新中丰富完善制度，增强人才制度的实践性和可操作性。要从制度和法制的层面，营造爱才重才惜才的舆论环境、依法规范高效的政务环境和爱心放心栓心的生活环境，把一个地方建成广纳天下英才、汇聚创新智慧、实现创业梦想的首选之地。另一方面，党管人才是我国人才制度的最大组织优势。建立党委领导下的科学人才制度决策机制，凡涉及人才工作的重要制度、重要法律，都要提交相应层级的人才工作领导小组审议，报同级党委、政府审定。提请领导小组审议的人才制度，要事先征求相关单位意见，必要时面向社会公开征求意见。要鼓励各级各部门探索建立人才制度决策支持系统，组建人才制度专家咨询委员会，不断提高人才制度决策的科学化水平。发挥高层次人才智库作用，建立人才制度专家库，做好重大人才制度专家论证、专家参与、专家咨询，不断提高落实制度的组织化水平。

第三，加快完善知识产权保护。专利的诞生是人类创新史上的飞跃。专利的本质就是保障和激励创新。"知识产权，尤其是专利，在创新体系中发挥着几个重要作用，鼓励创新及对创新的投资，鼓励创新原理与创新源泉信息在整个经济范围中扩散和传播。"[①] 完善知识产权保护是人才创新制度建设的基础设施工程。在我国由于知识产权保护的不足和不完善，导致国外一些企业基于侵权行为的顾虑，不愿意将核心技术向我国转移扩散，尤其是出口高端技术产品。从国内看，我国一些科研人员由于担心被侵权，将其科研成果商业化转让的积极性并不高。一旦专利不能得到有效保护，那么人才创新的成果通过高风险和高投入可能无法获得潜在利润回报，而且人才创新成果还存在不确定性，更为严重的情况甚至还会出现创新投入得不到补偿。在这种情况下，还将影响企业等创新主体进行创新的动力。"创新创造了持久的价值，创新创造了机会，而专利体系是直接与创新联系的"。"创新是一个激励机制，它通过保护你的创新成果，保护发明创造，进一步激发人们创新的热情。"[②] 因此，完善以保护专利为核心的知识产权法律体系，包括发明权、著作权等，为我国人才创新体系构成要素间有效互动提供务实管用的制度保障。

第四，全面深化人才创新体制改革。人才创新需要宽松自由的良好环境，地方政府要坚持向用人主体下放岗位设置、公开招聘、职称评审、薪酬分配、人员调配等权限，直接为用人主体松绑；进一步清理规范人才招聘、评价、流

---

[①] 参见张晓波：《国家创新体系相关问题研究》，中共中央党校硕士学位论文，2011年，第44页。

[②] 转引自《创新之路》主创团队：《创新之路》，北京：东方出版社2016年版，第110页。

动等环节中的行政审批和收费事项，间接为用人主体松绑，让人才主体单位在创新选题、课题立项、人才资源配置上有更多的自主权。要进一步释放人才主体创新的活力，不断取消有关行政部门设置的职业资格，规范和减少对人才的行政评价，减轻人才负担和制度性成本，降低人才创新的壁垒。充分发挥市场机制实现人才创新致富的主通道作用，创造条件让创新人才在企业、高等院校、科研院所流动起来，打通科研和市场的"旋转门"，让市场成为配置人才创新资源的决定性力量，鼓励引导更多的人才创新资源从实验室流向市场，把更多科技成果转化为现实生产力。企业是人才创新的主体，政府及相关职能部门要通过研发资助、降费减税免税等政策，鼓励大学、科研机构以及企业间在技术创新过程中组建战略联盟，建立共同使用的技术工程中心、实验室等。畅通高校、科研院所与企业之间的信息渠道，使企业能有效获取高校以及科研机构的知识源以及科研成果，同时高校也能有效获取企业以及市场信息，进一步对人才创新活动进行指导，深入开展校企合作，培养创新人才。保护科研人员知识产权和合法权益，营造公平公正的创新环境，使创新人才不为侵权剽窃所扰、不为各种潜规则所累。

第五，纵深推进人才创新评价制度改革。人才评价是人才开发、人才创新的关键环节，是人才发展的"指挥棒"。要科学构建市场化的创新创业人才评价体系，"发挥政府、市场、专业组织、用人单位等多元评价主体作用，加快建立科学化、社会化、市场化的人才评价制度"，逐步实现由政府一元评价主体改变为多元评价主体。针对不同类型、不同层次、不同行业的特点和对人才的不同需求，引入企业、行业协会、中介组织等多元主体评价。同时，赋予企业人才自主认定权。要按照"科学化、社会化、市场化"的要求，构建一个既能与国际接轨，又能体现中国特色的评价制度。制度的科学化就是遵循人才成长的不同规律，不断创新完善评价的理论和技术，注重把评价的定性和定量、静态和动态、显技和潜能、过程和结果有机统一起来，形成多元的评价治理结构，以社会的理性来打破组织理性的局限性，使人才能够在流动当中得到合理评价，在评价当中得到合理的流动，最终实现优化配置。制度的市场化就是强调用人主体的作用，减少政府的干预，发挥市场的作用，把人才的评价融入市场配置资源的过程之中，突出人才的经济性、效率性和效益性。比如引进高精人才，要注重国际的同行评价，注重减少评价的考核周期。制度的社会化，就是要培养社会评价力量，规范评价市场，加强评审专家的数据库，建立评价责任和信誉制度，切实保障人才的各种权益。人才的价值最终是要社会承认，不管你是业界承认也好，还是市场承认也好，最终它都是反映在社会层面上，让更多的人通过对你的成果有一个认可，这样的人才才能转化为社会财富。

第六，进一步强化人才创新的激励机制建设。要在人才创新长期激励上实现大的突破，必须把人才的科研成果的所有权、处置权和收益分配权下放给单位，不断扩大高等院校、科研院所收入分配自主权。让创新人才"名利双收"，实现"一朝致富"，破除"不患寡而患不均"的平均主义思想，打通制约创新的体制机制关卡，提高科研经费中人力成本支出的比例，在研究开发和成果转化中作出主要贡献的人员，所得奖励份额在50%以上，让科研人员正大光明地获得合理回报。股权激励既是打开创新之门的"金钥匙"，也是留住人才的"金手链"。硅谷创新长盛不衰的秘诀，就在于普遍采取股权、期权激励。要探索推动知识、技术、管理等要素按贡献参与分配，鼓励引导企业推行股权分红激励，让人才在创新成果运用中有份额、有股权，让他们在自己专利产业化的过程中，通过技术股权收益、期权确定、在资本市场上变现，增加合法收入，以效益体现价值，以财富回报才智，让创新人才得实惠，形成推进人才自主创新的强大动力。提高科技人员职务发明中的收益比例，鼓励科技人员带着成果积极创业，转化成股东，使创新、创业与收益形成更紧密的联系，让创新人才在市场浪潮中发家致富。打通企事业单位之间、高校科研单位与企业之间、城市与乡村之间人才流动的三个"旋转门"，鼓励人才智力向企业和基层流动。要以人才满意为第一标准，推进放管服改革，在人才服务上做加法，在人才投入上做乘法，在人才管理上做减法，真正让人才有用武之地、无后顾之忧。

第七，开起创新人才职称评审的"直通车"。目前，我国有许许多多的高技能人才、乡土人才，甚至有多项发明专利的人才，为国家和社会作出了重要贡献，有的获得了全国劳动模范，但由于学历不高，没有论文发表或者在体制外等原因，导致职称评不上。这种让人不可思议的奇怪现象，严重挫伤了这些人才创新创造的积极性，也严重造成了新的人才浪费。要深化人才职称评审制度改革，突出品德、能力、业绩导向，克服"唯学历、唯资历、唯论文"倾向，让人才从苛刻的要求、僵硬的考核、烦琐的表格中解放出来，有更多时间和精力创新创业。我国有条件的地方，要结合本地实际，建立适合不同人才成长规律的评价机制，由用人主体自主制定评审标准，自主组建评审机构和评审专家库，自主开展评审工作，自主颁发职称证书，要不断把人才职称评审覆盖到全社会。实施更加灵活的职称评审方式，对于创新人才、高技能人才、各类乡土人才，只要是作出了重要贡献、达到一定标准的，或者有重要发明、获得专利的，可以直接评审正高职称，不一定需要从初级、中级到高级这样评审。在我国为什么不能为创新人才大开绿灯，实行"直聘"呢？还要打通体制内与体制外人才职称评审渠道，对于非公经济组织和社会组织人才申报职称，针对创新创业门槛过高的问题，要清理资格认证，减少准入类的职业资格，释放人才创业权。在这方面政府既要严格管理，建立一个目录清单，清单之外一律不得再搞各类资格认证，防止把职称搞得太烂、太泛，也不能把门槛抬得很高，影响人才创新创业的热情。

## 第二节 搭建人才创新平台

人才是创新实践的主体和主导者，也是科技创新的根基和关键。创新平台是人才创新实践的依托和基础。人才创新平台建设是创新体系建设的重要内容，是国家创新体系的重要组成部分。构建人才创新平台，应从政府、高等院校、科研院所和企业三个层面综合考虑，将创新平台建成创新人才培养、学科建设、科研成果转化与促进经济社会发展的"加速器"，实现人才和资源的充分共享，继而形成一种新的、交叉的、重要的人才创新实践的组织运行模式。

### 一、创新人才培养平台的实践探索

创新人才的培养是促进我国社会发展和提升国际竞争力的必要条件。高等教育作为人才培养的主力军，必须服务于高质量发展的现实需要，培养大批创新人才。首先要完善创新人才的培养平台，创建各种人才创新实践基地，不断探索我国创新人才培养的新路子。

我国高校创新平台建设取得了积极的成效，进行了各式各样的实践探索。2013年清华大学建立了"创客功夫·清华派"清华大学驻校创客项目。国防科技大学以资源共享的方式，构筑了适应于应用型创新人才培养的实践教学平台。东北大学构建了包括创新类科技竞赛等4个体系的创新实践平台。"南京邮电大学南通研究院"的成立，为进一步深化"政产学研用"合作创新实践奠定了坚实的基础。东北石油大学建立了"工程驱动"型"四位一体"式实践创新平台。福州大学采用"三加一"创业教育模式，为学生创新实践能力的培养提供了良好的平台。此外，北京市、上海市、江苏省等地也对创新人才的培养进行了积极有效的实践探索。

创建"综合能力创新平台"。必须强化保障措施，提高平台质量，使人才创新平台真正发挥其应有的功能和作用。坚持"共资源、全方位、多层次、开放化"的构建模式。① 一是以资源共享为创新平台提供基础条件。以工程训练中心的教师及设备为共享资源，采用已有的教学体系，以资源共享的方式，建设一个综合性创新实践基地，组织和开展多层次、多学科交叉的创新实践活动。二是全方位、多层次为人才创新活动服务。有条件的高校可以利用工程训练中心综合性实践基地优势，为校内有创新性质的协会、各层次的科技创新竞赛、突出自身特色的创新活动等，提供各专业的技术支持和设备资源，并可根据创新活动的具体要求，提高全方位、多层次的服务质量。三是以多种方式为创新平台提供师资力量。采取"引进、培养、提高、聘用、共享、兼职、邀请"等"多样化、资源共享"的建设方式，吸引校内外专业技术人才以各种形式参与到学生的创新活动中，既可以通过引进、培养、提高建立师资队伍，又可以通过"不求所有、但求所用"兼职等共享优势资源。四是以"开放、共享"激发学生创新热情。要改变一些高校科研资源只对教师开放使用的弊

---

① 参见蔡志刚、胡秀丽等：《适应创新人才培养的创新平台新模式》，载《中国多媒体与网络教学学报（上旬刊）》2018年第9期，第68页。

端，实行全天候对全校学生开放，使学生可以根据专业需要和个人的爱好，在开放时段进行相关的训练与创新。完善平台开放的服务规则，开设更多的创新训练项目和实验活动，通过开放、共享，调动学生的积极性和主动性，在高校形成全校创新的热潮。

进入21世纪以来，全面发展与创新能力并重的理念从大学教育扩展到各级各类教育。世界各国在创新人才研究基础上制定实施了一系列创新人才培养的政策、法规和计划。综合来看，世界各国对创新人才的实践培养发生了新的变化，从实验室研究到政策实施的转变，从讲求平等到追求公正与卓越的转变，从培养少数精英到兼顾全民才能发展的转变，从随兴式的零散培养到系统的完整教育的转变。多数国家和地区在创新人才培养的工作中注重发挥政府的主导作用，通过整合中学、高等院校、科研院所等多方资源，为创新人才成长提供丰富的资源和创设宽松的环境。北京市于2007年启动普通高中课程改革实验，2008年正式成立北京青少年科技创新学院，并启动"翱翔计划"，开始了首都基础教育阶段创新人才培养机制的实践探索。这项实践探索主要是围绕跨界融合思想理念，从翱翔学员培养、创新人才协作体建设和联合探究创新平台等三个方面，进行了全面系统、深入细致的探索，形成了创新人才培养的工作体系。

北京市从创新人才培育机制、培育模式、培育生态进行积极的实践探索。[1]

第一，从横向跨界融合，创新翱翔学员培养模式。

"翱翔计划"是以首都丰富的科技、文化、教育资源优势为依托，打破体制壁垒、构建课程体系、探索评价方式，逐步建立和完善了学校资源与社会资源横向整合，基础教育与高等教育纵向衔接，整体推进人才培养创新的"北京模式"。如图5-2所示。[2]

---

[1] 参见北京教育科学研究院：《创新人才培养与教育创新发展》，北京：北京师范大学出版社2017年版，第131—136页。

[2] 图表来源：《创新人才培养与教育创新发展》，北京：北京师范大学出版社2017年版，第132页（张毅：跨界融合：北京市创新人才培养与学校改进的实践探索）。

# 第五章 人才创新的实践路径

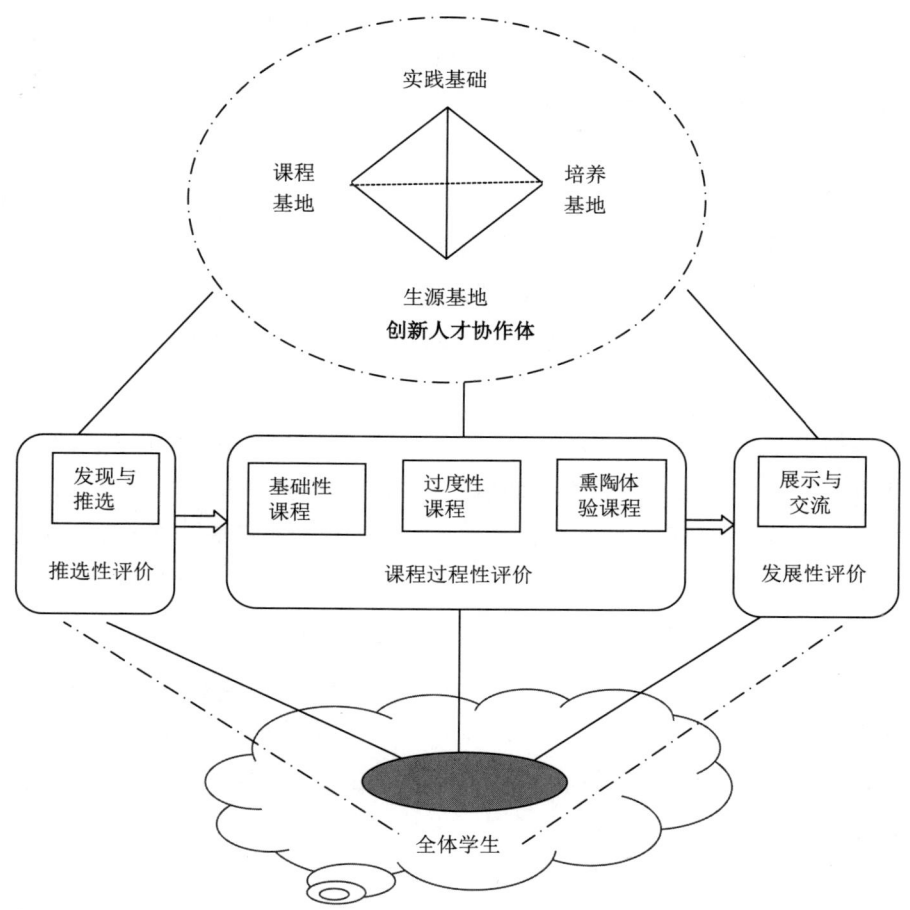

图 5-2 "翱翔计划":人才培养方式创新的北京模式

(1) 培养机制:"三校"联合式培养

"翱翔计划"建立了由生源基地、培养基地、实践基地齐抓共促的"三校管理"制度。

在生源基地方面,明确北京市近 300 所高中都是输送"翱翔计划"学员的学校,采取"学生申请、学校推荐、区县审核、初步筛选、专家面试、组织认定"方式,从全市遴选热爱科学、特长突出、学有余力、品学兼优的普通高中高一年级学生加入"翱翔计划"。生源学校作为生源基地参与"翱翔计划"学员的培养。

在培养基地方面，遴选 29 所学校为高中阶段创新人才的培养基地，每年接收一定数量的"翱翔计划"学员，并组织和指导他们开展系统的过渡性课程学习。

在实践基地方面，遴选在京高校、科研机构实验室为实践基地，为"翱翔计划"学员开展科研实践活动提供资源和师资支持。

（2）培养模式："三类"课程式培养

在"三校管理"的培养机制下，"翱翔计划"构建了基础性课程、过渡性课程、熏陶体验等课程体系。

在课程实施方面，形成了一支由生源基地、培养基地的 750 位学科教师，其中有 60 余位特级教师，实践基地包括 30 余位院士在内的 416 位专家，构成翱翔学员培养工作团队，采用生源基地、培养基地和实践基地指导教师共同培养翱翔学员的"三师指导"制。

"三类课程"和"三师指导"的培养模式，摆脱了传统资优或超常儿童培养的"增益模式"和"加速模式"，在西方发达国家 20 世纪 80 年代以来普遍采用的基于本校或社区学习中心的"抽离模式"的基础上，构建了具有中国特色的"系统抽离模式"。这一培养模式既满足了翱翔学员的个性化需求，又促进了承担培养任务的高中学校的多样化办学。

（3）培养生态："三段"评价式培养

"翱翔计划"建立了推选性评价、过程性评价相结合的"三段"评价体系。在推选阶段，在学生申请、学校推荐和县区审核的基础上，北京青少年科技创新学院组织专家进行翱翔学员的推选；在培养阶段，《"翱翔计划"学员手册》全过程记录着学员自评、同伴互评、导师评价、基地评价等环节，重点关注学员在科研实践过程中社会责任感、创新精神和实践能力的培养；在结业阶段，通过基地学校答辩和推荐的翱翔学员在"北京青少年翱翔科学论坛"上展示和交流自己的研究作品，共同分享成长的快乐。

第二，从纵向衔接跨界融合，创新人才培养协作体。

为实现跨学校、跨部门资源整合，形成"翱翔学员"的联合培养机制，在"三校管理"的基础上，"翱翔计划"建立了以"翱翔学员"培养基地为龙头，联合生源基地、课程基地、实践基地组成的"创新人才培养协作体"。如图 5-3 所示。

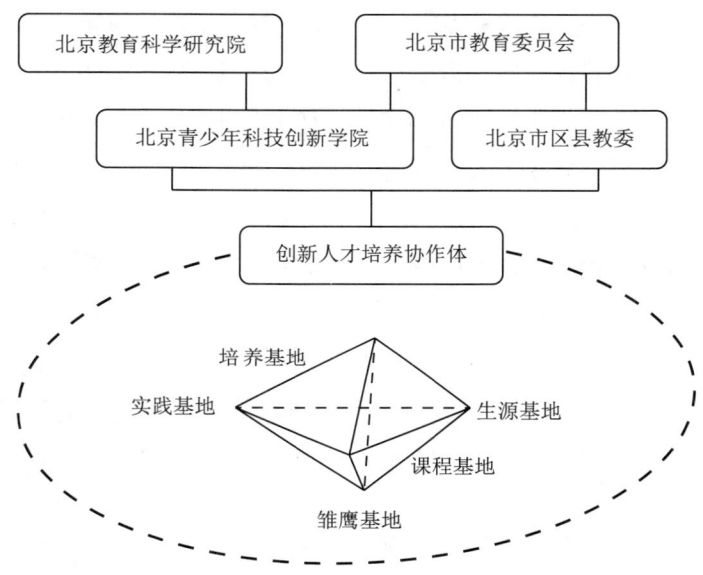

**图 5-3 创新人才培养协作体系结构图**

图表来源：《创新人才培养与教育创新发展》，北京：北京师范大学出版社 2017 年版，第 135 页。

创新人才培养协作体可使中小学校在某些领域方向成为中心。目前全市已经建立 53 个协作体，包括高校、科研院所、区教委、区教研部门，以及更多的中小学校等数十家牵头单位。基地作为资源的牵头方时，可以带来优化整合的资源价值，即基于有限的资源实现学校的有效使用，发挥外脑优势激发内在的潜能，探索培养创新人才新方式，丰富学校资源，优化常态教育教学，整体探索创新人才的培养路径。

第三，从项目学习跨界融合，联合探究合作创新平台。

在"翱翔计划"中，创新教育课程建设主要以学校为主，整合高校科研院所实验室、北京市市级高中开放式重点实验室以及中小学校相关实验室，在顶层设计层面做好基于科学探秘实验室的课程建设规划，实现取长补短、优势互补、交叉合作；通过实验室资源课程化开发，引领及推动各个重点实验室的创新课程平台建设。

北京市遴选 50 所优质高中，依托学校建成一批市级高中开放式重点实验室。目前，市级高中开放式重点实验室建设已取得阶段性成果，为了总结并巩固已有重点实验室建设经验，指导和带动各个重点实验室的建设和发展，为学生提供"创意—自主探究—设计—实践—研究"基地，进一步开发强化"自主探究"的综合性科技创新实践课程，建设"科学探秘联合实验室"，构建具有引领和示范作用的教、学、研一体的实验中心，可以整合北京区域内优质教育、实验资源，发挥示范辐射作用，引领及推动各个重点实验室的建设，带动更多的高中学校发展科技教育。

北京市的这些实践探索，为全国从中学阶段培养创新人才提供了有益的借鉴，需要进一步总结推广，在遵循教育规律、人才成长规律的同时，让现实的、鲜活的资源能够被关注和开发利用，进入创新人才的教育领域。

## 二、创新人才科研平台的实践探索

人才创新尤其是科技人才创新，首先需要建设科技创新平台。所谓科技创新平台是指将学科建设、人才建设与科技发展统一起来，实现人才和资源的充分共享，继而形成一种新的、交叉的、重要的科研组织运行模式。科技平台从所支持的学科角度出发，分为单科型科技平台和学科会聚型科技平台；从平台功能可分为研究和开发平台、工程化与成果转化平台和科技公共服务与支撑平台。对学科会聚有直接凝聚作用，同时又具有挑战性和体制创新空间的是学科会聚科技平台。学科会聚一般有四种类型，即学科交叉成长型、工程任务拉动型、新型技术推动型和科技平台吸引型。[①]

从大学培养创新人才的角度构建科技创新平台，必须围绕国家创新体系的重要节点，通过基础性和应用性科技创新平台、以工程技术为主体的应用研究科技创新平台和哲学社会科学创新基地建设，形成"三个金字塔系统创新平

---

① 参见赵沁平：《建设科技平台，会聚学科力量，提高研究型大学的自主创新能力》，载《中国高等教育》2005 年第 23 期，第 4 页。

台"和"一个平台"即成果转化与服务平台。①

"三个金字塔系统创新平台"是国家创新体系的重要组成部分。一是基础性和应用基础性研究科技创新平台。这个平台的顶层是国家实验室、中层是国家重点实验室,第三层是省部级重点实验室。国家重点实验室是国家创新体系非常重要的一个节点,其中多数依托高校或高校与科研院所联合建立。国家实验室、国家重点实验室和省部级重点实验室构成了基础性研究和应用基础性研究创新体系。这对于基础性和应用性顶尖的创新人才的培养是极为重要的载体。二是以工程技术为主体的应用研究科技创新平台。这个平台的顶层是国家工程中心和国家工程实验室,是依托企业、转制科研机构、科研院所或高校等设立的研究开发实体。国家工程实验室被纳入国家中长期科学和技术发展规划纲要,以提高产业自主创新能力和核心竞争力,突破产业结构调整和重点产业发展中的关键技术装备制约,强化对国家重大战略任务、重点工程的技术支撑和保障,推进战略性、前瞻性、关键性技术等核心技术开发与实验能力的整体提升。第二层次是科技部的工程技术研究中心,第三层次是省部级工程技术中心。上述三个层次构成了工程技术应用科技创新平台系统。三是哲学社会科学创新基地。"985工程"国家哲学社会科学创新基地,是在"211工程""985工程"一期、国家哲学社会科学重点学科、教育部人文社会科学重点研究基地和重大攻关项目的基础上,对高校哲学社会科学整体创新能力的进一步整合、凝练和提升,是实现高校哲学社会科学资源优化配置、汇集优秀拔尖人才、形成创新团队、体现学科交叉特征的新型科研组织形式。

"一个平台"是成果转化与服务平台。要通过这个平台,推动大学、科研院所、企业进行全面合作,将大学的科研成果及时转化形成生产力,并把发展方向转向和企业进行紧密结合。一要充分发挥以国家、省、部重点实验室为核心的科学研究大平台作用,形成以"实践、探索、研究"为主的实践教学体系,重点以提高人才实践能力和培养基本科研能力为目的,彻底解决人才实践

---

① 参见罗军飞:《创新型大学与创新型国家——关于建设创新型大学的若干问题的研究》,中南大学博士学位论文,2009年,第89—91页。

环节薄弱等问题。通过设立"创新人才研究训练计划"等多种途径，使各类人才有更多机会参与基础性的科研实验和科研训练。二要构建高质量人才素质提升平台。地方政府可围绕本地区传统支柱产业的发展，定期组织传统产业高层次人才到经济发达地区的科研院所、著名大学进行跟班实践和研修，有重点地选派高层次人才到与本地区传统支柱产业或相关的知名企业参观考察，零距离学习他们的先进技术和管理经验，更新知识结构，提高创新创业能力。三要构建高成长的创新创业平台。依托产业发展平台，构建区域人才高地。以工业集群化发展为方向，以重点产业为突破口，以重大项目为带动力量，使传统支柱产业项目区域的集中，生产要素区域的聚集，政策保障区域性的倾斜。各地传统产业集聚区应积极打造有利于重大科技成果转化的技术服务平台，依托技术服务平台打造科研成果转化洼地，实现资源的整合，因势利导地发挥高层次科技人才的效应。

推进平台与人才、队伍和学科建设的紧密结合。一要把平台建设与人才创新培养结合起来。科技创新平台建设的首要任务是创新人才的培养，特别是高层次人才的培养任务。平台建设如果失去人才培养，平台就没有生命力，科技创新能力和竞争力也无从谈起。因此，科技创新平台的建设要结合人才培养制度改革，把人才培养工作作为平台建设的一项重要工作内容。针对科技创新平台系统性、创新性和复杂性特点，要探索创建高校科技创新平台新的管理体制和运行机制，推进多学科交叉融合，将平台建设成既是培育和形成世界一流学科的平台，也是资源共享和成果转化的平台；既是科学研究的平台，又是高层次人才培养的平台。二要把平台建设和人才队伍建设结合起来。科技创新平台的灵魂是高层次学术带头人及其领衔的创新团队，凝练人才创新方向和目标是科技创新平台的生命线。在硬件建设上，科技创新平台要有一流的技术装备，在软件建设上更要有一流的学术带头人和创新团队来支撑，同时一流的人才和一流的团队也必须依托一流的平台，这是相辅相成的。人才队伍建设是科技创新平台建设的根本任务，既要通过创新平台建设吸引培养和造就一批拔尖人才和创新团队，又要在培养一流人才和团队中创建一流的创新平台。三要把平台建设与学科建设结合起来。现代科学技术发展越来越显示出学科深度细化、学科间大跨度交叉和综合集成深度发展的特点。由此，复杂科学问题的突破创新更多依赖于对学科的综合交叉和集成创新。一些重大原始性创新成果的取得越来越需要不同科技人才在前沿交叉领域的创新团队合作。建设科技创新平台不能将学科资源与人才力量进行简单叠加，而要将学科间有机的内在联系，通过竞争、开放、流动、共享的运行机制，逐步实现由小型的分散的研究模式向跨学科研究模式转变，从根本上提高科技人才创新的能力。

### 三、创建人才特区平台的实践探索

人才特区是我国经济特区的概念及经验向人才要素领域的延伸，是我国人才发展体制机制改革和政策创新的实验区。

中关村人才特区是在中关村国家自主创新示范区这一特定区域内，通过出台一系列优惠政策，创新一系列管理体制和运行机制，打造一系列人才事业发展平台，达到"人才智力高度密集、体制机制真正创新、科技创新高度活跃、新兴产业高速发展"的战略目标。① 中关村建设人才特区的探索和实践具有示范意义和重要价值。

从中关村人才特区的特征看，体现为"四个特殊"的特殊性。一是特殊政策给力，率先确立人才优先发展战略布局，实施一系列特殊的科研、创业、产业发展、财税金融、人才管理与服务政策，形成了一系列人才特殊政策体系。二是特殊机制给力，整合中央及北京市各种人才开发资源，改革创新科研管理、财政扶持、金融支持、成果转化等办法，打通各类要素流动和配置渠道，构建政产学研用金相融合的体制机制。三是特殊平台给力，打造中关村科学城、怀柔科学城、未来科技城三大发展极，实施一系列重大科技专项和新兴产业项目，依托科研机构、研发基地、各类工程研究中心、企业技术中心，为人才创新创业搭建多层次的平台。四是特殊目标给力，2018年10月，北京市出台《北京市推进共建"一带一路"三年行动计划（2018—2020年）》，将在"一带一路"相关国家重点城市建设一批特色鲜明的科技园区。按照计划北京市将以"三城一区"，即中关村科学城、怀柔科学城、未来科技城、创新型产

---

① 参见王佩亨等：《中关村的探索和实践——建设人才特区，创新发展机制》，载《新经济导刊》2012年第3期，第79—83页。

业集群和中国制造 2025 创新引领示范区为主平台，以科技园区合作、共建联合实验室、技术转移和科技人文交流等 4 个方面为重点，推进共建"一带一路"创新合作网络。

从中关村人才特区体制机制改革看，彰显灵活开放高效的创新性。一是着力改善软环境，在有条件的高校、科研院所、企业等单位，推行新的科研管理制度。总结和推广北京生命科学研究所的科研体制机制，逐步建立以学术和创新绩效为主导的学术发展模式。中关村管委会与中科院等单位合作建设 3 至 5 个"生命所"型的科研机构。二是创建科技成果转化和产业化促进机制。支持一批国家科技重大专项、科技基础设施和重大科技成果产业化项目，加快中关村新技术、新产品的市场应用。北京市每年统筹 100 亿元科技重大专项及成果转化扶持资金，扶持人才开展科技攻关和成果转化。建立创业投资、天使投资、境内外上市等九条投融资渠道，支持各类企业产业化发展。三是构建人才创新创业金融支撑体系。支持中国银行、北京银行、深圳发展银行等在中关村人才特区设立信贷专营机构，开展知识产权质押贷款、信用保险和贸易融资等创新业务。在人才特区培育和发展了联想投资、今日资本等一批具有雄厚资本和社会影响力的创业投资机构，完善企业投融资服务体系。以中关村自主创新示范区建设为突破口，完善科技与金融结合的投融资体系；推动信贷产品和金融服务创新；支持股权投资机构的发展；支持企业改制上市，支持建设新三板市场；扩大科技保险覆盖面，建设科技保险保障机制；加快建设科技企业信用体系等。四是推进企业创新技术质量标准化。吸引国际国内标准、检测、认证权威性服务机构入驻中关村国际标准大厦，提供"一站式"服务，支持企业产品研发和生产，创建与国际接轨的标准化服务机制，为企业产品出口贸易提供标准化、检测、认证方面的绿色通道。

从中关村人才特区的政策创新看，反映了先行先试改革的前瞻性。北京市政府与 19 家中央单位共同组建了中关村科技创新和产业化促进中心，该平台采取特事特办、跨层级联合审批模式，简化审批程序，提供一条龙服务，落实国务院同意的各项先行先试改革政策，贯通各类要素流动和配置渠道，构建政产学研用相结合的体制机制。中关村创新平台具有完善的高端人才和创新资源服务工作机制和高层次人才创新创业支撑体系。在中关村创新平台下面设立人才工作组，北京市各相关委办局作为人才工作组成员，共同参与人才特区的人才引进与服务工作，统筹推进中关村人才工作。同时，北京市政府还与中央单位密切配合，在中关村实行13项特殊政策。这些政策主要包括重大项目布局、境外股权和返程投资、简化外汇资本金结汇手续、科技经费使用、进口税收、人才培养和人才的兼职、资助、落户、住房、医疗、家属安置，以及居留和出入境等特殊政策。这些特殊政策是加强人才工作新的尝试和探索，并在北京市积极争取有关国家部委的支持下，逐项细化实施细则或工作流程，使各项特殊政策落到实处。

从中关村人才特区载体建设看，展示了高层次人才创新创业的集聚性。一是创建中关村留创园，打造世界一流的孵化器。这个创业园为创始企业发展提供良好微生态发展环境，让海外回来的创业者只要心无旁骛搞技术、搞研发、找市场就可以了。海淀留创园主任赵新良讲[1]，1989年8月，中关村科技园区海淀园创业服务中心作为试验区肩负起"探索加快新兴产业发展的新模式"的任务，到2018年在德国设立首个海外代表处，加强跨境孵化服务能力和孵化器国际化建设。海淀创业园用近30年的精诚服务，已经累计孵化企业2000余家，1300余名留学人员入园创业，培养和引进国家千人计划重点人才专家46人，北京市海聚工程64人，中关村高聚工程27人；园内企业融资总额近80亿元；孵化上市企业23家，板块涵盖NASDAQ、纽交所、深交所、主板、创业板、中小板、新三板。二是把中关村科学城和未来科技城作为人才特区两大"发展极"。科学城在生命科学、航天航空、网络技术、新材料等领域，打造高端研发技术创新服务区，集聚高端人才，转化创新成果，推动区域形成万亿元以上的产值规模。重点建设公共技术服务平台、中试基地和技术转移中心，促进自主创新和成果转化。北航先进工业技术研究院、中关村航天科技创新园、航空科技园等一批重要研究机构、研发基地集聚在中关村科学城。三是建设科技重大专项和新兴产业项目平台。推进电子信息、生物医药、航空航天、云计算等领域的一系列重大科技专项、新兴产业项目平台。依托这些研发机构、研发基地、工程研究中心、企业技术中心，吸引和聚集各类人才，搭建

---

[1] 参见《海淀留创园：打造世界一流孵化器》，搜狐网"中关村"2018年6月20日。

多层次的创新创业平台。

## 四、打造科技镇长团平台的实践探索

迎着科技革命和产业变革的浪潮，科技镇长团在江苏大地孕育而生。2008年7月，江苏省在全国率先提出开展科技镇长团试点，由省委组织部牵头，科技、教育等部门参与，在14所高校中选择15名教学科研骨干，到苏州常熟市开展科技特派员试点。这一创新之举，不仅为乡镇基层搭建了依托人才创新发展的载体，而且为藏龙卧虎的高等院校人才开辟了大显身手、施展才华的广阔舞台，打通了从科研成果向技术产品转化的渠道，为江苏县域创新发展作出了重大的贡献。

人才，人类社会发展的源驱动力；乡镇，人才创新创业的广阔舞台。迎着科技革命和产业变革的浪潮，科技镇长团在江苏大地孕育而生。十年，草木繁盛；十年，杞梓成林。江苏科技镇长团从一枝独秀到春色满园，愈加显示出强大的生命力。磅礴的科技创新资源在这里汇集，源源不断的人才大军从这里奔赴基层。江苏，何以勇立人才创新的潮头，在这里演绎着无数的筑梦故事。①

### （一）基层的渴望

创新发展基础在县域，活力在县域，终端在县域。如何推动科技人才走向发展一线，如何帮助县域基层集聚创新要素？

2008年，江苏在常熟试点，从高校遴选优秀人才到县乡挂职，探索科技人才资源走向基层的新路径。

科技镇长团，一个崭新的名字在江苏发声，一场前所未有的科技人才奔赴基层的创新实践拉开序幕。

回顾十年历程，江苏省第一批科技镇长团团长、江苏省产业技术研究院副院长李世收深有感触地讲："十年前，我有幸成为第一批科技镇长团团长。通过两年挂职，我深知基层多么渴望人才，同时也深切感受到基层可以成就人才

---

① 参见江苏省委组织部、群众杂志社：《江苏科技镇长团十周年巡礼》，载《群众视频》2018年8月。

的力量。"

积十年之功,聚创新之力。十年来,江苏累计组团 595 个,从清华、北大、中科院等省内外 520 家高校科研院所、机关部门遴选 5228 名科研骨干,覆盖 105 个县市区、开发区、903 个乡镇,实现了"县县通大院大所、镇镇有教授博士"。

从一团到百团,从十人到千人,科技镇长团从星星之火到燎原大江南北,汇聚成人才驱动县域经济发展的蓬勃动力。

科技镇长团的成功实践,先后被中央电视台、《人民日报》《光明日报》等媒体竞相报道。

解码江苏,就是观察全国。2017 年,国务院办公厅印发文件,强调推广"科技镇长团"模式。

### (二) 探索的智慧

苏北小城邳州的半导体产业迎来了包括 2 名外籍院士在内的 600 余位人才。鲁汶仪器更是请到诺贝尔经济学奖得主艾伯特·费尔教授担任首席科学家,生产出国内首台套磁存储刻蚀机和纳米薄膜孔径分析仪,一举打破半导体产业的"魔咒",实现产业转型跳级发展。

类似这样的产业发展动能从哪里来?人才资源、技术成果如何走进地方、走进企业,转化成现实生产力?江苏科技镇长团的生动实践作出了鲜明回答……

#### 1. 党管人才,政策激励

坚持党管人才原则,制定科学规划,加强政策激励。出台科技镇长团专门管理办法,纳入技术经纪人队伍,引入社会化机制,免费提供健康体检、购买补充保险,帮助团员安心干事创业,赋予了科技镇长团既姓"科技"、也姓"人才"的深刻内涵。

#### 2. 广聚英才,创新驱动

创新驱动的实质是人才驱动。科技镇长团发挥自身人脉和资源优势,围绕地方发展广聚天下英才。十年来,累计协助引进国家千人计划重点人才 1128

人、省双创计划 2474 人，引进高校毕业生 9 万多人，培训各类人才 50 多万人次。

2015 年，彭伟平从清华大学教师岗位上，作为江苏省第八批科技镇长团成员，来到宿迁市宿豫区挂任宿迁高新区科技局副局长、宿迁市宿豫区陆集镇副镇长。

2017 年彭伟平挂职结束后，选择了自主创业，创办了江苏奇纳新材料科技公司，把全家从北京搬到了宿迁，以创业带动成果转化、科技创新。彭伟平博士创业、挂职的经历，真正体现了新时期科技人才的担当和使命，先后入选江苏省苏北创业领军人才奖、江苏省"333 工程"培养对象、宿迁市创业领军人才、宿迁市"千名拔尖人才"培养对象，被评为江苏省科技镇长团荣誉团员、宿迁市十大杰出青年、宿迁市荣誉市民。

3. 搭建平台，孵化梦想

根据市场需求，以企业为依托，以后方资源为支撑，创建校地校企合作平台 8209 个，各类大学科技园、研究院、技转中心与工程中心、院士工作站等创新载体 7300 多个，为地方发展插上了腾飞的翅膀。

在科技镇长团的牵线搭桥下，无锡惠山区建立 9 个产业研究院，形成"一镇一院一产业"的创新布局，把高校院所智力资源搬到"家门口"。

4. 精准服务，破难解忧

破企业之难、解企业之忧，以精准服务企业为抓手，深化产学研合作，推动企业技术创新、转型升级。十年来，累计帮助 2 万多家企业与高校院所建立合作关系，700 多家企业上市或挂牌，申报专利 37 万余件。

近年来，泰州中国医药城突出高层次人才的引领作用，坚持以识才的慧眼、爱才的诚意、用才的胆识、容才的雅量、聚才的良方，每年，科技镇长团都帮助招引高端人才，解决技术难题，走出了一条人才引领发展、发展集聚人才的生态之路。

### （三）价值的升华

十年星火燎原，十年风生水起。科技镇长团十年的生动实践，谱写了江苏县域经济发展的重要诗篇,揭示了科技人才与地方经济融合发展的内在规律,彰显了高质量发展的时代价值。

1. 激发了县域高质量发展的新动能

科技镇长团与科技最近,与企业最亲,距创新最紧,瞄准县域创新发展的"末梢"发力,有着集聚创新资源、激发创新活力、增强创新动能的天然优势。每年有一支近千人的专业人才队伍,活跃在全省各地,链接着创新成果,深入到园区企业,开展着精准对接,有效激发了广大企业的创新热情,增强了基层的创新浓度。

南通海安市是一个没有大院大所的县级城市,通过科技镇长团穿针引线,市内 900 多家企业与省内外 120 多个高校院所开展合作,荣获"中国产学研合作创新示范基地"。2017 年全市净增工业应税销售的 47.5% 来自近三年的产学研合作成果。

2. 拓展了政产学研合作的新模式

科技镇长团生于创新时代,成于创新浪潮,实现了大院大所科技资源向基层的下沉,打通了技术与市场的"最后一公里",推进了科技与经济对接、创新成果与产业对接、创新项目与现实生产力对接,体现了国家创新体系的重大突破。

复旦大学党委副书记、教授、博士生导师袁正宏对江苏科技镇长团的做法给予高度评价,他说:"科技镇长团促进了高校科技成果到经济一线加迅转化,也推动了我校学科建设、人才培养和科学研究更接地气。"

十年间,高校院所与江苏企业建立紧密合作关系,转化各类科技成果 4800 多项,签订产学研合同 17000 多项,合同金额近 330 亿元。

3. 丰富了人才锻炼成长的新内涵

创新是大智慧,基层是大舞台,镇长团成员行走在创新最前沿,奋斗在基层第一线,直接服务创新创业主体,直接面对热点难点问题,在最需要的地方汲取智慧、增长才干,探索了人才成长发展的新路径。

江苏省科技镇长团第七批成员、盐城市射阳县委常委戴勇深有体会地讲:"江苏省科技镇长团既是一个经、科、教联动发展的好平台,又是一个组织培养团员干部锻炼成长的好平台。"

十年间,科技镇长团成员中43人留在地方任职,700余人得到提拔重用,23人提拔为厅级领导干部。

历史是理解未来的钥匙。奋斗十年,景致辉煌,交出县域创新发展的美丽答卷;感恩十年,一路有你,改革创新奋进的种子生根开花;展望十年,任重道远!让我们在习近平新时代中国特色社会主义思想指引下,创建人才的"连心桥",开启创新的"直通车",迎着新时代的光芒,续写建设强富美高新江苏的绚丽华章!

## 第三节 丰富人才创新实践

实践是检验人才创新的根本标准。人才创新的实践广泛而又丰富多彩,有数不完的创新故事需要我们采写,有无数动人的情节需要我们描绘,有十分宝贵的创新经验需要我们总结,有令人回味的启迪需要我们传播。就江苏人才创新的实践而言,生动鲜活、多姿多彩、内涵深刻、意蕴无穷。

### 一、打造人才创新创业的"策源地"

首先,突出解放思想促进理念转变这个前提,强化人才优先发展战略布局。江苏是自然资源小省、经济大省,能走到今天这一步,靠的就是人才。回顾发展历程,从过去依靠"星期天工程师"推动"由农到工"的转型,到如今集聚创新人才推动"由大到强"的转型,始终贯穿着解放思想、人才优先的理念。系统思维强化推进人才创新创业。一方面,加强联动集成支持。人才工作从来没有像今天这样重视联动、强调协同。推进江苏人才工作全面转型升级,需要各部门加强横向之间的协作配合,打破本位主义思想,相互支持,共同给力,提高人才工作系统化、整体化水平。探索建立结果互认、信息共享机制,破除"项目多、帽子多、牌子多"等现象,逐步实现人才、产业、科技等项目集中评审、集成支持、相互衔接、相得益彰。强化统筹协同推进,充分发挥省人才工作领导小组成员单位的综合协调作用，形成抓人才促创新发展的强大合力。另一方面，在人才发展规划设计上，围绕"强富美高"新江苏建设总定位，编制全省人才发展总体规划、重点行业领域和人才发展专项规划。在组织推动上，坚持一把手抓第一资源，各级党委书记形成抓人才就是抓发展、抓发展先抓人才的高度自觉和行动一致。在人才投入上，舍得花本钱，各级设立人才发展专项资金并纳入财政预算，省级人才发展专项资金每年保持在十多亿元以上。在考核导向上，将人才发展重要指标纳入经济社会发展考核内容，市对县人才工作考核的权重一般在3%左右。

其次，突出人才改革政治站位这个关键，强化人才的政治引领和政治吸纳。充分发挥党的政治优势、组织优势和密切联系群众优势，着力在团结凝聚人才上下功夫，将人才党建融入日常人才服务，引导广大专家人才跟党一起创业、跟党一起奋斗、跟党一起圆梦。切实将"弘扬爱国奋斗精神、建功立业新时代"活动落细落实落地，在政治引领吸纳、载体平台创新、先进典型选树、精准专业服务、良好氛围营造等方面，全方位引导广大人才弘扬践行爱国奋斗奉献精神。打造一片特色化党建阵地，探索人才、党建"双轮协动"，促进党建工作与人才服务有机结合，构建更高层面、更广范围的人才双创党建联合体，统筹领军人才企业、本土企业、中介机构、人才社团等各方面党建资源，将党建工作融入人才服务，以"润物细无声"的方式推动领军人才企业党建工作取得新突破。开展一系列引领性主题活动，组织高层次人才参加"爱国·奋斗·奉献"精神主题学习会，举办"两弹一星"精神专题报告会，深化人才政治引领。开展"爱国·奋斗·奉献"精神主题培训，组织高层次人才赴嘉兴红船追寻"初心"，到改革开放最前沿深圳学习经验。组织党外知识分子、青年企业家赴延安、重庆大学、湖南大学等地开展专题教育，增强人才的政治方向感和历史使命感。

第三，突出人才制度放权松绑这个核心，破除壁垒解放和增强人才创新活力。一是抓住人才市场改。根据政社分开、政事分开和管办分离要求，加快推进"放管服"改革，消除对市场主体的过度干预。省人社厅、教育厅合理界定和下放66所本科院校职称评审权限。省编办对全省165家医院8万多名人员实行编制备案管理改革，推动身份管理向岗位管理转变。把市场评价作为人才评价的依据，构建"问东家、问专家、问大家"的评价机制。"问东家"是提高用人单位在人才评价上的话语权。"问专家"是发挥同行评议作用，依托行业协会、学会，评价专业领域人才，让专家选择专家，让人才选择人才。"问大家"是突出社会认可，通过看人才创造的经济效益、获得的风投金额、企业品牌的知名程度，来评估创业人才的价值和潜能。二是抓住人才创新改。突出增强和释放人才创新创业活力，让人才"走得出"。把全省众多的高校院所作为"富矿"从中提炼金银，把科研优势转化为现实生产力优势，允许高校院所科研人员适度兼职兼薪，支持他们走出校门院门，登上创新创业的社会大舞台。全省高校涌现出一批"教授董事长"。推动以增加知识价值为导向的分配政策改革，落实股权、期权、分红等有效激励举措。

第四，突出人才服务高质量发展这个根本，发挥市场主体聚才用才的作用。高质量发展，表在产业、里在企业、根在人才。推动先进制造业集群发展，重点培育新型电力（新能源）装备、工程机械、物联网、核心信息技术等13个先进制造业集群，突出抓创新、强主体、拓开放、促融合，促进产业链、创新链、人才链、政策链相互贯通，加快江苏制造向江苏创造转变、江苏速度向江苏质量转变、江苏产品向江苏品牌转变。南通全面对接上海，全方位打造沪通人才合作平台，柔性集聚了一批上海高端人才。省里出台专项政策，对顶尖人才最高给予1亿元资助，并赋予他们充分的用人权、用财权、用物权和技术路线决定权。江苏省产业技术研究院推行"项目经理"制，赋予其组建研发团队、使用经费等充分自主权，吸引了30位具有国际一流水平的领军人才，250多位海外高层次专家加入，让他们能够大胆创新、安心创造、放心创业。中电环保作为从事生态环境治理的A股上市公司，建立创新平台，围绕环保相近相邻产业，累计引进国家重点人才计划、省"双创计划"等高端人才团队20多个，吸引孵化关联企业41家。以园区集聚产业、以产业集聚人才，建设科技园、创业园、特色产业园等"园中园"，构建"双招双引"机制，土地、用房等资源优先向人才项目倾斜，招才引智享受招商引资出国审批政策，使园区成为集聚高端人才的"蓄水池"，引领创新的"点火器"。江苏省级以上开发区、高新区131家，省级以上孵化器面积超过3000万平方米，各地引进的高层次人才80%集中在园区，园区经济总量占全省的半数。

第五，突出人才发展环境优化这个保障，营造人才创新创业的良好生态。人才跟着环境走，靠着环境兴。创新多元化投融资机制。人才创新创业具有高投入、高风险特征，在政府投入有限的情况下，坚持市场化导向，发挥财政资金杠杆作用，撬动社会资本投资人才创新创业。活跃在全省的创投机构达600多家，资金规模超过5000亿元。发展人才金融，鼓励金融机构以人才为信用基础，开发"人才贷""人才投""人才保"等金融产品，推行零抵押、零担保。构建人才社会化服务体系。制定人力资源服务业发展意见，在园区周边配套发展人力资源产业园，培育人才服务社会组织，发展人力资源服务机构3600多家。建设省级人才公寓，实行海外高层次人才居住证制度，建设外籍人才子女学校，为海外高层次人才解决后顾之忧。营造"敢为发展用人才"的浓厚氛围。对认准的人才充分信任、放手使用、重点培育、集成支持。南京市出台人才安居政策，推出"共有产权房"制度，缓解了高房价的"挤出效应"。苏州工业园区针对海归人才比较集中的实际，设立专门的海归人才子女国际学校。盐城市选派领军人才服务专员、淮安市选派科技人才秘书、徐州市建立领军人才服务承诺制，提供"点对点"精准服务。营造公平正义的法治环境。吸引人才，不仅给钱、给物、给待遇，而且营造法治生态环境，创新完善人才培养引进、流动配置、科研管理、创业扶持、知识产权保护等方面的政策法规，建立了人才维权快速援助机制，更好地维护各类人才和用人主体的合法权益。

## 二、推进人才创新创业的"加速器"

### （一）苏州高新区：以大院大所为"内核"，提升区域创新水平

苏州高新区充分发挥科技部"创新人才培养示范基地"优势，引进以大院大所为代表的高端"创新体"，集聚人才、激发创新，不断引领产业跨越式发展。[1]

---

[1] 参见本书编写组：《人才引领创新发展——江苏人才工作改革创新100例》，南京：江苏人民出版社2018年版，第214—216页。

一是广开渠道，加速院所平台集聚。紧扣重点新兴产业，引进重大院所平台。围绕新一代信息技术、新能源、医疗器械三大战略性新兴产业，引进了清华苏州环境创新研究院、中科院声学所苏州电声产业化基地等21家创新载体平台，全区累计集聚院所平台80多家。瞄准军民融合产业，引进特色军工院所，先后引进兵器214所、中航雷电院等骨干军工院所，集聚中核苏阀、长光华芯等一批军民融合的科技企业，形成全领域航空航天、高端装备等军民结合特色产业集群，成为苏南地区国防科技工业最为集中的区域之一。围绕产业提档升级，鼓励企业新建院所。采用政府引导、企业主导、市场化运作建设模式，鼓励企业建设新型研究院所。区内科技企业主导新建了苏州平导体激光创新研究院、苏州协同创新医用机器人研究院、国仟医疗科技创新研究院等研究院所。

二是创新举措，推动院所引才育才。组建大院大所人才工作联盟，推动院所聚人才，优化服务留人才。搭建海内外引才平台，定期举办院所人才招聘专场，吸纳优秀人才加盟。依托高新区北美人才工作联络站及北美离岸创新创业孵化基地，为大院大所开辟引才窗口。在澳大利亚墨尔本市建立中澳"江苏—维州研创中心"，举办"苏南科创杯"海创大赛，为院所引进创新创业人才。发挥院所引育人才主体作用。引导母校教授、研究人员以及创业团队在地方院所创新创业，实现科技成果转化。以优厚待遇引聚"高尖精缺"人才。优化绩效评价体系，对承担重大科研任务和有重大产出的科研和技术人员进行重奖。优化人才服务，协助院所人才办理整合了13类46项服务举措的"智汇苏高新"人才服务卡。保障院所人才子女就学，开辟院所人才子女入学快速响应通道。重点解决院所人才安居问题，在苏州科技城专设院所人才公寓。

三是聚焦产业，激发院所人才创新效能。发挥院所聚才用才优势，打造区域创新"强磁场"。以技术驱动型院所集聚高层次创新人才，以成果转化型院所培育创业人才项目，以产业发展型院所招募高端产业人才，各类院所吸引各类创新创业人才约6000人。中科院苏州医工所引进创新人才650多人，浙大苏州工研院集聚高层次创业团队20多支。引导院所人才将技术创新优势转化为产品优势和产业优势。以中科院苏州医工所为"领头羊"，培育壮大医疗器械产业，建设省医疗器械产业园，引进企业200余家，实现年产值60亿元。

依托国家知识产权局专利局专利审查协作江苏中心，集聚新型知识产权服务机构 80 多家，形成系统的知识产权服务产业链。推动院所人才承担一批重大科研项目，建设一批高水平研发平台，为区域发展积蓄可持续发展动能。联合企业共建开放实验室和研发中心，重点开展产业链核心技术攻关，构建开放共享、协同创新的良性生态圈。

### （二）苏州工业园：以人才集聚创新，塑造世界一流高科技园区

一是构筑特色产业体系。坚持引进和培育并举，大力发展高端高新产业，形成了电子信息、机械制造两大主导产业和生物医药、人工智能、纳米技术应用三大特色新兴产业。累计吸引外资项目 4400 多个，实际利用外资 313 亿美元，84 家世界 500 强企业在区内投资了 130 个项目。大力发展智能制造，促进"工业化＋信息化"深度融合，推动制造业向"制造＋研发＋营销＋服务"转型、制造工厂向企业总部转型，经认定的省级总部机构 39 家、占江苏省 20%。园区生物医药、纳米技术应用、人工智能三大新兴产业快速崛起，年均增速 30% 左右，2018 年分别实现产值 803 亿元、660 亿元、257 亿元；新增生物一类新药批件，占全国 20% 以上，被誉为全球八大微纳制造领域最具代表性区域之一，同时百度、华为、滴滴、科大讯飞、苹果、微软、西门子等都在园区设立了人工智能相关领域研发或创新中心，园区正在加速成为国内领先、国际知名的人工智能产业发展高地。

二是实施聚力创新战略。坚持在全球范围汇聚配置创新资源，加快形成以创新为主要引领和支撑的发展模式。引进中科院苏州纳米所、中科院电子所苏州研究院等科研院所 42 家，哈佛大学、牛津大学、麻省理工学院等国际顶尖高校在园区设立研究机构或离岸创新基地，集聚新型研发机构 559 家，中国科技大学、西交利物浦大学、新加坡国立大学等中外高等院校 29 所，在校生人数 7.85 万人，获批全国首个"高等教育国际化示范区"。提档升级"金鸡湖人才计划"，共有 159 人入选国家级重点人才工程计划，创业类占全国 7%。园区被评为国家级"海外高层次人才创新创业基地"、中国科协"海外人才离岸创新创业基地"、中新国际人才发展合作示范区，被确定为中组部人才工作联系点。园区出台瞪羚企业、独角兽企业培育计划，信达生物、基石药业等企

业入选科技部独角兽企业，园区企业总数达1046家。研发经费支出占GDP比重达3.5%，万人有效发明专利达149件，保持全省领先。苏州金融资产交易中心、股权交易中心等资本要素市场先后设立，东沙湖基金小镇入选首批"江苏特色小镇"，区域股权投资基金规模超1900亿元，覆盖创新型企业全生命周期的科技金融服务体系日趋完善。

三是深入推进开放创新。围绕开放创新综合试验"三大目标、五个平台"，系统性、整体性、协同性推进各项改革，累计实施130项重点改革任务，其中国家级先行先试任务24项，商务部发文向全国推广园区11条改革经验，改革试点效应正在加速显现。积极开展先行先试探索，主动对接复制上海等自贸区改革创新经验，构建开放型经济新体制综合试点试验、综合保税区企业一般纳税人资格、贸易多元化等试点有效开展。深入推进"放管服"改革，构建了"一枚印章管审批、一支队伍管执法、一个部门管市场、一个平台管信用、一张网络管服务"的治理架构，形成了"大部制保障、信息化支撑、不见面审批、专业化服务、平台型监管"的园区特色，95.2%的审批业务可实现不见面审批，"2333"改革目标基本实现，即企业2个工作日内注册开业，3个工作日内获得不动产权，33个工作日内取得工业生产建设项目施工许可证，"互联网+政务服务"项目荣获2018中国政府信息化管理创新奖。参与"一带一路"、长江经济带、长三角一体化等战略，推进国家级境外投资服务示范平台建设，在"一带一路"沿线22个国家和地区投资布局，协议出资额达34.4亿美元，园区模式成功在中白、中阿、中哈等合作项目上辐射推广。加快推进苏宿、苏通、苏滁等合作共建项目，中新嘉善现代产业园成功签约，成为长三角一体化发展上升为国家战略后第一个区域合作的重大产业平台，园区经验辐射力、园区品牌影响力不断提升。

## 三、筑就人才创新创业的"双创梦"

江苏十多年来，双创人才不仅为江苏发展作出了重大贡献，而且在江淮大地上演绎着无数创新创业的筑梦故事。翻开《人才的力量—江苏省百名"双创人才"侧影》，书中记录着在全省"双创计划"中涌现出来的100名双创人才、团队生动感人的创新创业故事，展现着江苏人才创新创业的新时代风貌。

★**张雷：风电行业的闯入者，能源物联网的引领者**

致力能源系统，共创美好世界。2007年张雷放弃了令人羡慕的英国金融精英职位，毅然回到家乡江阴，带领十多人的海归团队创办远景能源科技有限公司。谈起创业之初，张雷直言在规划的时候没有局限于从江阴看世界，而是从世界看中国，协同丹麦、美国的全球风电行业专家、软件技术人才，来规划产品的顶层设计。在张雷看来，人才堪称远景的核心竞争力。在远景能源团队中，既有风电行业的尖端人才，也有来自福特、波音、思科、通用电气公司和国内互联网巨头的"跨界"高管，公司先后在丹麦、美国、德国等国家设立了全球创新中心，集聚行业领先研发力量，运用不同行业的最新经验和技术来应对能源领域的新变革。远景不仅对高端人才情有独钟，对校园招聘的年轻人才同样关怀备至，寻找"梦想的偏执狂"，建立远景种子院，推出了"种子破土"计划，培育远景的优质人才梯队，使之成为远景的引领者乃至行业的驱动者。

然而，张雷的目标远不只是做风电设备，而是把目光投向了能源物联网领域。2019年3月12日，作为全国人大代表的张雷做客新华网，在接受采访时说，"智能+"的目的是为了创造价值、解决挑战，而能源互联网是可再生能源时代的运行机制和操作系统。未来，远景集团将用好能源互联网和"智能+"这两张牌，引领能源系统的分布式转型升级。早在八年前，远景集团就进行了"智慧风场""智慧风电"等一系列布局，对于风、光、水等一系列可再生能源的限电问题，可以运用人工智能对天气做出分析、判断和规划等，做出更好的规划、调度；同时，也可以吸收更多的可再生能源。这些恰恰是智能物联网或者能源互联网可以发挥作用的地方。"智能+"的目的是为了创造价值、解决挑战，对于风、光、水的限电问题就是"智能+"可以解决的场景。

远景能源正以"为人类的可持续未来解决挑战"为使命，致力引领全球智慧能源革命，让清洁能源造福人类。我们应该用更加开放的姿态拥抱绿色、低碳、价廉、充沛和无处不在的可再生能源。

★**刘晨：一波三折闯"蓝海"，奔腾"激光电视"新潮头**

有一个新名词，叫红海市场和蓝海市场。刘晨讲，红海代表现今存在的所有产业，也就是我们已知的市场空间；蓝海则代表当今还不存在的产业，这就是未知的市场空间。刘晨从中科院声学所硕士毕业后，在华为、安捷伦等全球500强企业历经研发、市场、销售、管理等多个岗位历练，积累了丰富的管理经验和客户资源。面向未知的市场大潮，他辞去了外企英伟达半导体公司的中国区销售总监，选择了"激光电视"创新方向，在创业的道路上跌倒了、爬起来，再跌倒、再爬起来……

创新灵感的引发。2010年的一天，他参加清华大学的同学会。从美国回来的同学想要打造一款有自主知识产权的家用投影显示产品。这位曾睡在他上铺的同学的提议，给了刘晨鲜活的创新灵感：显像技术经历了从黑白电视到彩色电视，再从背投电视、等离子电视、液晶电视、LED电视各个不同发展阶段，这个提议不正是电视今后的发展方向吗？

创业之初的当头一棒。刘晨经过深思熟虑，决定辞掉外企高管的职位来到宜兴创业，创建艾洛维显示科技股份有限公司。然而没有想到的事发生了。原来准备与他合资投资创业的一家央企突然决定不合作了。这无异于朝他熊熊燃烧的创业热情上泼来一瓢凉水，让他的热心凉透了。这当头一棒太惨了，打得人找不着方向。不知经过多少个日日夜夜的思想斗争，刘晨决定就是天塌下来也要干。在接下来找合作投资方的过程中，刘晨承受着前所未有的折磨。出差住几十块钱的路边小旅馆，在小吃摊上解决吃饭问题，业务上吃闭门羹的事经常发生，频频遭到对方拒绝。尽管如此，刘晨却一直坚持着。这一年，南非举行世界杯足球赛，刘晨在酒店会议室安装了当时的长焦高清投影样机，请来有投资意向的客人一起看球赛、喝啤酒，介绍自己的新产品，给来宾留下了深刻的印象。刘晨已经记不清当时找了多少个投资人，光"路演"就搞了几十场，花了有半年时间，终于找到了合作方，融到了企业发展所需的资金。

创新转型的阵痛。企业生产实现从商用向家用的战略转型，意味着需要投入大量的人力和资金去创新一项全新的投影技术。创业的头两年，做出来的产品，影像不清晰，投影不够大，达不到技术上的完美要求。无论是行业内还是行业外，都认为把短焦投影与电视技术结合没有希望。这种不断的否定没有使刘晨丧失信心，而是继续带领全体员工齐心聚力，克服了一道道技术难关。两年后，他们的激光电视采用超短焦投影显示方案，搭载目前主流的智能3D等功能，可以实现 80—150 英寸全高清显示，满足客厅超大尺寸电视的观看需要。激光电视横空出世，核心显示技术完全实现了本土化自主研发，开创了新的"蓝海市场"，引领了这个行业的发展。

让产品走向市场的艰难。有了产品，如何让客户接受又成了难题。经过很多次摸索，刘晨决心建立自己的销售渠道，发展零售代理商，条件是他们必须有自己的店面，卖的是电器等相关产品，与激光电视相匹配。交了许多学费，不断试错后，终于找到一条适合艾洛维"激光电视"销售的正确道路。2016年1月，艾洛维股份登陆新三版，使企业发展走上了更大的平台。目前，江苏艾洛维旗下的"inovel 艾洛维"品牌，拥有高清家用投影机、商务教育投影机、工程投影机、双灯高亮投影机、超大尺寸背投电视、大屏幕拼接融合系统等全线产品。

艾洛维激光电视，不仅仅是一个技术上的突破，可以说是社会发展到第四次科技革命高度信息化之后的一个产物。如今，刘晨正带着他的团队开疆拓土，奔向激光电视的新时代。

★**刘佳炎：国内 ATM 机市场的"领路人"和"先行军"**

梦想与激情齐飞，创新与创业共舞。20 世纪末，在中国的街头，ATM 机是个稀罕物，人们取款很不方便，需要排长队存款取款。慧眼看市场的刘佳炎认为，ATM 机最大的需求市场也许在中国。2005 年，在美国美瑞公司担任亚太区总裁的刘佳炎，思乡怀乡，回到家乡南通创办创斯达集团。有多大的成功，就有多大的风险。经过风雨见彩虹，他把创斯达的品牌效应一步步做大。创斯达做到了亚洲最大、世界第二，国际市场占有率在四分之一以上。

为了跻身欧盟市场拿到 CEN 证书，创斯达集团员工奋斗了 3 年，更新了半米多厚的图纸，先后 20 多人次去德国，最后终于成为亚洲唯一拥有这一证书的企业。2011 年夏天，经过两年多的接触和几个月的艰难谈判，创斯达集团成功收购德国最大保险柜制造企业 Format 公司，迈出集团国际化征程的第一步。翌年开始，全球经济低迷。但是，凭借着非凡的创新劲头，创斯达不仅没有受此不良经济形势的影响，还逆势而上。在销往欧美市场中，最畅销的一款产品就是公司自行研发的银行终端机，这是一种用于商业网点的智能化保险柜，可以将钞票自动分辨和打捆。这个产品在欧美申请了技术专利，保护了自主知识产权。

　　创新永远在路上。创斯达与有关高校合作开发国内首创、世界先进的超高性能水泥基复合材料ATM机柜，向扩大全球市场份额和产品终端化的方向迈进。之后，又先后收购在自动收付费和移动终端机等领域中具有领先世界技术的3家德国公司和一家英国公司，实现了从单一生产设备到大型机电、软件一体化等复杂高端设备生产的华丽转型。创斯达公司建立了一支由3名博士8名硕士组成的科研中心，继续进行新产品的研究开发，公司先后研发17项高新技术产品、获得86项专利，其中发明专利19项、实用新型专利60项。创斯达产品的销售已由原来的法国、美国、加拿大等市场扩展到日本、韩国、瑞典等地。世界领先的"六西格玛"质量管理在创斯达生根，开花，结果。

　　经过十年奋斗和耕耘，创斯达打破了这个长期由外资主导的市场，大大降低了ATM机的技术壁垒，并让这个市场在国内蓬勃发展，在全球市场占有率越来越高。刘佳炎是一名学者，地道的"知本家"，海归专家。下海创新创业，不仅把"知本"转变成了"资本"，还在金融领域的银行设备制造上闯出了一片新天地，在家乡的热土上释放出新时代光芒。

# 第六章　创新人才成长的影响因素

创新人才是创新活动的主体，对创新人才成长影响的各个因素的特性及构成进行分析，不难发现这些影响因素并不是相互独立存在的，而是相互影响并形成一个复杂且相对稳定的体系。创新人才成长的过程是一个难以用经典解析函数和理论概述的复杂过程。目前，我国现有的这方面的研究多从单个影响因素进行分析，譬如人才的培养模式、人才的政策等，多数缺乏对人才多方面影响因素的综合分析。国内学者与国外学者的研究侧重点不同。国内学者更多的是进行比较宽泛的讨论影响创新人才成长的因素，而没有进行微观分析。国外学者更加侧重微观因素对创新人才成长的影响。基于此，我们把国内与国外学者的研究特点结合起来，对创新人才成长的影响因素进行综合研究，搞清楚其影响因素的内在联系，找到影响因素之间的最优组合，揭示创新人才的成长规律，为更多的人才创新创业、成功成才提供有益的借鉴和参考。

## 第一节　培养创新人才的各种误区

"为什么我们的学校总是培养不出杰出人才"？这是发人深省的钱学森之问。为什么美国、英国能产生世界上最多的诺贝尔奖获得者？今天我们如何能够培养大批的拔尖创新人才？我们通过对中国教育方法研究，对美、英等发达国家的教育方法研究，不难发现最根本的原因是现在的诸多教育方法违背了人才成长规律，在人才的培养上陷入了诸多误区，受到了人才成长规律的惩罚。

国内外对创新人才培养存在的问题是多方面的，其中在培养误区上是不可忽视的现实难题，由此引发在人才培养的价值取向、方式方法和政策策略出现问题。

## 一、目标定位：出现错位、缺位和不到位

### （一）误认为高智力人才就是创新人才[①]

长期以来，大多数人都把智力高低视为判断人才创新力的标志，由此把开发智力作为培养创新人才的目标方向。这种观点不仅有较大的市场，而且在多数人的思想里较为顽固。为什么会出现这样的误判呢？就是因为人们对智力与创新力的关系没有搞清楚。其实智力高并不等于创新力强。创新力并不是一种智力特征，而是一种综合素质，是智力、知识、人格、动机、环境、思维风格等多种因素相互作用的结果，而智力只是这些因素之一。由此可知，创新力与智力两者之间是包含而非等同的关系。除此之外，我们长期对什么叫智力理解不全面。在现实生活中，大部分人把智力误解为是以语言能力和数理逻辑能力为核心，并以整合的方式存在的一种能力。在这种观念的导向下，一元化的教育模式往往忽视了受培养者其他方面优势能力的培育，使教育没有针对性，影响了受教育者的特长的充分发展。事实上，智力是包括人际关系能力、身体运动能力、音乐能力、自我认识能力、视觉空间能力等在内的一种综合能力。美国《纽约时报》的科学专栏作家、哈佛大学心理系教授丹尼尔·戈尔曼（D. Golman）在1995年出版的新著《情绪智力》一书中明确提出："真正决定一个人成功与否的关键是情商而非智商。"[②] 还有的专家研究表明，一个创新活动的成功，智商因素大约占20%—30%，而情商因素大约占70%—80%。因此，忽视了情商的培育，不仅会使人才缺乏伟大胸怀和高尚情操的孕育，还会使创新能力的发展和创新目标的实现失去巨大的动力。

---

[①] 参见周瑛：《创新人才培养的误区与体系构建》，西安理工大学硕士学位论文，2005年，第12、13页。
[②] 参见葛明贵等：《大学生心理健康教育研究》，北京：教育科学出版社2001年版，第144页。

### （二）误认为高学历人才就是创新人才

所谓学历简单地讲就是学习的经历。它既不等同于能力，更不等同于创新力。任何一种教育只是培养受教育者的基本素质，也就是说对受教育者仅仅具备了成才的可能性，而能否真正成为人才，最终落脚点在于一个人社会实践的综合能力。在现实生活中，有许多高学历低能力的人，有的人虽然学富五车，满腹经纶，但却是个"书呆子"，一生并没有什么创新和贡献。有许多学历并不高，主要靠自学成才。我国著名数学家华罗庚初中学历，全部依靠自学学习数学。24 岁时在数学方面就迈入了世界一流数学家行列，25 岁时发表了震惊世界的数论专著。比尔·盖茨13 岁上八年级时就开始自学大学一年级数学课程，18 岁时上大学就开始自学了研究生级别的数学和物理课。在大学他多数课程逃课，将上课时间降到最低。他从小学到大学都不做笔记，20 岁辍学后创立微软公司。牛顿和爱因斯坦，并未有很高的学历，却做出了划时代的贡献。爱因斯坦从小学到大学，一向反对填鸭式的教育方式，把全部精力用在自学上。12—16 岁自学了基础数学包括微积分原理和一些理论物理。在大学里，他经常不上课，主要在家里自学物理大师的著作。26 岁在三个不同方面，齐头并进，取得了三个划时代的成绩。[①] 这些事例证明，一个人的学历与创新能力并不一定成正比，它对创新而言，不是先决条件。也就是说，接受过系统教育且学历很高的人并不一定就能成为创新人才。相反，一些学历并不高但经过自学或实践而具备了很高的创新能力的人，也能成为创新人才。因为创新是把原有的知识从固定的结构中提取出来，然后在全新的组织中产生全新的系统和知识结构，这里最重要的是打破传统的思维定式的束缚，有效地把知识按一定的结构组织起来当作化合物去应用，而不是把知识随意堆积起来当作混合物来使用。

### （三）误认为高科技素养人才就是创新人才[②]

长期以来，在我国教育界就有教育是先培养"人"还是教育先培养"才"

---

[①] 参见尚建荣：《创新人才成长规律大揭密》，百度文库·中国教育的探索，2012 年 7 月。
[②] 参见周瑛：《创新人才培养的误区与体系构建》，西安理工大学硕士学位论文，2005 年，第 13、14 页。

的争论，争论的核心是教育目的和价值观问题。作为一个人才，应当坚持人文精神与科学素养的统一。科技和人文既有联系又有区别。科技是认识自然界、社会和思维发展规律的知识体系和改造世界的方法的技能体系，回答的是"是什么""为什么"和"做什么""怎样做"的问题。人文泛指人类社会各种文化现象，回答的是"应该是什么""不应该是什么"和"应该如何做""不应该如何做"的问题。也就是说科技只是从认识、方法层面解决的是工具理性问题，而人文为科技启示方向，解决科技的价值理性等问题。自然科学的发展，推动了学科的分化和社会的分工，于是"专业教育"应运而生，自然科学教育逐步与人文、社会科学教育分离。但是，自然科学的进步并不能同时带来人文精神的提高，在给人类物质生活创造巨大繁荣的同时，也造成了生态破坏、环境污染、资源枯竭等诸多危机。然而，现在由于人们对专业教育的过分强化，导致了在人才培养中的技术化和功利主义倾向，从而造成了人的片面发展和人文精神的滑坡。从历史和现实看，一个国家如果没有先进的科技生产力，就会一打就垮；而如果没有厚重的文化传统和独立的民族文化意识形态，则会不打自垮。① 没有人文的科学，是残缺的科学，科学中应有丰富的人文精神；没有科学的人文，是残缺的人文，人文中应有宝贵的科学基础。因此，创新人才应该既有良好而坚实的科技素养，又有高尚而博大的人文精神。当今时代呼唤着人文和科学两种文化的重新融合，培养"人文精神与科学素养统一"的一代新人。

## 二、培养路径：表现偏差、偏颇和偏向

### （一）误认为精英教育就是创新教育

精英教育是对适龄人口入学率在15%以下者的精英教育，入学率在15%以上至45%以下者称为大众化教育。创新教育是以培养人们创新精神和创新能力为基本价值取向的教育。教育家苏霍姆林斯基曾说过，创造的素质是每个

---

① 董爱玲：《儒学与马克思主义的文化会通和融合研究》，北京：人民出版社2017年版，第171页。

人、每一个正常儿童所固有的，需要的只是把他们揭示出来并加以发展。[①] 在大量的创新实践活动中，足以证明创造力是每一个人固有的潜能，因此，创新教育不是也不应该是对少数人的精英教育，而是面向全体受教育者的全员教育。在现实生活中，人们往往把创新教育只针对少部分"学习好、脑袋灵、学有余力"的受教育者身上，这样就会把创新教育对象狭窄化，把创新教育价值标准单一化。一些欧美等发达国家的创新教育并不是把培养少数精英作为唯一的目标。一个人创新的源头活水在信念、观念，创新教育具有浓郁的人文精神，其信念就是每一位正常的受教育者都有一定的创新潜能，都能通过适当的教育，成为某一方面的创新人才。由此可知，创新教育是面向所有具有创新潜质人员的全员教育，而不是少数人的精英教育，是坚持面向全体受教育者"下要保底、上不封顶"的教育，既要建立起面向全体学生，确保每个学生的基本素质合格，又要让每个学生的个性得到最大限度地发展的教育机制。

### （二）误将素质教育代替创新教育

创新教育是素质教育的突破口，是在素质教育的基础上的提高和升华，是素质教育的灵魂和核心。素质教育是创新教育的载体，实施创新教育必须全面推进素质教育，并贯穿于实施素质教育的全过程。但是，素质教育和创新教育是有差别的。素质教育是要全面提高学生的基本素质，而创新教育是在人的普遍素质中，单独提出一种由创新精神、创新思维、创新人格、创新能力和创新知识等要素整合而成的创新素质，并对此加以特殊强调和着力培养创新创造能力的一种教育。创新教育不同于传统的教育，更不同于应试教育，它不仅需要知识的积累和继承，更要培养人的创新能力和挖掘人的潜能，注重培养的是人的创造力、想象力、好奇心、挑战性，并且富有冒险性和独立性，既要培养获取知识的能力，又要培养具有突出的实践能力，还要培养富有创新精神和创新才干。因此，一方面，素质教育为创新教育奠定全面的素质基础；另一方面，创新教育是素质教育的积淀和升华，这二者不能相互替代。

---

① 李壮成：《创新型教师教育的价值选择与改革策略》，载《四川文理学院学报》2010 年第 3 期，第 71 页。

## (三) 误认为学校教育是培养创新人才的唯一阵地[①]

许多人误认为只有高等教育才是培养创新人才的摇篮，这是不正确的。原因在于这些人是以短视和片面的眼光看待创新人才培养这个问题，只看到培养人才的结果而不看过程，或只看最后阶段的单独作用而不看培养人才的全部阶段的综合作用。创新人才的培养是一个系统工程，有学前、小学、中学、大学和大学后等五个阶段，这些阶段环环相扣，缺一不可。心理学研究表明，幼儿教育是创新教育的第一环，而且是重要的一环。中小学教育是创新教育打基础的重要阶段，这一阶段的学生基础打得牢不牢，将直接关系到创新人才的成长与发展。大学阶段学生的创新力发展已渐趋成熟，很多方面的创新性已经接近顶峰。因此，只有在确保学前、小学、中学、大学、大学后各阶段的连续性和衔接性基础上，才能培养出创新人才。如果在幼儿教育阶段只搞压抑个性的"听话教育"，在中小阶段仅实施束缚全面发展的"应试教育"，到高等教育阶段才开展"创新教育"，这样是培养不出创新人才的。所以，创新人才的培养既是高等教育的根本任务，也是基础教育的重要任务，并与终身教育紧密联系。在现实生活中，许多人错误地认为学校教育是培养人才的唯一阵地，甚至一些人赋予了学校不堪承受的重任，指望通过学校教育就能够把所有的受教育者培养成为创新人才，这显然是不切实际的，也是错误的。大家知道，家庭教育在终身教育和人一生的成长过程中，具有其他教育不能替代的特殊地位和重要作用。良好的家庭教育是培养创新人才的源头和基础，是学校教育的必要补充。从社会教育看，创新人才是在一定的社会中成长起来的，他们的成长始终受到社会环境的影响和制约，所以社会教育对创新人才的培养是不可低估的。无数事实证明，一个人成长尤其是创新必须经过社会实践才能走向成功。

## 三、培养方法：不妥当、片面性和简单化

创新人才的培养方法主要存在着如下问题。[②]

---

[①] 参见周瑛：《创新人才培养的误区与体系建构》，西安理工大学硕士学位论文，2005年，第20—21页。

[②] 参见周瑛：《创新人才培养的误区与体系建构》，西安理工大学硕士学位论文，2005年，第16—18页。

一是在现实生活中，有些人认为通过一系列既定计划和方案的实施，能够训练出创新人才。这是不正确的，因为这样可以培养出人才是可能的，但未必是创新人才。训练和创新在本质上是矛盾的、互不兼容的。训练是规范统一的，在本质上是传承与延续，而创新是鼓励人用创造性思维主动地进行新的探索实践，从而创造出有进步价值的新成果，标新立异的首创，在本质上的体现是发展与超越。由此可见，创新人才不是训练出来的，原因在于五点：①创新是人们能动、自愿进行的认知和实践活动，而被训练者可能是自愿的，也可能是被迫的；②创新能够产生有一定经济效益或社会效益的新成果，而训练的结果不一定产生经济效益或社会效益；③创新的价值标准是正面的，而训练的价值标准是有正也有负的；④创新是第一次的首创性的活动，而训练可能是常规性的。⑤创新人才具有特定人格和精神。人格和精神因素是训练不出来的，它只能在一定的土壤和环境中，经过精心的培育，才能生根发芽、茁壮成长，而不具有创新人格和创新精神的人，不能被称为创新人才。当然，也不排除对创新方法和技能进行一定的训练，但这和训练创新人才不是同一个概念。

二是还有人错误地认为，通过单一地开发人的右脑，就能够培养出创新人才。现在有一种观点认为，创新教育必须改变重左脑轻右脑的教学倾向，只训练和开发学生右脑的潜能，也就是所谓的"开发右脑"学说。"开发右脑"学说的提出并非主观想象、信口开河，而是有一定的理论依据。也就是兴起于20世纪60年代的"大脑两半球分工说"。该学说认为左脑是理性的脑、知识的脑，右脑是感性的脑、创造的脑。过去由于技术发展水平的限制，脑科学研究的许多观点是通过脑损伤的病例得出的，这样得出的结论是片面的和不正确的。现在，通过高科技的应用，人们日益认识到脑活动的整合性，并以整合的观点重新研究人的大脑。曾经提出这一学说的美国科学家斯佩里教授也认为，在正常状态中，人脑的两半球是紧密地结合得如同一个单位进行工作的，而不是一个开动着另一个闲置着。因此，那种认为仅通过实施右脑教育就能培养出创新性的说法是片面的。因为人的左脑和右脑的功能差异是相对的，左脑和右脑是以各种不同的信息处理水平相互联系、协同活动着的。不管什么科目，既与左脑有关，也与右脑有关，只用左脑或右脑就能学习的科目是没有的。假如人们只开发右脑，忽视左脑，这不仅破坏了受教育者正常发育的进程，而且还会对其人的身心健康发展造成一定的伤害。

三是还有一些人认为，通过取消考试，能够培养出创新人才。多数人认为，目前我国的教育不是素质教育，而是应试教育，是应试教育把学生的创造能力给扼杀掉了。有人说，考试是创新人才培养的障碍，唯有远离考试、取消考试，才能将受教育者彻底解放出来，才能涌现出大量的创新人才。显然这种认识是站不住脚的。虽然在我国传统的教育中，把传授知识作为主要目标，认为传授知识比培养能力更重要，往往老师教的过多过细，代替学生思维，学生主要是死记硬背，当然这些做法是不对的，也是不符合创新人才培养要求的。但是，也不能从一个极端走向另一个极端，从而取消考试。因为考试是教育过程中的一个重要环节，是检查教学效果的一种重要手段，是测量学生掌握知识程度和能力状况的一种方法。通过考试，可以获得学生掌握知识和技能的状况以及教学中存在的问题等信息。考试还作为教育评价的工具，是人们普遍认为比较公平的测量手段，它对教育活动和其他某些行为具有很强的导向作用。因此，考试必须承担起为培养创新人才服务的重任。要探究在考试中如何体现或考查受教育者的创新精神和创新能力，突出学生思维能力的培养和获取知识能力水平的提高，并揭示出考试和创新人才培养之间的内在联系和良性互动的条件，探索创新人才培养的规律。

## 四、评价标准：过于单一、简单和偏离实际

关于人才的评价方法长期以来存在诸多弊端，其中一条重要的原因是人们对人才的评价标准的观念和导向上存在误区。①

一是误把技术成果作为评价创新人才的唯一标准，这是不正确的。人们知道，创新是由技术因素和非技术因素组成的综合体，技术因素是创新人才的外显因素，精神和人格等非技术的显现是创新人才的内含因素。内含因素往往不易被人注意和定量考察，使人们通常以技术成果作为衡量创新人才的唯一标准。当然用技术成果评判创新人才有利于评判受教育者对一些技巧和方法的掌

---

① 参见周瑛：《创新人才培养的误区与体系构建》，西安理工大学硕士学位论文，2005年，第21—23页。

握程度，在一定程度上也可以促进受教育者创新素质的提高。但是，如果片面强调创新技术成果这样是不全面的、也是不妥当的。因为一些重大创新都来自理念创新，理念创新是创新的源头活水。对于学生而言，在大多数时候都缺乏使创新观念转化为物质成果的条件。因此，注重鼓励学生通过积极思维，对于研究问题和解决问题能够另辟蹊径、变通求解而产生新颖、独特的观念等，应作为评价创新人才的标准之一。评价创新人才应该按其对象特点和类型，综合考虑外显因素和内含因素，要从创新精神、创新思维、创新人格、知识创新、技能创新等多方面进行多角度的综合性评价，这样才能全面评价人才创新的优势和长处，展示和实现自身的价值，才能使创新人才评价的标准科学化、系统化。

二是误将泰勒模式作为评价创新人才的唯一模式。泰勒模式是美国学者拉尔夫·泰勒在 20 世纪 30 年代提出的评价理论，即行为目标理论。这个模式以目标为出发点和最终归宿，组合成一个封闭的环路。显然，只要接受这样的评价模式，就必须遵循指标体系所规定的价值，这样所谓的创新人才的自主性、主体性、个性化、多元化也就形同虚设了。目前我国对创新人才进行评价的基本程序是，设计评价方案—公布指标体系—组织现场评价—交换评价结论。而这样的评价方案的设计思路，通常离不开"指标体系—评价标准—权重系数—量化方法—加权求和"这几个基本环节。这种评价模式基本上属于泰勒模式。由于我国一些地方不同程度地存在着唯论文、唯职称、唯学历、唯奖项倾向，使人才称号回归学术性、荣誉性本质难以落实到位。这其中一个重要原因是受泰勒模式和传统人才评价标准的影响。目前我国人才评价理论和评价体系尚不完善，在人才评价的灵活性、针对性、精准性和实用性方面存在较大差距。从国外看，现有的评价模式是多种多样的。譬如，CIPP 模式：即 1966 年美国的斯塔弗尔比姆首创的由背景评价、输入评价、过程评价和成果评价等四种评价组成的一种综合评价模式。再如，目标游离模式，是 20 世纪 60 年代由美国教育家和心理学家新克里文提出的一种以需要为基础的评价模式，比模式认为评价不应受到教育教学目标的限制，而应全面收集教育教学实际结果的各种有关信息，重视被评价者"实际干了什么"。还如，决策模式、相互作用模式、协同自评模式等。这些评价都有优点和缺点，一定要构建符合我国国情的创新人才评价体系，坚持正确价值导向，不把人才荣誉性称号作为承担各类国家科技计划项目、获得国家科技奖励、职称评定、岗位聘用、薪酬待遇确定的限制性条件。

三是误将事实判断作为创新人才评价的唯一标准。现在对创新人才评价通常采用"听、查、谈、问、考"等方法，之后再对搜集到的信息进行整理和进行简单的加权计算，对照《评价指标测量表》进行"对号入座"。如此感性的信息搜集加工和简单评价技术，其评价结果的可信性、精准度常常引起人们的质疑。产生这种疑问的主要原因是误以为评价仅仅是一种事实判断。美国学者格朗兰德认为：评价＝测量（量的记述）或非测量（质的记述）＋价值判断。评价是在量或质的记述基础上进行的价值判断活动，评价包括事实判断和价值判断两部分。事实判断是关于客体本身是什么的判断，它所揭示的是客体本身的性质和特点。价值判断是关于客体对主体的意义是什么、对主体意味着什么的判断，它所揭示的是主体的需要与客体的性质、功能之间的关系。这两者之间的根本区别就是价值判断中多了一种决定其质的因素，即人的需要。譬如，我们检查一个地方的发展情况，只要把这个地方经济社会发展的主要统计数据看一看就行了，这是事实判断，是容易做到的。但是，如果我们检查这个地方是否高质量发展，那么光看主要统计数据是不行的，要对这个地方的发展是否符合生态环境的要求、对未来发展是否健康持续、老百姓生活是否满意等作出价值研判，这种价值判断不是一件容易的事情。再如，如果我们对一所科研院所藏书几千万册检查，只要查清这个学校的现有藏书和电子藏书有多少就可以了，这是事实判断，比较容易。但是，如果对该所的藏书是否符合科研人员的创新要求，或者该所藏书在多大程度上满足科研人员的创新活动需要。这必须在事实判断的基础上再作出价值判断，这不是一件容易做到的事。然而，在现实的人才评价中，人们往往有意或无意将这两种不同性质的判断混为一谈。还譬如，对一个人才评价，假如按照学历、职称和论文评价是很容易的。但是由于你信息不对称，你不知道他真正干得怎么样，你不知道他贡献怎么样，就只能单纯看他表面上这些东西，学历是什么，职称是什么，论文是什么。这种评价人才导致很多不是高学历、高职称或者多论文的但有突出贡献的人才出不来。屠呦呦荣获诺贝尔奖，没有像现在这样的高学历，没有高的职称，但她同样获得如此大奖,因为评奖的时候不看这些东西,就看你发明创造的东西对人类有多大贡献,主要是突出她的业绩和贡献。因此,我们对创新人才的评价不仅要借助统计、测验等手段进行量的测定,而且要进行质的分析,也就是要把所有考查绩效的材料和分析综合起来,进一步研究在多大程度上能够达到预期的目的,由此作出价值性判断。

总之,创新人才的评价方法应该是建立在事实判断基础之上的价值判断,这个评价制度既要与国际接轨,又能体现中国特色。人才评价制度的科学化,就是遵循人才的成长不同规律,不断创新评价的理论和技术,注重把定性与定量、静态和动态、显能和潜能、过程与结果辩证统一起来,形成多元的评价治理结构,以社会的理性来打破组织理性的局限性;人才评价的社会化是人才的价值最终要社会承认,不管你是行业承认,还是市场承认,还是社会承认,最终都要反应在社会层面上,让更多的人对你的成果有一个认可,这样你才能够转化为财富;人才评价的市场化就是强调用人主体的作用,减少政府的干预,发挥市场的作用,把人才的评价融入配置资源的过程当中,当人们配置资源的时候,一定有一个评价指挥棒引导评价什么,评价一定要提高它的经济性、效率性和效益性。

## 第二节 影响创新人才成长的因素

创新人才的成长过程是一个较为复杂的系统,影响其成长的因素是错综复杂的,必须从多方面影响因素进行综合分析。从总体上看,个性特征是创新人才成长内在因素;教育培养是创新人才成长的重要因素;社会环境是创新人才成长的基本因素。

### 一、内在因素

#### (一)创新的初心与理想信念

创新人才特别是科技创新人才,在成长过程中首先要有爱国奋斗奉献的情怀，树立献身国家创新发展的理想信念。在高质量发展面前，唯改革者进、唯创新者强、唯改革创新者胜。我们要实现"两个一百年"奋斗目标，必须坚持创新发展，培育新的增长动力和国际竞争力优势。只有坚持新发展理念，推动以科技创新为核心的全面创新，增强科技和产业实力，才能为我国可持续发展奠定根基，才能在复杂多变的国际竞争中赢得新的竞争优势。科技领域是人才创新的特殊领域，创新人才要在这一领域有所作为，最为关键的是要有对科技创新事业的追求，要树立正确的人生观、价值观、世界观，具有强烈的爱国主义情怀与全心全意为人民服务的意识，才能在科技创新活动中发挥聪明才智、奉献自己的力量。而创新人才持续创新的源头活水，来自对崇高的理想与坚定的信念的支撑，来自建设国家富强、实现人民幸福的美好愿望。创新之路崎岖而光明，任何创新之路总是充满坎坷与不确定性，创新人才只有对创新的长期坚守和执着追求，才能正确面对科研创新中的成败得失，才能在无数挫折失败中不断挑战自我、战胜自我、超越自我，不断地推陈出新，不断地在崎岖的山路上攀登一个又一个科学高峰。

### （二）创新意识与创新精神

一谈到创新，大家就觉得是尖端技术，只有科学家、高级工程师才能干，与普通人无缘。其实创新并非那么高深，很多时候它就在你我身边的大事小情中。创新这事，科学家要干，普通人也应该干。我们每个人都要有创新的意识，不断提高自己的创新能力，用创新的精神来改进我们的学习和工作。创新意识包括创新动机、创新兴趣、创新情感和创新意志。创新动机是创造活动的动力因素，他能推动和激励人们进行创造性活动。兴趣是创新思维的营养，创新兴趣能促进创新活动的成功，是促使人们积极探求新奇事物的一种心理倾向。创新情感是引起、推进乃至完成创造的心理因素，只有具有正确的创造情感才能使创造成功。创新意志是在创新中克服困难，冲破阻碍的心理因素，创新意志具有目的性、顽强性和自制性。创新意识是创新人才所必须具备的。最关键的是培养人才的创新思维。创新人才应将创新意识与创新精神内化为自身的习惯与自觉行为，不仅能够时时创新、处处创新、事事创新，更能将创新原理与技巧结合创新需求,变成创新人才的基本素质。创新人才还要具有耐挫能力。[①] 一定数量和一定强度的挫折能使人们增加知识才干,培养起坚强的意志、克服困难的毅力和提高对周围环境的适应能力。任何一个创新成果都不可能一帆风顺,特别是在挫折日益普遍的今天,要培养创新人才面对失败能表现出不屈性,面对厄运能表现出刚毅性。在创新过程中遇到困难、不幸和打击时,能够不灰心、不动摇、不悲观,顽强地与厄运抗争。只有这样,作为一个创新人才才能激发出火一般的热情,充分发挥自己的主观能动性,冲破重重阻力和障碍,为实现自己的志向而奋斗。

### (三) 创新人格与创新知识结构[②]

创新人格是与人的创新能力密切相关的个性心理特征。心理学研究表明,个性心理特征调整着个性心理过程,影响着人的外显行为和内在行为,它与人的创新能力密切相关。斯坦伯格在创造力的投资理论中指出:表明实质的创造力,具有忍受模糊的能力、克服障碍的意愿、成长的意愿、敢冒风险、自信等五种人格特征是关键。创新人才的创新人格,应当是富有创新性、开放性、独立性、坚韧性、自信心、好奇心、冒险精神。创新人格是在具体实践中逐步形成与发展的。创新人格是创新素质的关键环节,是创新思维和创新能力形成的基础。任何一项创新行动,都必须由"想要做""怎样做"和"坚持做"三部分组成。创新意识属于"想要做"的意向驱动系统;创新能力属于"怎样做"的技术支撑系统;创新人格属于"坚持做"的维持系统。因此,创新意识、创新能力与创新人格构成了创新素质的基本结构,也可以称为创新人才的基本特征。从创新知识结构看,创新人才应具有合理的知识结构,它是创新能力培养的坚强基石。创新能力主要表现在创新人才的知识经验、创新思维和创新实践。在创新知识方面,理想的知识结构不仅要有较宽的基础知识、知识的前沿性和科学性,而且要具有这些知识的关联性、互补性,互为所用,还要具有一

---

① 参见李长萍:《影响创新人才成长的主要因素》,载《中国高教研究》2002年第10期,第32页。

② 参见万琼:《高校创新人才培养影响因素及其优化》,南京航空大学硕士论文,2008年,第14页。

定的创新知识与技法,目的是将丰富的知识经验转化为能力,在具体的实践中产生新的成果。就科技创新人才而言,凡取得重大成就的科学家都具有扎实的专业基础与广博的知识结构。专业基础是科技创新人才科学研究的前提条件,广博的知识结构是进行科技创新的关键。

### (四) 协同创新与合作攻关

一方面,当今重大科技项目创新往往都是协同创新。协同创新可以将创新资源和要素有效汇聚,通过突破创新主体间的壁垒,充分释放彼此间人才、技术、信息、资本等创新要素活力而实现深度合作。协同创新能够使各个创新主体要素实现创新互惠、知识共享、资源优化配置、行动最优同步、高水平的系统匹配度。协同创新的关键在于协同创新平台的搭建,面向科技重大专项或重大工程的组织实施,建设一批可实现科技重点突破的协同创新平台;面向产业技术创新,建设国家层面支撑产业技术研发及产业化的综合性创新平台,加快科技成果转化、产业化。另一方面,人才创新还要有团队协作的精神与合作攻关的能力。在现代科学技术飞速发展的今天,任何个人的力量都很难实现一些重大科技攻关项目,需要组建创新团队,把需要的各方面的专业人才汇聚起来,发扬团队协作精神和联合攻关的优势,运用兵团作战思维,在团队合作中发挥个人潜能,使团队的整体效能达到最优,能够集中优势力量开展科研攻关,实现某些方面的重大突破创新。

### (五) 人才群体结构智力激发与互补功能[①]

人才群体结构对创新具有智力激发功能。智力激发是创新思维的根本途径,能够开拓思维路线和方法,提高思维能力,重要的是对每个人才个体带来创新的灵感,创造出科学、技术上的创新成果。创新人才群体成员之间相互启发、激励、促进,形成了出人才、出成果的良好土壤和环境。在这种环境里,人才的创造性思维不断得到刺激和强化,不仅产生科研成果,而且促进了团队

---

① 参见张维和:《结构因素对创新人才群体成长的影响》,载《中国高校科技》2011年第9期,第62页。

成长。合理人才群体结构可以促进人才智力激发功能的发挥。人才群体结构对创新具有互补功能。张维和研究认为，智力开发和传递通常以知识为媒介。人才群体中的个体知识面过窄，智力开发和接受智力传递的水平有限。在科技创新中有时出现思维的"饱和现象"，一个人的智力往往难以突破现代重大科研课题。当今的科研攻关、科学发现、科技发明创造等，都需要创新人才群体内部的知识叠加、智力互补和智力激发。譬如，在第二次世界大战期间，以英国物理学家勃兰特为首的人才群体，集中了数学家、理论物理学家、天文物理学家、生理学家、测量技师等11人，通过智力互补成功地研制出雷达，建立了英国用雷达控制的强有力的防空系统。因此，在创新人才群体中不同专业、不同领域的人才结构相结合可以取长补短、拾遗补阙、相互补充、彼此配合，使各有"一能"的人才个体组成"多能"的人才群体，以提高人才群体绩效，保证创新人才群体可持续成长。

## 二、教育因素

良好的教育是培养创新人才的基石。什么是良好的教育呢？良好的教育犹如长跑比赛，终点看成绩，终点成绩好，才是教育好。但是，从某种程度上说，我国的教育不符合长跑特性，刚起步就叫小孩子们冲刺，从表面上看好像前期我国学生跑得最快、成绩最好，甚至把欧美学生甩到了后面，但当跑到一万米之后，我国的学生就会落在队伍的后面，甚至有的跑不到终点。这说明我们的教育方法不对，开始跑在前面就说好，评价方法也不对。造成这种教育人才问题的原因，主要是在培养人才上急功近利、拔苗助长，较少有人关注万米赛跑方法、战略，较少有人关注终点成绩，较少有人关注这是万米赛跑，路还很长，刚起步的成绩并不代表最终成绩，也看不到长远成绩。人才要成长，方法必须正确，必须两条腿走路[1]，一条是获取知识，一条是提高思维能力。我国的教育重知识传授，轻思维能力培养，是一条腿走路，并且这条腿要老师扶着才能走，在学校，在有老师传授知识的情况下，学生还能获取知识，还能走

---

[1] 参见尚建荣：《创新人才成长规律大揭密——论思维能力与获取的知识相适应规律就是人才成长规律》，百度文库·高等教育，2018年。

路，但离开了老师，我们的学生就缺乏独立思维的能力，独立获取知识的能力，缺乏相适应的思维能力，我们的学生就成了没有腿的人，走路就会很慢，就不会取得终点好成绩。因此，我们必须树立创新教育培养创新人才的理念，从家庭教育、学校教育和社会教育的人才教育链中研究创新人才的培养和成长。

家庭教育：创新人才成长的起点。家庭既是社会的细胞，也是社会构成的基本单元。学校是教育学生接受教育的主要场所，家庭和社会是学生成长不可忽视的环境。学校、家庭和社会三者要紧密结合起来，把各方面的教育力量优化组合起来，教育才能巩固提高。小孩从出生到幼儿教育，从小学教育到中学教育，从大学教育到社会教育，始终都受到家庭教育的影响，特别是在幼儿教育、中小学教育，对孩子的创新成长是至关重要的环节。因为在这个阶段是打好各项基础的关键时期。没有这个阶段好的基础，大学教育就失去了优势。我们不能误将大学教育当作创新人才的教育。在家庭中，和谐温暖和民主的气氛对孩子的创新能力发展是十分重要的，因为在这种气氛下，父母才会有意识地培养孩子的独立性，容许他们有自己的想法，做自己想做的事，在年幼时就要养成独立思考问题的良好习惯，使创新能力得以发挥。在创新人才成长过程中，家庭教育是培养创新人才独立性、创造性的关键，良好的家庭氛围能够使得创新人才的创新能力和创新精神得到有效的开发。

学校教育：创新人才成长的阵地。学校教育是有目的、有组织、有计划地培养人的活动，并在整个教育中起着主导作用。与欧美的学校教育相比，我们的教育往往重视应试教育，轻视创新教育。主要体现在为了考试而学，以考试论英雄，为了记住一切有可能在考试中出现的东西而学习。我国的"高考状元"被诸多名牌大学将其视为人才，争相录取。奥林匹克知识竞赛金牌得主可保送上名牌大学。我国的高考状元是不是人才？从世界范围看，世界上并没有一种人才叫考试型人才。德国、英国、美国等国家大学经常拒招考试状元，因为他们更看重的是思维能力、创新能力的潜力和潜质。一位美国教育专家说，美国中学学习成绩好的学生，往往可能会进不了大学的门，这是因为美国大学入学考试较少考学科知识，而是更注重能力或智力方面的测试。[①] 教师要相信每个学生都具有巨大的创新潜能，鼓励学生不断自我超越、实践探索、施展才华；在教育中要充分发扬民主，使学生的思维活跃激荡，使人才的创新才能得以迸发。促进创新人才成长，必须改革传统教学模式，深化改革教学制度、改革教学方法，要把学生从繁重的作业中解放出来，给学生留出创新思维的空间，让他们独立思考问题、研究问题。要倡导学生从追求"学"转向"问"，激发学生学会提出问题。

社会教育：创新人才成长的课堂。人才成长的轨迹是从家庭教育到学校教育，最终要走上社会实践检验。这里所讲的社会教育主要是指人才在社会实践中再学习提高的教育。现行的办学体制一直是以政府办学为主体，一些学校"关门"办学，教育系统管理与运行相对封闭，造成了社会力量参与人才培养的优势没有发挥出来，严重浪费了社会资源办学，致使人才创新的社会环境相对滞后。具体表现为社会力量参与人才培养的动力不足、路径不畅、方式单一、层次浅显、质量不高、社会教育资源利用率低等问题。究其原因是社会力量参与人才培养的目标不明确、社会力量参与人才培养的支持机制不健全、社会力量参与人才培养的动力机制缺乏、社会力量参与人才培养的监管机制不合理、社会力量参与人才培养的协调机制不和谐、社会资源参与人才培养的共享机制不广泛。因此，必须围绕培养创新人才深化改革社会教育机制，坚持教育社会化、社会教育化的新理念，走教育治理体系现代化之路。

## 三、社会因素

社会环境是创新人才成长的基本因素。社会环境与人才成长的关系，如同大自然对于周围事物的影响。人们都知道"欲致鱼者先通水，欲致鸟者先树木；水积而鱼聚，木茂而鸟集。"的道理。在社会环境中的各种不同环境，譬如经济、政治、文化、社会、生态等，甚至在一种环境中的不同方面，对人才成长的影响并不是孤立地发挥作用，而是共同相互作用。

---

[①] 参见尚建荣：《创新人才成长规律大揭密——论思维能力与获取的知识相适应规律就是人才成长规律》，百度文库·高等教育，2018年。

### (一) 观念的影响

观念是价值观的直接体现，也是人们进行实践活动的精神支持。培育创新人才成长，要树立全社会参与创新、支持创新、人人皆为人才、人人皆可成才的新观念。要不断提高对创新在整个社会进步和个体发展中的重要意义与作用的认识，自觉形成所有社会成员以创新驱动发展、以创新为荣的进步观念，把不断探索、积极创新、推动社会进步作为自己的义务。观念不仅是价值观的体现，而且是人们进行科技创新活动的重要支柱。尤其是科技创新人才的成长，需要在全社会形成一种崇尚创新、鼓励创新、尊重创新的浓厚氛围。既要充分认识到科技创新的核心地位和作用，又要深化认识创新是发展的本质是人才驱动，更重要的将人人创新意识变成全社会的价值观和人们的自觉行动。

### (二) 时代的环境

时代需要人才，时代就是环境。人才是时代的产物，时代是造就人才的摇篮。任何社会变革都对人才产生需求，为人才成长提供了广阔舞台和发展机遇。马克思指出："如爱尔维修所说的，每一个社会时代都需要有自己的伟大人物，如果没有这样的人物，它就要创造出这样的人物来。"[①] 从时代的社会环境造就人才的实践看，往往社会制度发生重大变革对人才成长的影响最大。譬如，欧洲文艺复兴，俄国十月革命，中国的五四运动、新民主主义革命、改革开放等，都是社会深化变革时期，思想家、政治家、军事家大量涌现，成为人才辈出的时期。社会变革是政治环境的重要因素，对人才的成长产生着重大的影响。人才成长虽然需要人的先天素质作基础，但起决定性作用的是后天的社会环境。改革开放以来，坚持解放人才就是解放生产力的新理念，在全社会形成了尊重知识、尊重人才的新风尚，国家和地方制定实施了一系列促进人才健康成长的制度政策和保障人才成长的法律法规，唱响了人才强国的时代最强音。

### (三) 文化的滋养

文化是人类社会长期实践的结晶，是在人类社会长期的历史实践过程中逐

---

① 《马克思恩格斯全集》(第七卷)，北京：人民出版社1959年版，第72页。

步积累起来的,对创新人才的影响是广泛的、复杂的和多方面的。文化环境是人才成长的土壤,不同的文化环境产生不同类型的人才。多元的文化格局和尊重人才、崇尚贤才等思想道德风尚,既是文化概念,也是政治范畴的内容,都会对人才的成长产生积极影响。随着历史的发展,传统文化环境对人才的创新影响时强时弱,而现实文化环境和地域文化环境对人才的创新影响则呈现出逐步增强的趋势。地域文化环境,不仅影响着人才发展的层次和质量,同时也影响着人才的数量、结构和类型。人才出现的数量多少与地域文化环境有着密切的关系。从世界范围看,世界科学文化中心的转移,基本都与文化科学繁荣的变迁有关。就是在一个较小的空间和短时间内,人才也不是单个出现,而是成团或成批出现。"人才成团崛起"现象,主要就是地域文化影响的结果。① 舆论环境即舆论波及的空间所形成的社会环境。社会舆论的评价作用对人才成长的影响是巨大的。社会舆论有导向作用,影响着人才成长的方向;社会舆论有控制作用,对所传播的地方产生一种社会心理压力,约束人的言行。创新人才的成长,文化开放是重要因素之一。文化要创新,不能因循守旧。文化是一个有生命的有机体,它有血有肉有灵魂。相对于一个国家和民族来讲,文化中灵魂的东西是不变的,但其内容和形式却不是一成不变的,而是随着时代的发展和环境的变化而不断发生着变化。人才创新离不开与时俱进的创新精神,要带着发展的眼光来看待文化创新。文化具有重要的指向因素。创新人才成长是必须立足现实、面向未来的、发展的、正在生长着的文化,要破除各种障碍、消除各样芥蒂,力求在交流中加强学习、推动创新发展。

## (四)学术的氛围

历史实践证明,学术自由、百家争鸣是造就人才的重要社会因素。雅典在一定时期内,经济繁荣、文化昌盛,主要是有相当的学术自由。中国古代春秋战国时期,学派林立,学术自由,百家争鸣,有力地促进了科学文化的发展和大批人才的涌现。② 生活在良好的学术氛围中,更有利于创新人才成长。从学

---

① 参见齐秀生:《浅议社会环境与人才》,载《中国行政管理》2005年第10期,第73页。
② 参见齐秀生:《浅议社会环境与人才》,载《中国行政管理》2005年第10期,第73页。

术交流看，学术交流可以拓宽研究创新能力的培养，有利于根据创新主体特长将可能与现实有机结合的选择性创新进行实施；有利于创新主体能动的创新性选择合作交流。这种创新性选择的聚合、演变，积聚成创新体系演化的动力源。学术交流不但有利于创新人才掌握最新的研究信息，还有利于克服思维定式，促进学科交融，碰撞出创新火花，为创新人才的创新提供载体平台。良好的学术合作有利于创新人才取长补短，发挥各自的优势，进一步发挥创新人才团队的资源优势，促进创新人才团结协作，增强攻坚克难的信心和决心。良好的创新竞争意识有利于极大地调动创新人才的创新潜能，激发创新人才勤奋学习、大胆创新实践，不断促进人才智力和创新力的提高，最大限度释放人才创新的能量。

## 第三节 制约创新人才成长的原因

了解了培养创新人才存在的各种误区，了解了影响创新人才成长的内部和外部因素，是为研究这些内部因素和外部因素之间的相互作用和相互联系作基础，下面进一步从价值的更深层面对创新人才的成长进行探源。

### 一、传统文化对人才创新的影响因素

文化对人才的创新、成长影响是深入思想和价值灵魂的东西。传统文化一般具有民族性、时代性、继承性、延续性等基本特征。中华民族有着悠久的历史和灿烂的文化，中华传统文化，博大精深，源远流长，它是中华民族赖以繁衍生息的精神支柱。一般来说，文化传统主要包括价值观念和思维方式。这其中，既有有利于创新人才培养的积极方面，也有阻碍人才培养的消极方面。

从传统文化的积极方面看，我国教育学者石中英教授谈了自己的观点，综合起来主要有如下几个重要方面[1]：

一是否认传统文化的功能是一种简单化的认识，具有危害性。中国传统文

---

[1] 石中英：《如何理解中国传统文化与创造性人才培养的关系》，载《少年儿童研究（理论版）》2010年第22期，第23—28页。

化从本质上是有利于创造性人才的培养的。从总体上看，文化是人类创造力的表现与确证，没有哪一种文化是与创造性相背离的，世界上根本找不出一种缺少创造性基因的文化。反过来说，每一种文化都追求创造，并在某一方面显示出其创造性。从源头看，所有的民族都是富于创新精神并善于根据自然和社会历史环境的变化不断进行创新的共同体，所有的文化也都是与创造力息息相关的，没有创造力的文化必将被淘汰。正因为如此，有着悠久历史始终连续不断的中国传统文化一定是有创造性的，也一定具有培养创造性人才的价值。再从个人的创造过程来看，离开了人类已经积累的丰厚文化，任何一个人，哪怕他是一个天才，恐怕都做不出任何创造性的行为来。简单地理解，创造力就是以独特新颖、超于常规的方式解决问题的能力。

二是中国传统文化具有丰富的创造性因子，不能光从逻辑推理上论证，还必须回到文化本身。我们的传统文化的精髓到底是什么？哪些是创造性的？哪些是有利于创造性的？中国传统文化具有七个基本特征：以"天人合一"为核心的本体论，以"人性本善"为核心的人性论，以"民惟邦本"为核心的政治论，以"居仁由义"为核心的人生论，以"知耻自省"为核心的良心论，以"贵中尚和"为核心的方法论，以"自强维新"为核心的发展论等。这其中富含创造性因子，值得继承发扬。

三是中国传统文化是几千年文明发展史在特定的自然环境、经济形式、政治结构、意识形态的作用下形成、积累和流传下来的，并且至今仍在影响着当代文化的"活"的生命体。文化的作用从根本上说是价值的引领，从具体内容来讲是方法上的指导，集中于理想人格修炼上。中国传统文化中鼓励创新、追求创新并勇于创新的文化气质，贵中尚和的思维方式，民惟邦本、居仁由义、知耻自省等正确的价值原则，以及崇尚自主与怀疑精神的人格追求，是培养创造性人才的源泉。

四是中国文化的核心是做人，孟子说持志养气，朱熹讲读书穷理，目的只有一个，那就是做人，追求理想人格。有人认为中国传统文化过分讲求道德人格，不利于创造性的培养，我认为是错误的。我认为，中国传统文化崇尚独立自主的人格和怀疑精神，它构成创造性人才的重要品质。独立自主的人格是创新人才最重要的人格特征。无论是儒家还是道家，他们都反对过度的人身依附，强调形成一种自主的人格。在这方面，孟子等人有着系统的论述，他把"富贵不能淫，威武不能屈，贫贱不能移"的大丈夫气概作为理想人格来追求。依附性的人格类型不是传统文化的主张，而是封建政治统治的需要。或者说，依附性并非是中国人的人格特征，而是封建的政治体制与经济关系的产物。在依附性的社会关系背后，中国人在自己的历史生活中依然完好地保持着一份清醒的、独立自主的判断力。这些恰恰有利于人的创造力的发挥，有利于创新人才的培养。

从传统文化的消极方面看，我国传统文化中的观念在培养创新人才事业中具有不可替代的作用，但也存在一些不利于创新的因素。

一是重传统、重权威，创新精神不足。中国早在西周时期便建立起了疆域广阔的统一国家。西汉加强中央集权，定儒术为一尊，使大一统思想日益丰富。明代更是将文章的格式都统一为八股文。这种大一统的思维方式至今对人们的思想观念的影响还是较深的，尤其是持续上千年的科举制度及"朝为田舍郎，暮登天子堂"式的成才途径，导致了偏于对权威的迷信、过度的讲究礼貌而缺乏批判精神等，这种文化氛围阻碍了有益的探索和创新。

二是重中庸、求和谐，竞争意识不足。中国传统文化的一个很大特点，就是重视伦理规范，讲究中庸。孔子对中庸之道的强调，实质是一种具体问题具体分析的境遇伦理学观点，有着"无可无不可"的特征，而这种特征严重抑制了创新行为的产生和开展。这种价值观虽然对中华民族统一团结起过很好的进步作用，使整个社会和谐发展，人与人之间和睦相处。但同时"中庸"思想也使人缺乏生气和活力，桎梏了创新行为的产生，更缺乏竞争意识。在竞争异常激烈的新时代，我们只有社会确立起竞争机制，不论是群体还是个人，才能激发出创新的潜力，才能充分发挥自己的聪明才智，才能为培养出大量的创新人才提供"土壤"和阳光雨露。

三是重积累、重经验，理性论证不足。在文化传承上重继承，重经验，重祖宗之法；墨守成规和讲究等级秩序的儒家传统，使人们养成"尊老师的话为真理，奉经典论著的教条为准则"的习惯。中国的儒学作为对修身养性、为人处世、齐家治国等经验的总结，虽归纳出了一些精湛、深刻的命题，却往往缺乏严密的逻辑论证。中国古代学技术大多属于对当时生产经验的直接记录或对自然现象的直观描述，很少进行科学理论的探讨和规律的发现，这种实用的价值取向局限了人们思维的升华和对科学新知的探索，同时也局限了人的创新能力的释放和有效发挥。

四是重内向、轻外求，科学理性精神不足。千百年来，"万物皆备于我，反身而诚，乐莫大焉。"① "天者理也"和"只心便是天，尽之便知性"的命题，认为知识的来源，只是内在于人的心中，"当处便认取，更不可外求"，以及"知者，吾心之知，"等儒家思想观念至今仍有留传。这些传统的思想观念强调内向用功的思维方法。这种内向型思维方法，将知识、技术、信息的获取建立在纯粹的主观精神活动之上，是不科学的、不开放的，也是非理性的。这对个体科学意识、实事求是精神的形成和动手操作能力的培养十分不利，在现实生活中影响了创新人才的培育和发展。

以上是对传统文化与人才创新关系的研究综述，力求从文化本身的角度搞清楚文化与人才创新的关系。我们既要学习和吸收传统文化的精华运用于创新人才的教育培养；又要革除传统文化对创新人才成长的弊病；更要坚持中国特色社会主义文化发展道路，激发全民族文化创新的活力，发扬创新文化；还要理性对待文化的多样性，在文化开放包容中滋养创新人才健康成长。

## 二、传统教育对人才创新的主要障碍

所谓传统教育，是指由历史沿传下来的教育思想、教学方法等。对传统教育我们既不能全盘肯定，也不能全盘否定。创新教育是对传统教育的完善和挑战，如何解决创新能力培养与基础教育的矛盾成为当前的重要课题，如何使受教育者既具有坚实的基础知识，又具有创新的能力，着力培养创新人才，是创新教育理论研究的主要方向。从传统教育的弊端和不足看，主要有如下几个方面。②

---

① 蒙培元：《中国哲学主体思维》，北京：人民出版社1993年版，第191页。
② 参见周瑛：《创新人才培养的误区与体系构建》，西安理工大学硕士学位论文，2005年，第26—29页。

## （一）从传统教育观念看，主要存在"三重三轻"的弊端

一是重共性、轻个性：抑制创新。传统教育模式追求统一的制度、计划、课程、教材、进度、考试、评价标准和课堂授课制。这种教育模式虽然有利于传承文化知识和统一管理，但却不适应于时代的迅速发展和社会的深刻变化，要害是忽视了教育的多样性和复杂性，抑制了不同地区、不同部门、不同行业的教育对象的特点和特长的发挥。这种教育的统一性、共性，在一定程度上抹杀了独特性、个性，要求求大同存小异。这不仅使教育者和受教育者的独立性、自主性、积极性难以发挥，还泯灭了人们的创新个性，压制了标新立异的追求。传统的教育理念是教师欣赏依顺的学生，行为上循规蹈矩的学生，用"老实""本分"褒扬学生，把"听话顺从"的学生树为典型。而那种具有优异智能、独特创造个性的学生，如独立思考、与众不同、敢于质疑等，被评为"调皮捣蛋、不守本分、偏激幼稚、狂妄自大"。在这样的环境下，学生在心理和人格成长中，往往容易受到压制、压抑甚至摧残。这样严重扼杀了学生个人的主动性、首创性、独创性，甚至导致较多的学生越学越不敢想、不敢说、不敢问、不敢做，当学生的知识积累到了需要开始走向社会实践的时候，什么年幼时的雄心壮志，什么"敢上九天揽月、敢下五洋捉鳖"的梦想，都随之烟消云散了，那种创新创造的激情和豪情都变得那么苍白无力。这就是传统的教育模式难以培养出创新人才的原因之一。

二是重理论、轻实践：能力缺失。重视理论学习，主要表现在一些学校只重视课堂理论知识教学，而忽视实践性教学，实验室、仪器设备和实习基地的建设。近年来我国的教学内容和课程体系进行了深化改革，取得了明显成效。但是，在学校尤其是高等学校仍然存在着重理论、轻实践的问题，甚至有的出现了"理论挤实践"现象。这主要是传统的重理论、轻实践，重学术、轻技能，重应试、轻素质的倾向至今未能根本改观。实验教学的直观性、实践性和验证性容易被人接受，而对它的教育性、创造性和综合性往往未予重视。近年来理论课内容日新月异，而实验课仍以传统的验证性内容为主，综合性与设计性的训练比较少，再加上实验室开放不够，使有许多专长而又学有余力的学生无法摆脱传统模式的束缚，在一定程度上阻碍了学生动手能力和创新能力的培

养。有的高校教师与实验人员的比例出现了严重失调。许多在国外工作过的学者都反映,我国的留学生理论知识比较强,在考试时处于前列,在做实验时动手能力比较差。现在有一个基本的事实,就是国外的学生知识储备并不多,但是发明创造却比较多,而我国的学生刻苦勤奋学习,但相对来说,发明创造却要少很多。这说明我国的教育存在着"两强两弱"的现象,即"两强"是基础知识扎实,被誉为"深挖洞";考试能力强,我国的学生对考试是训练有素的。但由此也产生了两个弱项,即有些学生实践能力和动手能力较弱。物理学家杨振宁说[1]:中国留学生的学习成绩往往比美国的学生要好得多,然而,十年以后,科研成果却比美国学生少得多。原因在于,美国的学生思想活跃,动手能力和创新精神强。由此可见,培养人才最重要的是培养创造能力和实践能力。

三是重操练、轻创新:舍本逐末。[2] 批判精神和创新精神是创新人才培养的难点和重点。有关国外专家认为,中国在奥赛上年年丰收的一个重要原因是选手经过层层选拔并在赛前经过了严格的强化训练,答题技巧炉火纯青,因而在奥赛的国际舞台上所向披靡。一位国际奥赛的领队对中国的奥赛选手作了这样的描述:他们只有在看到习题时眼睛才会发亮,他们操练习题所用的时间通常是西方学生的数倍,但在发挥创造性潜能方面所花的时间却极少。因而,中国的国际奥赛得主日后鲜有让人折服的建树,但没有从中培养出大师级的人物。重视操练,培养的是学生触类旁通,举一反三的能力,这显然是学生必须具备的学习品质。但比这更重要的是创新精神的培养,要引导学生学会自主学习,创新学习,做到善于探究,勇于质疑,敢于批判,力求达到《礼记·中庸》中所提倡的"博学之,审问之,慎思之,明辨之,笃学之"境界。造成这些问题的原因之一,与传统教育重视以往知识特别是权威知识的复制密切相关,在现实中表现为唯书、唯上、唯权威,重经典著作、重权威教材、重公认理论,很少引导学生去怀疑、去分析、去审视前人的理论,在引导学生从活生生的实际生活中去提炼、去总结、去概括新观点、新理论、新学说方面严重欠

---

[1] 参见宋晓琳:《传统教育模式与创新教育模式的比较研究》,载《高等函授学报(哲学社会科学版)》2013年第26卷第1期,第55—56页。

[2] 参见管仁福:《创新人才培养的误区与对策》,载《教育纵横》2012年第12期,第35—36页。

缺。由此导致学生的独立性、自主性、批判性、超越性和创新性的缺失。正是由于我国重视知识传授，重反复练习，重死记硬背，造就我国产生考试型博士多，知识型博士多，能力型博士少，创新型博士少。世界教育实践反复证明，应试教育、应赛教育培育不出创新人才。一个只知道记忆知识的人，一个过多听老师讲课获取知识的人，一个为考试而学知识复制的人，一个不注重能力培养的人，将不会独立思考；一个不会独立思考的人，一个没有能力的人，不可能取得创造性成就。创新教育的本质是以人为本，实现人的全面发展和提高人的创新创造能力。

## （二）从传统教育内容看，同样存在着"三重三轻"的弊端

一是重内容、轻方法。授人以鱼不如授之以渔，可见方法比内容更重要。然而传统教育为了应付考试和提高升学率，只注重教学内容，只把教学大纲要求的考核点、知识点和现存答案不厌其烦地灌输给学生，而很少引导学生自己去研究和探讨问题。以致学生死记硬背了许多知识，却不知道用什么方法可以获得这些知识和应用这些知识。这种忽视方法的教学，桎梏了学生的想象力和创新思维的拓展，严重地扼杀了创新能力的生成。在教育评价上，传统教育注重的是"唯书本是从"，学生如仓库一般存储知识、积累知识，并以既定的答案为最终和唯一的结论。学生的优劣完全取决于存储知识的多少和对知识掌握得正确与否，注重权威和标准的认同与接受。而欧美一些发达国家，对学生知识的储备和掌握情况的考核只占较小比例，更重要的考核解决实际问题的能力。与传统教育相比，创新教育坚持以学生为主体，是教育过程的参与者、创造者，学生的学习成果具有多方面成效体现，不单纯以分数和成绩评价学生的优劣。创新教育注重个人对过去的超越，考核的目的是教育对象的创造潜能是否得到充分发挥，人文精神是否得到确立，健全的人格是否得以塑造，创新精神、创造能力是否得到培养和提高。

二是重智育、轻德育。长期以来，各大高校之间愈演愈烈的状元争夺战，昭示着"分数至上"，这很容易影响到学校对拔尖创新人才的发现、选拔与培养。学校特别是高校在发现、选拔创新人才时，首选往往是高智商、高分数的学生，而容易忽略学生的情商因素和品德修行。在应试教育的基础上，在德育

检测没有量化标准的条件下，人们往往只重视智育而忽视德育，智育发展状况成了社会对人才进行评判的唯一标准，智育工作成了重中之重，而德育工作却是"说起来重要，做起来次要，忙起来不要"。无数事实证明，"有德无才者误事，有才无德者坏事，有德有才者成事"。在现实生活中经常发生高智商者进行高智能犯罪，给社会发展带来的危害更加可怕。究其原因，不容忽视的失误在于，在教育圈的内外，太多的人关注的是"天才们"的智力因素，而忽略了非智力因素。因此，德才兼备不仅是我们党选任干部坚持的重要原则，也是创新人才成长的重要规律之一。"德者，才之帅也"。德，最首要的是政治可靠。创新人才既体现为学习能力、实践能力、创新能力以及应对危机能力，也体现为思维方式、工作方法、实践技能和工作业绩。创新人才既要有做好本职工作的专业之才，又要善于学习，在实践中锻炼自己，形成优秀的品德。

　　三是重系统、轻综合。传统教育是教师讲，学生听，学生的思维自始至终都在教师的语言轨道上运行。从教学确定的前提出发，经过教学确定的过程，到得出教学确定的结果，造成学生思维的直线性，排挤掉了学生独立思维和独立创造的空间，妨碍了学生创新思维品质的优化。这里以北大附中和美国斯坦福大学所做的实验教学为例①，美国惠普公司提供实验经费选派了5个博士、硕士到北大附中找了10个学生，进行网络技术设计，把硅谷最新的网络技术带进来，让学生在四个星期的时间学习网络知识并进行研发设计。实验结束成绩出来后，该公司总裁亲自到北京来看结果。北大附中十个学生展示出来的成果让他觉得惊讶，他认为中国的学生非常聪明，甚至超过了他们的教师。这个成果很快就被大公司买走了。事后，在座谈会上，学生们总结这一个月的学习模式是和传统教育不一样的。我们的教学方法是老师先把问题讲清楚，让学生练，而美国大学的方法则是让学生结合实际、带着问题、带着任务进行教学，把讲和动手结合在一起，一边教、一边让学生在网上操作实践，10个学生分成5个小组，把任务明确以后，自己收集资料、处理信息，然后和教师讨论，最后把自己最佳的思维方案放进去，形成很好的网络设计。美国的教学把教和

---

① 参见宋晓琳：《传统教育模式与创新教育模式的比较研究》，载《高等函授学报（哲学社会科学版）》2013年第26卷第1期，第56页。

学关系处理得比较科学，不是简单地教你学，而是把教和学都看得很重要，是一种结合实际、动手操作的新的教学模式。这样的培养模式既能运用基础专业知识解决实际问题，又能在实践探索中不断综合、不断创新。

### （三）从传统教育方法看，不同程度地存在着"三重三轻"的弊端

一是拔苗助长——重结果、轻过程。培养创新人才的成功经验，是学校的特色和亮点，对学校创建名校，起着至关重要的促进作用，但在培养创新人才过程中容易存在急功近利的价值取向，学校更多地关注有多少学生在各类竞赛和比赛中获奖，或是有多少个科学发明项目获得国家专利，而容易忽略自主、合作、探究的过程。这种重结论、重结果、轻过程的教学，是一种形式上走捷径的教学，它把形成结论的生动过程变成了单调刻板的条文背诵，从源头上剥离了知识与智力的内在联系。这种教学排斥了学生的思考和个性，把教学过程异化为无需智慧和努力，仅凭听讲和记忆就能掌握知识的简单灌输，错误地引导学生掌握知识却不思考知识、诘问知识、评判知识、创新知识。这实际上是对学生创新思维和创新智慧的扼杀和个性的压抑。任何一项重大科研成果的发明创造，都要经过较长时间的积累、实践探索和反复的科学实验，才能获得成功。有关研究证明：诺贝尔奖得主获奖时间距获得成果时间平均10年以上。而再加上他们进行学术研究的时间，则该项学术研究从启动到获奖，要在15年以上。① 我国药学家屠呦呦因发现青蒿素即一种用于治疗疟疾的药物，获奖成果出自20世纪70年代，距今已近40年。因此，要重视拔尖创新人才的过程培养，不要过早地要求学生、人才能够获得什么，不要急功近利、拔苗助长；不要单纯把一时的科技创新与发明，作为学生通过自主招生考试的制胜法宝；而是要通过不断学习、研究，培养脚踏实地、用心做事的习惯，培养昂扬向上、勇于进取的激情，培养获取知识的能力和实际动手的能力，培养生生不息的学习力和创造力，才能培养面向未来的拔尖创新人才。

二是本末倒置——重灌输、轻启发。灌输式的重知识、轻启发的教育方法只能是培养一些高分低能，高学历低能力的人。课堂教学如果都变成了"讲、

---

① 参见管仁福：《创新人才培养的误区与对策》，载《教育纵横》2012年第12期，第35页。

听、记、划、背、考、忘"等的无心智意义的机械重复，那么学习就成了苦差事，学习没有了的乐趣，求知没有了欲望，创新没有了冲动，余下的只能是单调枯燥呆板的听课、背书、做作业、考试。如此培养的学生，当走向社会实践后，运用知识、发现问题、解决问题和综合分析能力差，自学能力、想象力、创新能力、思维能力、实践能力、合作能力差。这样的教育模式很难培养学生的智慧，难以发挥学生的想象力，难以启迪学生的创新思维，难以锻炼学生的创新能力，只能是培养有知识、无能力，有高分、无智能。一个人知识再多，也不如一本百科全书多，百科全书是死知识，人有可能通过思维获取百科全书知识并创造十倍百科全书内容。在中国有高文凭的人很多，有着丰富知识的人很多，唯独有高思维能力的人很少，有重大创新的人很少。有一个外国教育专家在北京某中学听课的事例，与我国教育专家形成了鲜明的对比。课堂上一个特级教师给学生讲课，老师讲得有板有眼，提问学生回答问题都很好。下课后，中国教育专家请外国同行提意见。外国同行却说不理解，学生答得这么好、都会了，为什么还要上这堂课？欧美教育认为，当老师讲得非常完整、完美、无懈可击时，就把学生探索的过程取代了，而取代了探索的过程，就等于取消了学习能力的获得。外国专家想看看中国学生在课堂上是怎么学习和思考问题的，但他们只见老师不见学生，而像学生看表演。在现实教学中，人们对"老师教得好坏"的标准发生了偏差，认为学生学会了考高分就好，但更为重要的是教学生独立思维的能力和获取知识能力的提高，而不是老师代替学生思维。德国教育家第斯多惠说得好："一个坏的教师奉送真理，一个好的教师则教人发现真理。"① 这句话体现了教学的启发性原则。

三是喧宾夺主——重主导、轻主体。传统的教育模式造成了教师满腔热情地教，学生被动消极地听，往往形成了老师在主导学生的学习，而作为学习主体的学生则要听话，与教师一致、与标准答案一致，对学生一些异想天开的想法和超越常规的举动，甚至被指责为"不守规矩""胡思乱想"等等，使学生的兴趣和爱好、个性和特长得不到尊重、理解和支持。创新教育强调学生在教

---

① 参见尚建荣：《创新人才成长规律大揭密——论思维能力与获取的知识相适应规律就是人才成长规律》，百度文库·高等教育，2018年。

学中的主体地位，在教师和学生的关系上提倡情感化的师生关系从而发挥学生的主体性，教师要成为学生学习的促进者、提问者以及指导者，正确指导学生掌握获得知识经验的有效途径，使个体的学习活动能一直持续下去，并能自己教育自己，为其终身学习奠定坚实的基础。这种关系要求教师需要有真诚的感情，表现出对学生信任、理解、关心和尊重学生的情感、欣赏赞扬学生的优点等，从而满足学生希望得到他人关爱的需要，以促进学生自发、愉快、积极地学习，学生的想象力和创造力也将得到充分发挥。创新就如同把学生置于汪洋大海中，需要靠着生存的意志和敏锐的判断力去寻求一切可以利用和打破常规的新思路。创新就要改变"教师说，学生记"的老观念和学习方法，把学生推向主动的舞台上，让学生提问题学习。把"逼我学"的学习模式彻底推翻，变成"我要学"，让学生在提问并想办法解决问题的过程中找到成就感和满足感。激发他们对新鲜事物的渴望和对已学知识的否定和再学习的要求，使他们找到各自需求的学习方法，产生学习兴趣，并加以深化和揣摩，变成为自己学习的利器，让今天的教育变成明天的创新，使学生能在未来的生活实践中有自己的用武之地和生存的价值。①

## 三、传统体制对人才创新的客观阻碍

早在20世纪，有一位英国学者，《中国科学技术史》的作者李约瑟提出："尽管中国古代对人类科技发展做出了很多重要贡献，但为什么科学和工业革命没有在近代的中国发生？"不论是"李约瑟之问"，还是"钱学森之问"，从实质上说，不仅是一脉相承的，而且也都指向一个共同的问题，那就是中国科学技术发展的瓶颈，其实这一直都与人才密切相关。虽然这"两问"都没有明确的答案，但我们认为，我国培养的拔尖创新人才少，在一定程度上讲，与传统思想对竞争环境的压制、传统的科举制度对人才思想的束缚、传统死板的人才管理体制的影响和传统的心理习惯等有关。由于这些传统的思想观念、传统的管理和传统的心理习惯在一些人的思想中根深蒂固，因而在现实生活中表

---

① 宋纯鹏：《传统文化的"双刃剑"与科技创新》，载《中国高校科技与产业化——第一届中国高校科技创新高层论坛专辑》，2007年，第29页。

现出各种不同的形式对创新人才成长形成各种阻碍。①

阻碍一，在信念上崇尚权威。就大多数人讲，人们最初崇尚权威的动因，要么是出于对权威的探索精神的崇敬和赞赏，要么是出于对权威为社会做出重大贡献的褒扬和尊重，要么是出于对权威所创学说的肯定和学习。然而，随着时代发展的不断变化和人们所谓的"安全心理"和"赞许心理"的作怪，最初那种淳朴的崇敬的动因逐渐演变成一种信念上的定式和盲从，也就是权威们的定论是不容置疑，甚至有的像信奉上帝那样来迷信权威，唯权威是从。有的高校、科研院所的权威人士，站在高位不作为，对下属或学生的发明创造、发表论文都要挂上自己的名字，甚至有的所谓权威人士在重要的岗位上一干就是几十年，压制了许多青年人才的成长。虽然创新要以他人的成就为基础，要在权威定论的基础上创新，但是权威的定论绝不可能不要发展了，没有也不可能穷尽其活动对象的全部，它只是为人们认识对象开辟了创新的道路。不论是自然科学，还是社会科学，推动它们创新的是问题的导向和实践的需求，就是时代发展的需要，绝不是权威的定论。从社会科学看，每个时代都有属于它自己的问题；从自然科学看，自然物的每个发展阶段同样有属于它自己的问题。事物的发展是一个过程。一切事物只有经过一定的过程才能实现自身的发展。自然界、人类社会和思维领域中的一切现象都是作为一个过程而向前发展的。如果我们拘泥于权威的理论学说和成功经验，逃避理论与现实之间的矛盾和冲突，那么就无法正确看待现实存在的问题，也谈不上客观地分析问题，更谈不上正确地解决问题，也就没有了创新思维，而只能停滞在原先权威的定论圈内自我重复的复制和津津乐道地解释。因此，我们对待权威应当是尊重权威，而不迷信权威、不拘泥于权威之说。前人的创新成果是我们今天继续创新的基础，应当尊重和肯定，但不能成为我们继续前进的包袱，不能成为我们创新创造的束缚，而应当成为我们开拓思路继续创新的起点。

阻碍二，在管理上烦琐僵化。长期以来，人们对人才的管理特别是对创新人才的管理，往往沿用传统的行政管理模式，甚至用管理领导干部的方式管理

---

① 参见周瑛：《创新人才培养的误区与体系构建》，西安理工大学硕士学位论文，2005年，第29—33页。

人才，压制了许多创新人才的成长。在对人才的宏观管理上，地方的管理权限和职能定位还不是很清晰，从人才的发展规划、政策制定、计划工程的管得太多太具体，甚至对地方太同步、同构化，不能因地制宜，地方基层的积极性和创造性发挥不充分。在对人才的中观管理上，实施行政化、指令性管理。有的管理机构职能重叠、人浮于事、手续繁杂、效率低下，把创新的思想层层束缚。从高校的科研激励机制看，科研激励措施是以教师的科研成果产出量，如发表论文数、出版专著、教材数为考核标准进行量化考核，并将考核结果与津贴、奖金、职称等个人利益直接挂钩，而科研成果质量究竟如何，是否具有创新性和显示度则没有列入考核指标。这就是多年来各高校的学术论文等科研成果数量大幅度增加，但在国际上或国内学术前沿领域具有重大影响力的标志性成果却屈指可数的原因所在。在对人才的微观管理上，对用人主体干预过多，有的地方什么都管，什么都问，管得非常具体，从人才选拔、引进，到人才的管理、使用，再到人才的评价、奖励，使一些要个性、有特长、有创新才能的人才无法脱颖而出。核心问题是简政放权，消除对用人主体过度的干预。要建立政府对人才管理服务的权利清单和责任清单，深化人才的"放管服"改革，淡化比较浓厚的行政管理色彩，发挥市场配置人才资源的决定性作用，界定好政府做什么不做什么，哪些是放给市场做的，从政府职能转变这一关键环节入手，同时建立和完善创新人才综合考核评估标准体系，并运用好考核结果导向，在体制机制、政策激励上引导更多的创新人才成长。

阻碍三，在心理上自安浮躁。一方面，创新的成功与否，在很大程度上来自于创新意志和坚定性。一个在领悟上不肯钻研的人是不会提出问题的，一个在事业上缺乏意志和突破力的人是不会有所创新的。在现实生活中，人们的自安心理成为创新的较大阻碍，这种心理主要表现为安于现状，心理上的惰性强，意志力薄弱，往往知难而退，随波逐流。这会严重影响人才创新意志的产生和创新效力的发挥。在现实生活中，急于创新求成的人很多，能够耐得住寂寞的人很少；只求平安、但求无过、安于现状的人很多，能够坚守长期坐冷板凳进行刻苦钻研的人很少。实践证明，创新的成功来自自我的长期坚守和执着的追求，来自坚忍不拔的意志和积极进取的精神。往往失去了创新的坚守和意志，也就失去了创新成功的机会。从整个社会看，如果大家满足于现状，都随遇而安或知足常乐，社会就不可能有生机与活力，也不可能有所创新、有所发展。从整个民族看，如果形不成一个积极进取的民族文化心理环境，提高全民族的创新素质也失去了文化的孕育。从个人看，如果心态是"小富而安"，那么他就没有大胆的首创精神，也丧失了创新的欲望和动力。另一方面，情绪上的浮躁心理，也是人才创新的一大弊病。浮躁心理是人才创新的一种病态，这种人常常表现为轻浮、轻率、做事无恒心、见异思迁、不安分守己、总想投机取巧。这种心理不仅严重扭曲了人们正当的价值取向，也严重腐蚀着创新活动，企图少劳多获，甚至不劳而获。这些心理浮躁者总想找到一条捷径能够轻而易举地获得成功，或者幻想天上掉下馅饼。然而，在现实生活中，虽然他们的创新成果获取也有某种偶然性，但本质上任何一项创新成果的取得，都是创新者成年累月、日积月累的结果，都离不开长期坚持钻研知识和创新能力提高所打下的坚实基础。患浮躁毛病的人只求机遇不做准备，正是一切创新活动的大忌。实践证明创新不仅需要激情、灵感和想象力，更需要扎实丰厚的基础知识和丰富多样的经验积累，以及脚踏实地的实践活动。因此，创新人才要始终保持居安思危的心理、知难而进的竞争意识和永不言败的拼搏精神，不论创新的道路上有多少千难万险，都要坚定信心，执着追求和坚守创新的初心，克服自安心理和浮躁心理，这样才能在竞争的实践中不断体验到创新的喜悦，不断攀登人类创新的高峰。

阻碍四，在行为上的从众心理。从众是指个人的观念与行为由于群体的引导和压力，不知不觉或不由自主地与多数人保持一致的社会心理现象。从众性是人们与独立性相对立的一种意志品质。从众性强的人缺乏主见，易受暗示，转变原来的态度，采取与大多数人一致的思想认识和言行举止的一种心理。1952年美国心理学家所罗门·阿希设计实施了一个实验简称"阿希实验"，来研究人们会在多大程度上受到他人的影响，而违心地进行明显错误的判断。实验结果表明，平均有33%的人判断是从众的，有76%的人至少做了一次从众的判断，而在正常的情况下，人们判断错的可能性还不到1%。当然，还有24%的人一直没有从众，他们按照自己的正确判断来回答。以物理学家福尔顿为例，由于研究工作的需要，他运用新的测量方法测量出固体氦的热传导度，测出的结果比按传统理论计算的数字高出500倍，福尔顿认为这个差距太大了，如果公布难免会被人视为故意标新立异、哗众取宠，因而他就没有公开。过后不久，美国一位年轻科学家在实验过程中也测出了固体氦的热传导度，测出的结果同福尔顿的完全一样，并及时把测量结果公布，很快在科技界引起广泛关注。福尔顿听说后以追悔莫及的心情写道：如果当时我摘掉名为"习惯"的帽子，而戴上"创新"的帽子，那个年轻人就绝不可能抢走我的荣誉。① 因此，实质上从众心理是缺乏自我，消极的从众心理和行为，会扼杀个体思考和选择的主动性，淹没个体创新的热情和动机，抑制个体创新实践能力的发挥。要培养独立思考能力，有自己的主见；要提高明是非的能力，有深邃的洞察现象与本质的研判水平；要培养坚强的意志力，有不忘初心执着创新的顽强毅力。

　　阻碍五，在认知上心理定式。心理定式是指人的认知和思维的惯性、倾向性，也就是按照一种固定的倾向去认识事物、判断事物、思考问题，表现出心理活动的趋向性和专注性。我们先来看两个实验②：①心理学家曾做过一个经典的实验，他分别给两组人观察同一个人的相片，告诉一组那人是个英雄，告诉二组那人是个罪犯。后来询问到两组人认为相片中人长相如何，一组看出了英俊爽朗，二组看出了凶狠狰狞。针对同一个人，却有截然不同的两种评价，彰显出的是定势思维对人的判断有着无比强大的影响力。②有人做过一个实验，他把蜜蜂和苍蝇放进一个玻璃瓶里，使瓶底对着光亮的一边，瓶口对着暗处。蜜蜂因为趋光的本性一直撞着瓶底，至死都没能飞出瓶子；而苍蝇乱飞一通，不到两分钟就从瓶口处飞走。有时候看似无路可走，只因我们为定势思维所困。能把人限制住的，只有人自己。从人类认识活动的规律看，任何人的任何认识，不论它如何正确，都不是绝对真理，都存在一定的局限性，都只是对某一事物在某一时期的某一方面的正确反映，随着时空的转移或事物本身的变化，原有的认识可能过时，甚至可能出现错误，这就需要人们具有否定以往认识的勇气进行自我否定、超越自我。而心理定式那种自我偏执的狭隘性使人目光短浅、思想僵化，很难接受新事物、新观点，跳不出原有的思维定式，严重

---

① 参见石秀印等：《社会心理的认识与调控》，北京：人民出版社1989年版，第226页。
② 参见《心理名词：定式效应》，搜狐网·文化，2017年11月21日。

阻碍着人们创新思维和创新实践。心理定势有两种情形，一是情感定势，它会产生消蚀人的理性的潜意识，使人循着坚定不移的甚至本人也无法意识的趋势去观察问题、分析问题，往往失去客观与公正。因而它不能诱发人的合理想象和创新激情，没有创新的动力；二是思维定势，使自己的认识停留在原有的经验和体验上，而对事物的变化和发展视而不见、熟视无睹，凭以往的经验而设定的模式或标准去观察、评析和处理问题。这样的思维定势思想僵化、抱残守缺，不敢打破旧框框，更不敢对现存事物包括旧观念、旧制度等表示怀疑，因此缺乏突破求新变异的激情和认知理性。

# 第七章　创新人才成长的基本规律

人才成长规律是对人才成长过程中各种本质联系的概括与归纳。不论创新人才的群体还是个体，其成长规律都要具备创新主体的创新素质、营造良好的育人环境和在创新活动中锻炼成长的实践。因此，创新素质、创新环境和创新实践是人才创新的三大法宝，三者相互联系、相互作用、相得益彰。创新素质是创新人才创新的内在因素，创新环境是创新人才创新的前提条件，创新实践是创新人才创新的根本路径。深入研究创新人才的成长规律，我们可以从创新人才成长的影响因素、成才规律和事业成功规律进行综合研究。从创新素质、创新环境和创新实践与创新人才创新之间的关系中，可以揭示出创新人才的成才规律和事业成功规律，这两大规律概括了人才成长的基本逻辑。要进一步全面系统深入地研究探讨创新人才成长因素的本质联系，力求明晰创新人才在成长过程中最为重要、最为核心的东西是什么，从而揭示出创新人才成长的价值逻辑和基本规律。

## 第一节　创新人才成才规律的科学内涵

从唯物辩证法的角度讲，规律就是联系，它是客观事物内在的、必然的、一般的本质联系。规律就在这些本质联系中产生，并发生着相互作用。人的成长，本身固有着一定的因果性、必然性、基本轨迹和规律。人才一般规律是指不同的历史时期、不同的社会条件、不同的人才条件所共有的成才规律。特殊规律是指一定历史时期、一定社会条件、一定类型人才所特有的成才规律。不同类型的人才，成长规律也是不同的。人们知道任何事物都是遵循着一定的规律运动、变化和发展的。自然界事物的规律是自发地、盲目地发挥作用。社会事物是自觉地、有目的地、有目标地遵循着一定的规律运动、变化和发展的。而社会领域的人才成长也同样是遵循着一定的规律运动、变化和发展的。我们应当怎样认识创新人才的成长规律呢？

## 一、创新素质是创新主体成才的内在依据

人才是创新的主体，分析研究创新人才的成才规律和事业成功规律，培养创新人才的成才和事业成功具有重要的理论和实践价值。创新素质、创新环境和创新实践是创新人才创新的三大法宝，其中创新素质是创新人才创新的内在依据，创新环境是创新人才创新的必要条件，创新实践是创新人才创新的根本路径。① 从创新素质、创新环境和创新实践与创新人才创新之间的关系中，我们可以揭示出创新人才的两大规律，即创新人才的成才规律和事业成功规律。创新人才的成才规律是创新主体在成才活动中的成才素质与教育创新环境之间互动作用实现成才目标的规律；创新人才的事业成功规律是创新主体在创新实践中创新素质与教育创新环境之间互动创造出有积极社会价值的创新成果的规律。

创新人才是在人的生命运动和思维运动的辩证发展中逐步成才的。创新人才的劳动是向人类尚未认识的领域进军，具有鲜明的探索性和创造性。创新主体简单地讲就是从事创新认识和创新实践的人，包括创新个体和创新群体，也就是说创新人才的个体和群体就是创新的主体。这些创新主体怎样才能实现创新成才呢？创新人才有什么特征，首要的问题是要具备哪些创新的素质？本书在第一章中从创新人才的能力论、素质论、特征论、贡献论等四个方面，较为详细地论述了创新人才的基本特征，主要表现为建构知识的能力突出、发现问题的能力突出、解决问题的能力突出、提升转化的能力突出，在本节不在重述。这里要强调的是通过对创新个体和创新群体从事创新活动的研究发现，创

---

① 参见彭健伯：《创新哲学论》，北京：人民出版社2006年版，第291—297页。

新人才的成才需要具备十大创新素质。创新主体和创新素质是内在的必然联系，一个人只有把这些创新素质在创新实践中进行融合运用和实践探索，在创新实践中通过创新素质潜能的发挥，才能成为高素质的创新人才，才可能走向创新成功的彼岸。

什么是人的创新素质？创新素质就是一个人所具有的、在引发创新行为和实施创新的过程中起着不可缺少的主要作用的素质，也就是一个人开展和完成创新活动的心理素质和能力素质。它主要包括十个方面：

一是科学的知识结构，就是既有精深的专门知识，又有广博的知识面，具有创新实践实际需要的合理、优化的知识体系。合理的知识结构是人才创新的必要条件，是人才成长的基础。

二是智力结构，智力是人才认识事物、解决问题和创造性活动的能力。智力结构包括自学能力、记忆能力、消化（吸收）能力、研究能力、想象能力、抽象能力、组织能力、表达能力、解决能力和创造能力。智力的高低最终要反映在解决问题的能力和创造能力上。

三是创新能力结构，由多种能力构成，包括学习能力、分析能力、综合能力、想象能力、批判能力、创造能力、解决问题的能力、实践能力、组织协调能力，以及整合多种能力的能力。主要是发现问题的意识与能力，特别是好奇心；怀疑意识与观察分析能力，特别是管理创新能力；寻找所需要的知识的方法和运用知识解决问题的方法和能力。

四是创新个性心理结构，创新动机是推动创新人才进行创造活动的原因和动力，是发动和维持创造活动的心理倾向，是创新人才个性心理结构的主要动力因素。人才创新要具有良好的创新欲望与志向，以及创新的兴趣与情感。

五是思维方法，是人们通过思维活动为了实现特定思维目的所凭借的途径、手段或办法，也就是思维过程中所运用的工具和手段，只有改变思维，才能改变行动，只有改变行动，才有可能创新。

六是创新精神，属于科学精神和科学思想范畴，是进行创新活动必须具备的一些心理特征，包括创新意识、创新兴趣、创新胆量、创新决心，以及相关的思维活动，是一种勇于抛弃旧思想旧事物、创立新思想新事物的精神。华为倡导"用自我批判成为强者"，把自我批判作为一种武器、一种精神，提倡自我批判但不压制批判。华为开展自我批判，不仅提高了员工个人修养，而且激发了员工发现机会和进行更有价值目标的创新行动。

七是创业精神，创业精神是指在创业者的主观世界中，那些具有开创性的思想、观念、个性、意志、作风和品质等。激情、积极性、适应性、领导力和雄心壮志是创业精神的五大要素，创业精神具有高度的综合性、三维整体性、超越历史的先进性、鲜明的时代特征等。

八是实践能力，不仅仅是动手能力和实际操作的能力，它是指主体有目的、自觉地改造客体的能力，其中主体是具有主观能动性的人，客体是主体要认识或改造的对象。实践能力是在实践活动中形成并表现出来的，也就是说，只能通过实践活动去认识人的实践能力。它包括动手操作能力、日常生活实践能力、职业活动实践能力、人际交往实践能力等。各种实践能力彼此之间不是完全孤立的，而是有一定相互联系、相互制约、相互作用的。往往实践能力决定一个人创新的成败。

九是创新人格，是指有利于创新活动顺利开展的个性品质，它具有高度的自觉性和独立性，是一个人的品质与德行问题。创新人格是创新主体进行创新活动的心智基础，持续表现出创新意愿和创新倾向的习惯性，坚定的自信、坚忍的毅力、开放的思维、自制的意志等都是创新主体进行创新活动的心智要素。创新人格是创新主体进行创新活动的能力基础，创新人格不仅仅意味着思维的质疑性、独立性、原创性，还意味着行为的有恒性、敢为性、灵活性和自律性。具有创新人格的人在追求创新目标上的有恒性、在实施创新构想上的敢为性、在克服创新困难上的灵活性和在控制创新行为上的自律性，都为其形成创新能力提供坚实的基础。

十是合作意识与协调能力。合作意识是个体对共同行动及其行为规则的认知与情感，是合作行为产生的一个基本前提和重要基础。合作意识需要通过某种活动，通过人和人的交往过程，通过共同完成任务与获得各种成果的过程，能够在成果的分享和责任的共同承担中锻炼成长。现代社会的一些重大创新往往是团队作战，精诚合作、团结协调尤为重要。

## 二、育人环境是创新人才成才的必要条件

创新人才成才不仅需要具备良好的内在素质，而且需要良好的育人环境。良好的育人环境不仅有利于促进创新人才的健康成长，而且有利于促进创新人才的事业成功。不良的育人环境既阻碍创新人才的健康成长，也阻碍创新人才的事业成功。

一要搭建创新平台，建立公平竞争机制。公平竞争才能促使众多创新人才脱颖而出，建立以竞争机制为主要特征的人才管理体制和相应的科教体制，是造就大批创新人才的根本制度保证。把竞争机制作为保障人才创新的核心管理制度。建立起科学先进的人才使用和晋升制度是建设国家创新体系的关键，是涌现更多创新人才、取得更多创新成果的制度保障。实行收入与贡献挂钩的分配制度是激励创新的重要杠杆，要让创新贡献大者得到高回报，鼓励创新人才先富起来。

二要在国际开放的大系统中培养创新人才，完善人才国际化流动机制。科技创新全球化、人才竞争国际化成为当今经济全球化的新趋势。只有开放，才能培养、造就更多世界一流的创新人才，全面提升我国人才队伍质量。一方面，要进一步扩大开放，积极面对当今激烈的国际人才竞争，同时创造条件，让国内的创新人才到国外学术交流和工作锻炼，这有利于加强我国科技创新与世界先进水平的交流，有利于提高我国的科研水平。智力资源是当今最容易流动的资源，靠封闭、管卡压挡不住人才流失。另一方面，完善人才回归政策体系，真正做到以事业、感情和适当待遇吸引人、留住人，并为创新人才提供进出方便、来去自由的有利条件。

三要营造良好的创新文化氛围，打造爱才敬才的社会环境。创新文化是促进人才创新的必备环境和条件，是人才管理体系和运行机制的内核。营造新的创新文化，创造良好的人文和社会环境，是确保创新人才辈出的重要保证。在科学精神和科学态度前提下，大力提倡批判性思考，敢于向现有学说或权威提出疑义或挑战。创新文化的一个重要内容就是要宽容个性，不但要保护个性、容忍个性，而且要鼓励张扬个人优势，鼓励施展个人才华，形成宽松适宜、丰

富多彩、百花争艳的创新文化氛围。崇高的理想和目标、敬业精神和创新热情是创新成功的重要条件。很多创新人才正是靠的这种精神，才取得了创新奇迹。创新人才要把为人民谋幸福、为民族谋复兴作为崇高使命和神圣职责，这是创新文化的更高层次。要以识才的慧眼、爱才的诚意、用才的胆识、容才的雅量、聚才的良方，把各方面优秀人才集聚到党和人民的伟大奋斗中来，努力形成人人渴望成才、人人努力成才、人人皆可成才、人人尽展其才的良好局面，让各类人才的创造活力竞相迸发、聪明才智充分涌流。

## 三、创新实践是创新人才成长的根本路径

创新人才的成长与创新主体的创新素质、外在的育人环境和在创新实践中锻炼相互联系、互为作用，这三者缺一不可、相辅相成。假如主体的创新素质好，而缺乏必要的环境条件，就会阻碍或延缓创新主体的成才成长。假如生存和发展的环境条件很好，但创新主体的创新素质差，那么也会阻碍或延缓主体的成才成长，就像病树苗即使在良好的环境里也长不出参天大树，这是一样的道理。假如创新主体的创新素质好，生存和发展的环境条件也优越，但是实践探索活动不佳，或者懒于实践活动，那么也会阻碍或延缓主体的成才成长，因为任何创新成果都要经过实践活动才能形成。创新人才是"果"，而不是"因"，要"修成正果"就必须创造适宜的温度和湿度，要得"鱼"就必须"放水养鱼"。因此，创新主体的成才成长要在一定的创新环境条件下，充分发挥自身创新素质的作用，自觉地在创新实践活动中锻炼成长。

创新人才的成才规律既有主体各要素之间的内在联系，又有科学内涵。简单地讲三句话，一是创新素质是创新人才遵循成才规律成长进步的内在依据，是创新主体创新的基础和内在因素；二是创新环境是创新人才遵循成才规律成长进步的必要条件，是创新主体创新的外在因素；三是创新实践是创新人才遵循成才规律成长进步的根本路径，是创新主体成功的本质要求。可以说，创新主体的创新素质、创新环境、创新实践是一个彼此之间相互依存、关联递进并相互联系、相互作用的有机整体，宛如创新人才成长的"金三角"架构，创新人才的创新素质在创新环境中与创新实践之间交互作用的成才规律，是一条

不以人的意志为转移的客观规律。

　　创新实践对于创新人才成长作用极为重大。如果没有将知识运用在现实当中，即便拥有再牢固的知识均属于纸上谈兵。应当在不断的学习与践行过程中培育自身发掘问题的能力。创新实践有助于强化创新者的创新意识。有了强烈的创新意识，才会产生强烈的创新动机，并调动和激发起自身的潜能，提出创新目标和构想，产生将其付诸行动的精神动力。创新实践能够极大丰富创新者的创新经验。创新经验只能来自亲身经历的创新实践，创新经验越丰富、创新的能力也越强、创新的成功率就越大。在"真刀真枪"的创新实践中，创新者不再是旁观者，而是创新实践的主体，是身处战场的战士，在创新实践中担负着特定的创新任务和责任。创新实践可以增强创新者的协作能力和社交能力。创新实践最重要的作用就是能够极大地提高创新者的创新能力。创新者需要调动其积极性和主动性，勤于思考、勤于动手、勇于创造，从而使创新者的学习能力、思维能力、动手能力得到训练，创新能力得到迅速提高。一个有创新能力的人，如果不能在创新实践中锻炼成长，他的创造力就会萎缩或削弱；反之，如果经常地参与创新实践，创新能力就会大大提高。

　　总之，不论是创新个体还是创新人才群体的成才，都必须有扎实的创新主体的创新素质为基础，营造良好的创新环境为条件，自觉勤奋地在创新实践中锻炼成长为根本。也就说创新人才的成才规律是创新主体在创新环境中把自身的创新素质与创新实践交互作用，从而锻炼成才成长。这一规律可以用形象化思维方式表示为：**创新人才成才规律＝创新主体的创新素质＋创新环境＋创新实践**。

## 第二节　创新人才成长的一般规律

　　改革开放以来特别是近年来，人们从研究中概括出许许多多的人才成才规律，有的从人才成长的诸因素的综合效应谈成才规律。这些规律的提出本身是来之不易的，是经过实践和研究者们的冥思苦想总结概括出来的，也都有充分的客观依据，在人才成长中起着重要作用。但是规律提得过多不利于对规律的系统性研究，为此，我们从人才成长规律的内在因素和外在因素两个维度中探索规律的基本特质。

### (一) 人才马太效应规律

"马太效应"的理论来自《圣经》"马太福音"中的一句话:"凡有的,还要加给他,叫他多余;没有的,连他所有的,也要夺过来。"① 20世纪60年代,著名社会学家罗伯特·莫顿对"马太效应"的原理作了归纳。他认为,任何个体、群体或地区,一旦在某一个方面获得成功和进步,就会产生一种积累优势,就会有更多的机会取得更大的成功和进步。这是他发现的一种社会现象,社会对已有相当声誉的科学家做出的特殊科学贡献给予的荣誉越来越多,而对那些还未出名的科学家则不肯承认他们的成绩。他把这种现象命名为"马太效应"。"马太效应"是一种社会惯性,不利于年轻人才脱颖而出。许多精英的成长都曾得益于学术大师的光环笼罩。譬如,美国92位获诺贝尔奖的科学家中,有48人曾给诺贝尔奖获得者做过学生或做过师徒合作。许多诺贝尔奖获得者乐于提起当年与玻尔、费米一道搞科研的感受,做他们的学生和得到他们推荐的荣誉感。这种精英人才集聚化的过程,正是凭借了学术大师们的杰出声望,形成了累积优势,使其人才链不断延续,以至于任何企图抵抗"马太效应"的惯性而建立新的高水平科研中心的努力都变得相当困难。事实证明,尽管"马太效应"有其不足,但它始终是学科带头人成长的捷径,古今中外概莫能外。② 根据"马太效应"规律,人才工作不仅要关注已经成名的"显人才",更要给那些具有发展前途的"潜人才"以大力支持。从人才个体讲,如果没有成功的经历,别人就不会把机会交到你手里。不要怪别人,而要做成一个或几个成功的事来,用实际行动证明自己的能力。成功的最大好处就是别人对你有了信心,从而给你更多的机会。有了更多的机会,你才有可能激发潜能,取得更大的成就。因此,一个人要想成才必须从基础做起,不要好高骛远,要立足当下一步一步前行,增强自己的心理承受力,尽快提高自身的竞争力,才能在竞争异常激烈的大潮中获得成功。

---

① 转引自韩云平:《决策认识论》,北京:人民出版社2013年版,第210页。
② 参见张意忠:《师承效应——高校学科带头人的成长规律》,载《高教发展与评估》2014年第5期,第50页。

## （二）人才师承效应规律

师承效应，是指在人才教育培养过程中，徒弟的德识才学得到师傅的指导、点化，使徒弟在继承与创新过程中少走弯路，达到事半功倍的好效果，有的还形成了"师徒型人才链"。师承，不仅仅是知识与学问的传授传承，更是学术理念、学术品质与人格魅力的教化熏陶。师承效应最关键的是学术精神的传承，得先师"真谛"、续圣哲"余脉"，师承的是学术精华。人才学研究表明，师承效应是群体人才成长的重要规律。比如，哥本哈根学派和卡文迪许实验室，通过师徒传承，培养了一代又一代杰出人才。所谓"名师出高徒"，强调的是教师的内功与学生学习活动相结合，通过教师自身的智力、功底、修养、水平、品德等在教学中的实践，外化为学生的创新实践活动，从而造就一大批出类拔萃的学生。每一个拔尖创新人才的背后，都有一个知识渊博、学识深厚、教学艺术精湛、学术技能优秀、教育理念处于前沿的指导教师。美国哥伦比亚大学的 H. 乍克曼教授，专门研究美国诺贝尔奖获得者，通过调查她发现，跟着曾获得诺贝尔奖的名师，比不跟名师的人获奖提前 7 年。有一个对本科学生的专项调查发现，77.3% 的学生认为导师对自己的成才和进步有很大引领作用。有关国外学者在分析美国诺贝尔奖获得者的情况后总结认为，学生从导师那里获得的东西中，最重要的是"思维风格"，而不是知识或技能。[①] 实践证明，一个年轻学者一生中最重要的事情是向学术大师学习和交流，在大师的学术引领下，明确前进方向，减少挫折，少走弯路，有助于成才。在现代科学史上，往往一项重大发现可能会开辟一系列研究，导致一连串创新，形成学术传递链。学科带头人因学术传承而得到发展。师徒之间还可以优势互补，这源于学术的共享性。正如英国大作家萧伯纳认为的，如果你有一个苹果，我也有一个苹果，而我们彼此交换后仍然各有一个苹果。但是，假如你有一种思想，我也有一种思想，而我们彼此交流这些思想，那么我们每人将各有两种思想，而且很有可能在此基础上产生第三种思想。许多新理念、新思想都是通过学科交叉、观点

---

[①] 参见杨淞月：《高校拔尖创新人才成长规律及培养策略研究》，中国地质大学硕士学位论文，2012 年，第 53 页。

共享而产生的。① 因此，我们在培养人才的时候，要重视发挥"师傅"的作用，优化"师傅"团队，衔接"师徒"链条，创新"育徒"路径，遴选苗子，精心培育，营造环境，促进学科带头人的成长，打造"师徒型人才链"。

### （三）人才实践成长规律

社会生活的本质是实践。实践是实践主体改造客体取得有意义成果的感性物质活动，包括应用实践和创新实践。应用实践是在已知领域中的重复性实践。创新实践是在未知领域进行的首创性实践。创新实践是创新认识的基础，是创新认识的动力源泉，是创新认识的目的，是检验创新认识真理性的唯一标准。人才创新必须经过创新实践。人才学研究发现"有效的创造实践成才规律"：即个体在围绕成才方向的创造实践中，有效的创造实践量超过某一阈值时必然成才。一个人要想成长成才，必须具备一定的研究、实验条件，需要开展一定的社会实践活动、自然的感性认识，需要良好的学术环境。实践锻炼是人才成长的必由之路。尊重实践成才规律，首先，要为每个人创造实践锻炼的机会，从组织和制度上让人才在实践中能够得到公平的机会和帮助，让好的传统和经验能够在实践中不断传承和创新。其次，要有明确实践方向。人才创新实践的方向不能偏离社会需求，不能空想不符合社会实际，具体实践应专注于目前的专业学习技术中，技术实践有助于其成才目标的实现，在此过程中也会积累一定的基本知识经验，积累所需要了解的专业技术知识。第三，要有实践量的累积。浅尝辄止不能成才，即有效的实践量很小的时候个体不能成才。这与优秀体育人才的培养是一样的道理，小的运动量是培养不出世界冠军的。研判一个人是否成才有一个理论阈值，即"成才阈值"，当一个人有效的实践量累积达到或超过成才阈值时，个人便成才了。不同层次人才的成长阈值也不可能相同。第四，要有恰当的实践方法。选择恰当的实践方法可以提高效率，事半功倍，有利于加快人才成长。实践证明，只有应用了知识创新方法的实践才是具有成才功能的实践，这样的劳动才是创造性劳动。如清华大学在培养学生

---

① 转引自张意忠：《师承效应——高校学科带头人的成长规律》，载《高教发展与评估》2014年第5期，第49页。

时主要依托重大科研项目,在实践过程中不断提高学生的科研能力和创新精神。在科研攻关我国下一代互联网示范工程 CERNET2 过程中,124 名清华大学研究生分别作出了一定的贡献。①

### (四) 人才螺旋式成长规律

任何事物的发展过程都不是平直的、一帆风顺的,而是前进性与曲折性的统一。人才成长,特别是创新人才的成长同样遵循这个规律。许多实践表明,一个人的成长进步往往是螺旋式上升的过程,是一个从无到有、从低到高的不断发展变化的动态过程。人的一生无法做到直线上升或者是一直直线上升,主要是因为社会在不断发生深刻变化,生活在不断发生深刻变化,个人的重心也在不断地发生深刻变化,这就需要不断调整自己成长的习惯方式和前进步伐。一个人的认知都是从感性到理性、从简单到复杂、从贫乏到丰富、从低级到高级的过程,也就是从感性到理性认识,再从理性认识回到实践认识的过程,在这个过程中必然会遇到各种困难和曲折,有时还会出现困惑和迷茫,甚至出现暂时的、局部的倒退现象。在这个时候往往一些人开始犹豫不决、停滞不前,甚至有的打退堂鼓,从而导致整个创新失败。对于拔尖人才、高端人才、创新人才而言,更是如此,这些人才的成长过程一般都比较长,越往高一层次进步,往往经受的磨炼和考验越艰苦、艰难,前进过程中曲折性体现得就越明显。遵循人才成长螺旋式上升规律,首先,个人要有充分的思想准备,在思想认识上要端正态度,正确认识困难与挑战、进步与曲折、成功与失败,对成长进步要始终保持足够的耐心和坚忍不拔的韧劲。特别是在面临各种挫折和考验时,要能放平心态、放低姿态,不以物喜,不以己悲,在挑战和压力中创新实践,在克服困难中增长才干。其次,现实中成功并不是失败的积累,而是对失败的总结与超越。这里千万不要误认为"失败越多成功会越多"的荒谬结论,而是要从屡次挫折和失败之后,总结分析失败的前因后果,心里要有个明明白白,从本质上找出解决挫折和失败问题的基本原理,从而取得成功。这是一条

---

① 参见杨淞月:《高校拔尖创新人才成长规律及培养策略研究》,中国地质大学硕士学位论文,2012 年,第 53—54 页。

客观规律，但真要把失败向成功转化由可能变为现实，还必须经过不断的探索和科学的分析，从失败中吸取教训，指导今后的创新实践，这样才算没有"白白"地失败。第三，组织要为人才成长营造宽松和谐的环境。"金无足赤，人无完人"，要分清主次、抓重点、看主流，多一些设身处地的理解和包容，既严格管理，又真心关爱，既宽容失败，又不"求全责备、埋没人才"，让各类人才能够在和谐自由、宽松的环境中创新创造、茁壮成长。

## （五）人才共生效应规律

"共生效应"的概念来自植物界这样一种现象，即当单株植物生长时，显得黄萎、单调，缺乏勃勃生机；当与众多植物一起生长时，这些植物却生长得茂密、簇拥，生机盎然。植物界把这种现象称为"共生效应"。从中外人才发展史不难发现，人才成长中也有许许多多类似于此的"人才群""人才团""人才群落"现象。人们通常把这种现象称为人才的"共生效应"。人才共生效应主要表现为高能为核、人才团聚，形成众星捧月之势的基本特征。一是从地域效应看，人杰地灵广泛集聚人才。某一地区因为历史传统或其他原因，往往能产生、汇集了某一方面的大量人才。一般处在这个地域的人由于人群整体素质高，比学赶超的学习氛围浓厚，大家都很努力，往往比其他地域的人更容易成才。二是从时代效应看，时势造就人才，时势造就英雄，这是历史唯物主义的成才观。马克思指出："每一个社会时代都需要有自己的伟大人物，如果没有这样的人物，它就要创造出这样的人物来。"[①] 时势包括时代的社会需要和时代的环境条件两个方面的内容。一定时代的政治、经济、文化诸方面的社会需要与社会条件必然会造就出它所需要的各种人才，并且它决定了人才出现的数量、结构、水平、特点，它反映了人才与社会两大系统间的本质联系。一方面，一定的社会需要与一定的社会条件相互作用，必然造就出大批人才；另一方面，每个社会总是具有一定的物质条件和文化条件，为人才的出现提供了客观的基础。譬如，牛顿和莱布尼茨同时提出微积分，达尔文和华莱士同时发现进化论，亚诺什、高斯和罗巴切夫斯基同时创立非欧几何，英国经济学家

---

① 《马克思恩格斯选集》（第一卷），北京：人民出版社1972年版，第450页。

罗伊·哈罗德和美国经济学家埃夫赛·多马同时提出相似的经济增长模型，等等。① 这些现象都是时势造就人才的结果。三是从团队效应看，目标科学、结构合理、优势互补、人际关系融洽的团队，有利于一大批人才取得良好成就。当今世界，几乎所有的重大科学发现和技术创新，都要依靠创新团队集体攻关来实现。随着科学技术的迅猛发展，复杂程度与交叉学科的与日俱增和细化，科学的发明、创新与突破，越来越难以依靠个人独力完成。人才团队建设是一个系统工程，优秀的领军人才是建成人才团队重要的基本前提。从优化有利于培养发现个体人才的机制与环境，到积极创建人才团队，通过团队中人才间的互相交流、信息传递、互相影响，从而促进人才的优势互补和团队的共进发展，成为人才"共生效应"发挥作用的新天地。因此，要根据人才共生效应规律，在人才造就上应注意探索共生效应的内在机制，以利于大批培养和发现人才。

### （六）人才事业成功规律

创新人才的事业成功，通常是创新人才的创新素质与创新环境条件、创新实践、创新成果等四个方面的综合作用的结果，是创新人才在创新环境中通过创新素质与创新实践之间的相互作用，实现创新目标并创造出有社会价值创新成果的规律。这四者相互联系、相互作用、相得益彰，缺一不可。这里可以简单地表示为：**创新人才的事业成功规律 = 主体创新素质 + 创新环境 + 创新实践 + 创新成果**。② 创新人才成长不仅需要具备良好创新素质——成长的内在依据，而且需要良好的育人环境——成长的必要条件；不仅需要丰富的创新实践——成长的根本路径，而且需要创新成果的尺度检验——成功的关键。创新人才向着事业成功的方向和事业成功的目标前进，要不断地锻炼和提升自己的创新素质。创新实践的决定作用，科学地回答了创新人才事业成功的根本路径的道理。如果创新实践所取得的创新成果具有社会价值，具有积极的社会意义，就证明创新人才事业的成功。这就需要在实践中进一步修正、补充和完善，力争实现创新目标，以达到事业的成功。创新成果是检验创新人才事业成

---

① 参见杨淞月：《高校拔尖创新人才成长规律及培养策略研究》，中国地质大学硕士学位论文，2012年，第52页。

② 参见彭健伯：《创新哲学论》，北京：人民出版社2006年版，第296—299页。

功的客观标志,创新人才事业成功的关键在于创新成果。从内涵的角度看,创新人才的创新素质是创新人才事业成功的根据,影响创新人才成长和发展的创新环境是创新人才事业成功的必要条件,创新实践是创新人才事业成功的根本路径;创新成果是创新实践检验创新人才事业成功的客观尺度。创新人才的事业成功规律是不以人们的意志为转移的客观规律。创新人才要善于自觉地认识和掌握这一客观规律,在创新环境中注重发挥主体内在素质与创新实践之间的相互作用,创造出有社会价值的创新成果,实现创新目标,不断通向事业成功之道。在现实生活中,有的创新人才虽然也实现了自己的创新目标,但却付出了巨大的代价,主要是陷入了认识上的许多误区,在行动中造成巨大的损失和浪费,甚至遭受了不必要的挫折和失败,走了许多不该走的弯路。有的人违背这条规律,在事业之路上受到了事业成功规律的惩罚。因此,创新人才要从不自觉地或自发地甚至是盲目的实践活动中走出来,更加自觉地有目的地认识和掌握事业成功规律,正确处理好自己的创新素质与创新环境、创新实践和创新成果之间的辩证关系,沿着事业成功规律之路前行,才能走向成功的彼岸。因此,既要尊重个体的差异性,又要把握人才素质全面性;既要激发人才自身成长的内生动力,又要为人才创新创造良好的外部环境;既要重视教育的基础性作用,又要通过实践、成果转化促进人才更好成长;既要对人才的成长充满坚定而又必胜的信心,又要对成长过程中的反复性、曲折性有充分认识,自觉遵循创新人才事业成功规律,实现人才成长与奉献社会和报效祖国的有机统一。

### (七) 人才最佳创造年龄规律

创造性是人才的本质特征之一。国内外有关学者研究发现,人的创造性能力与各类人才的年龄之间有着一定的关系。人们把人才创造数量与质量都达到高峰的年龄点与年龄区称之为"最佳创造年龄"。美国人力资源专家库克的研究显示,人的创造力是一个由低到高、到达顶峰后又逐渐衰退的过程,人的一生创造力高峰可以维持 20 年左右。[①] 从全球范围看,在一定的历史时期内,最佳成才年龄区是相对稳定的。有学者对 1500—1960 年全球 1249 名杰出自然

---

① 参见《第一资源——科学人才观简明读本》,南京:江苏人民出版社 2012 年版,第 82 页。

科学家和 1928 项重大科学成果进行统计分析，发现自然科学发明的最佳年龄区是 25—45 岁，峰值为 37 岁。① 由于专业领域的不同，最佳年龄区也有所不同，特别是随着人类知识的进步，最佳年龄区也会发生前移或后推的变化。有关研究表明，人才成长周期大体上可以分为萌芽期、成长期、成熟期、衰退期等四个阶段。人才出成果的最佳年龄段往往是出成果的黄金时段。我国科技人才一般在 26 岁首次发表索引论文，大约 27 岁博士毕业；31 岁首次独立申请并获得研究资助，科学研究活跃期持续到 35 岁；36—40 岁取得突出研究成果，索引论文发表量逐渐达到高峰；41—45 岁以出色的研究工作与成果为同行所认可，成为科研的骨干力量。② 一般人才有"保鲜期"，过了这个时期创造力就会"大打折扣"。如何用好人才的"保鲜期"呢，一方面，要在人才选拔使用中，打破论资排辈，拆除对年轻人才选拔使用的过多"门槛"，把"千里马"用当其时；另一方面，避免片面强调年轻化、学历化，有的搞年龄、学历"一刀切"，把许多工作能力强、实践经验丰富的人才淹没掉，不仅要用好人才使用的"黄金期"，也要防止造成人才资源的隐性浪费。在人才的萌芽期，要多加培育，慧眼识人才，研究判断人才的发展潜质，及早地在使用中培养，在培养中提高创新能力。在人才成长期，要多压担子，帮助人才树立雄心壮志，科学规划设计职业生涯，充分运用年富力强、青春有活力等优势，将人才个体差异性在使用中充分展现出来，培养获取知识的能力和实践创新的能力，从而在其壮年心力精强时用之，不要在其年事已高、精力不济时叹之。在人才成熟期，要多出成果，充分运用发展成熟期人才的思想成熟、经验丰富、有智慧、有主见等优势，引导人才运用知识和技能多研发创新、多出科研成果，通过提升人才能力素质，不断开拓人才发展新空间。注重人才在优势发挥期的引领和带动作用，加强核心团队建设，培养和凝聚更多的优秀人才，形成人才发展的共生效应，增强人才发展的可持续性。在人才的衰退期，要多关心，针对满足现状、注重形式、刚愎自用、不思进取等问题，制定再培训计划或改进方案，重新焕发他们的斗志，并分别给予调整置换，合理使用，发挥他们的余热。

---

① 参见王通讯：《人才成长的八大规律》，载《决策与信息（上半月刊）》2006 年第 5 期，第 53 页。

② 参见王通讯：《人才最佳创造年龄规律》，载《中国人才》2008 年第 3 期，第 31—32 页。

## （八）人才扬长避短规律

扬长避短就是发挥或发扬优点或有利条件，克服或回避缺点或不利条件。常言道，舍长以就短，智者难为谋，生才贵适用，慎勿多苛求。人各有所长，也各有所短，再著名的专家学者也不可能样样精通。这种差别是由人的天赋素质、后天实践和兴趣爱好所形成的。人才的成长成才大多是扬其长而避其短的结果。首先，人才个体的成才之道各不相同。每个人都有自己的兴趣、爱好、特长和愿望，每个人只有从自身实际情况出发，选择自己富有个性化的成才之路，才能展示自己的风采，为社会贡献自己的才华。反之，如果用短舍长，既难以把工作做好，又容易造成事倍功半的结果。其次，人才个体创造力各具特点。人为万物之灵，禀赋个性各不相同。每一个人才身上都具有相对独立、各具特点的创造力，这些创造能力在每个人身上往往以不同的形式表现出来。创造力可以具体表现为新概念、新创意、新理念、新构想、新理论等思维性成果，也可以表现为新技术、新工艺、新产品、新管理等物质性成果。由此可知，培育创新人才要尊重个体的创造性劳动，让人才各具特点的创造能力自由地释放出来，为社会提供丰富多彩的创造性成果。第三，人才个体的才能各显优势。人们常说"闻道有先后，术业有专攻"。张良善谋略，韩信善用兵，萧何善理财。对于某些特殊人才，必须允许他们各有千秋。只有用其所长、避其所短，才能体现人才的价值。一个人，只要有一定的专业特长或专门技能，能为社会进行创造性劳动，都应当得到社会的认可和尊重。注重发挥人才特殊专长，既要善于发现人才的特殊专长，更要将具有特殊专长的人才放在合适的岗位上使用，让人才的特殊专长在使用中真正发挥出来，促进人才健康成长。人才个体的独特性通常体现为才华的独特性。优秀人才正是发挥了自身的特长和优势，才能为人类社会作出更多的重要贡献。因此，人才成长过程中的扬长避短规律告诉我们，不论是发现人才，还是培养人才；不论是选拔人才，还是使用人才，都要防止两种偏向的发生：一是只见其长，而忽视其短，其结果在长的背面，使其短的东西慢慢地起着反面作用；二是只见其短，不见其长，把一个人长的东西长期埋没了，不仅贻误了人才成长的大好时机，而且造成了人才浪费。譬如，著名物理学家杨振宁，在美国留学时一开始研究的是实验物理，可是杨振宁的动手能力较差，做实验物理并没有取得什么成绩，于是在老师和同学的建议下，杨振宁开始从事理论物理方面的研究。由于充分发挥了自己的特长，杨振宁的理论物理研究如鱼得水，取得了突破性重大成果，并且获得了诺贝尔奖。杨振宁扬长避短，善于发挥自己的优势，使他铸就了人生的辉煌。

### （九）内外因共同作用规律

任何事物多是内外因共同作用的结果，这是内外因辩证关系的原理。对于人才的成长而言，内外因共同作用也是同样的道理。一个人的成长受到很多因素的制约和影响，不仅要具备思想品德素质、身体素质、智力素质、心理素质，还要受自身性格、态度与对外部世界的领悟程度等的影响，又要有适合其成长的外部环境。人才成长的内因是人才个体的内在成长动机，是一个人内在自然而持续的兴趣、爱好和想法，属于马斯洛需求层次理论中的自我实现需求，引导、驱动和决定人才的成长方向。外因是人才成长的外部环境，包括宏观环境和微观环境。从宏观上看，自然环境、经济环境、政治环境、文化环境、社会环境等，从微观上看，家庭环境、学校环境、工作环境等。个人是人才培育的种子，环境是人才成长的阳光，组织是人才扎根的土壤，伯乐是人才崭露的雨泽。① 从社会发展的角度看，个人的全面性基本素质是根本因素，但不是决定性因素，假如一个人再刻苦努力，如果外部环境不给力，很难成长起来。就像一粒种子被放在见不到太阳的环境里，无论如何也长不成参天大树。没有土壤，种子就无生根之地。同样，没有组织，人才就无立足之地。一粒种子在成长为参天大树的过程中，需要连续不断地从土壤中吸取营养，一个人在成长之路上，同样需要可持续地得到组织的培养和历练。伯乐最大的价值就在于能够在众多人当中力排众议、慧眼识珠，发现和培养人才脱颖而出。伯乐可能是一个人、一个组织，也可能是一个机制。只有形成良好的人才管理机制，人人都是伯乐、人人皆为人才，才能实现人才辈出、繁荣发展的大好局面。尊重人才的内外因共同作用规律，首先要清醒地认识到创新人才成长的根本是内部成长因素。创新人才不仅要具备"自身基础优势"因素，还要发挥良好的

---

① 参见周留征：《人才的逻辑》，北京：机械工业出版社2018年版，第105—125页。

非智力因素，通过在知识、能力、品德方面的积累，更重要的是在创新能力方面的势能积累，为自己的成长做好准备。在一定阶段内，创新人才想要有所突破，必须通过多种途径进行不断积累，当量变积累到一定程度时必将发生质变，从而取得突破。其次，要通过深化人才体制机制改革，优化人才成长的宏观环境和微观环境，破除对人才成长的瓶颈制约，最大限度地调动人才成长的内生动力，营造有利于人才脱颖而出的外部环境。第三，不同的外部因素彼此是相互影响的。只有具备优越的科研条件、完善的激励机制、发扬学术民主，给予人才宽松的环境条件，才能体现团队密切合作的促进作用。一个人只要努力奋斗就有发展的机会，要对周围的环境少一些挑剔和抱怨，要多从自身不足找差距查原因，正确利用环境中的各种积极因素，抓住蕴藏的新机遇，在适应现有环境的条件下，充分发挥个人的主观能动性，努力早日成长为栋梁之材。

### （十）创新教育优先规律

在人才的培养和成长过程中，教育是非常重要的环节，要重视教育对人才成长的基础性和关键性作用。长期以来，我们在人才的培养上，存在着有高原无高峰，有大楼无大师的被动局面，没有培养出世界顶级大师，在很大程度上与教育问题有关，还没有从传统的教育束缚中彻底地跳出来，甚至有的地方简单用学生考试分数评价教育质量。尤其是中小学阶段各地实际上是应试教育较为普遍。创新人才的培养不同于引进，它是一个长期、长效的过程。创新教育不是一种新的教育类型，也不是一个专业方向，而是渗透到所有学段、所有类型教育中的理念和行动。从教育的目标而言，创新教育包括对学生创新意识、创新思维、创新技术、创新人格的培养。① 创新教育是依据知识经济时代对人才的新要求，针对传统教育和应试教育存在的弊端而提出来的，目的是培养具有创新精神、创新意识、创新能力和创新人格的高素质创新人才。树立创新教育观念是办好创新教育的前提，要从以传授知识为中心的传统观念转变到不仅传授知识，而且要加强培养学生创新精神和创新能力的教育观念上来；不仅是满足于使

---

① 参见范鲐鲐：《创新发展的引擎：创新教育与人才培养》，百度快照·京领新国际，2019 年 2 月。

学生获得知识,而且要指导学生学会获得知识,学会运用知识,学会发现问题、解决问题,学会发明创造。要构建创新人才培养个性化、多样化的培养模式,改变过去统一教学计划、教材、学制、管理的整齐划一的人才培养模式,采取灵活多样的培养方式,实现培养人才模式多样化,培养人才方案个性化。创新教育需要面向国际开放交流,封闭的环境很难实现创新,也难以造就创新人才。国际化能为创新教育提供多元理解的良好环境,也是不同文明、国家可以相互借鉴和学习的基础。要营造创新人才成长的宽松、民主、自由、开放、进取优越环境,在教学管理体制上,要正确处理统一要求与个性发展的关系,变硬性管理为弹性管理,使原则性与灵活性统一,一致性与多样化统一,严格与宽松统一,从注重过程管理到注重目标管理。① 要根据新时代创新人才培养的新要求,建立更加完善的选课制、选师制、主辅修制,实行弹性学制和在一定条件下选择专业制,控制必修课的适当比例,新增选修课,扩大学生学习的自主权和主动权。要发挥政府的主导作用,通过整合初中、高中、高等教育、科研院所的多方资源,为创新人才成长提供丰富的基础设施、实验设备和实践场所,打造宽松良好的创新环境。

## 第三节 创新人才成长规律的价值意蕴

人的创造性的发展和创新人才的培养,既是一个老的命题,也在当今社会被赋予了新的时代意义。创新人才的成长规律为成才者和事业成功者提供了科学的理论指导。认识和研究规律是为了遵循规律、指导实践。实践育人才、出人才是人才成长最根本、最管用的规律,具有科学的理论价值和实践价值。我们研究创新人才成长规律的意义和价值,需要从创新人才的本质属性、驱动原理和成长规律价值的视野进行研究探索。

### 一、创新人才成长成才的本质属性

创新人才是具有创造精神和创造能力的人,它是相对于不思创造、缺乏创

---

① 参见孙萍茹:《创新教育与创新人才培养研究》,载《河北大学学报(哲学社会科学版)》2000年第2期,第56、57页。

造能力的比较保守的人而言的。创新的本质是什么？这是长期以来人们一直执着探究的一个重要理论课题。据有关学者研究发现，创新不仅在于创新个体和群体的自主创新能力，而且与创新关系以及社会的组织制度等创新环境和创新精神密切相关。创新人才的创新是创新能力与创新关系、创新环境与创新精神之间辩证发展的首创性活动。创新能力与创新关系的统一构成创新方式，创新环境与创新精神的统一构成创新形态，创新的本质就是科学活动，是一种始终追根溯源的进取精神，是推动人类文明进步的激情。

创造性：创新人才本质属性的最高表现。[①] 创造是人类所独有的一种极为复杂的现象。创造是创新人才的灵魂，是创新人才必须具有的本质特征，也是衡量创新人才水平的一个根本标准。创造是以人类为主体将自身的认识和实验不断推向前进的行为及其成果，是创造行为与创造成果的统一。发现和发明既有区别又有联系，共同构成了人类的创造活动。"有所发现"是创新人才进行创新所不可违的客观规律，也就是自然的、社会的客观系统，以及反映这一客观系统的思维系统。"有所发明"则是创新人才以客观规律为依据，根据现实条件设计与创造出的人可以行为的人为事物，也就是人为系统。从创造结果的特征而言，发现是见前人、他人所未见的客观规律；发明则是从无到有，将自然形态的事物改造成人为形态的事物，也就是所谓的创造物。从创造的作用来讲，发现在于认识世界；发明则在于改造世界。从学科性质来讲，发现属于基础学科；发明则属于应用学科或工程学科。创造是发现和发明相互作用的结果，是认识世界和改造世界的统一。认识世界是为了改造世界，如果一个人不能认识世界，就不可能改造世界。创新人才的创造性就是非一般性、非重复性，人的发展归根到底是人的能力和人性的发展，而最根本的就是人的创造性的发展。创造性在政治、思想、品格方面展现创新人才的进步性；在能力、功能、作用方面表现为创新人才的超常性；在心理、气质、作用方面显现创新人才与一般人不同的特质。创新人才能进行"复杂的、创造性的劳动"，能"站在前人的肩膀上"有所发现、有所发明、有所创造、有所前进。创新人才的创造性主要体现在创造性能力、创造性劳动和创造性成果等方面。创新能力是

---

[①] 参见彭健伯：《创新哲学论》，北京：人民出版社2006年版，第253页。

进行创造性劳动取得创造性成果的基础。创造性劳动是创新人才成果创造的过程，也是创新人才劳动区别于一般模仿性和重复性劳动者的地方。创造性成果是人才业绩和对社会贡献的主要体现。业绩是衡量人才的一个最重要标准。创造性能力是人才最核心能力。具有一定的知识或技能，但是没有通过创造性劳动将知识或技能转化为创造性成果，充其量只是一个潜人才。这就是创新人才与人才的最大区别。创造性能力的高低，创造性成果的大小，是检验创新人才与一般人才的关键所在。

杰出性：创新人才根本属性的量化标准。杰出性是创新人才的根本属性。创新人才区别于一般人才和一般的劳动者和人力资源，就在于其知识技能、创造性劳动和社会贡献好于一般人才。创新人才离开了杰出性、创造性就毫无意义，甚至可以与"人力""人员"画等号。通俗地讲，创新人才就是杰出的人才，是品德、知识、能力等素质优于普通人才，创造的价值高于普通人才，对社会的贡献、作用大于普通人才，即素质优、价值高、贡献大的人。杰出性人才在品德、智能、技巧、创造性方面表现出"优势素质"①，这是非创新人才所不具备的。创新人才具有优势素质，要超出一般人才的实际创新能力和创新成果。每个人成才尤其是创新人才，都是劳动的结果、实践的结果，可以说是劳动的产物，是人才自身劳动和他人劳动的共同结晶。人才成长的一个重要标准就是要有"有效劳动"，正如商品的价值取决于必要劳动时间量一样，人才的能级取决于他付出的有效劳动量，他的有效劳动量越大，则其优势素质越高，人才能级越高。一个人要想创新，必须发挥优势素质，付出"超量"的劳动才能成功。因为人们对规律的认识和实践的方法掌握不是一蹴而就的，往往要经过大量的无效劳动，也就是经过了无数次的失败之后，才能解决问题。只有总劳动量超量，才能达到有效。只有其实际水平和实际有效劳动量超过一定标准时，才能创新，才能成才。这个"超量"也就是"杰出"，它是形成优势素质的前提条件。这里讲的杰出不同日常生活说的杰出，日常讲的杰出是指较为拔尖、较为卓越、较为突出。而这里所说的杰出，就是超出一定的标准。创新人才应以其优势素质作为分类的标准。把杰出性作为创新人才的本质特

---

① 钟祖荣：《杰出性：人才的本质特征》，载《中国人才》1989年第4期，第9—10页。

征，这同人才成长的规律也是相统一的、相一致的。人才成长是内外因综合起作用的结果。但是内因和外因的相互作用是在实践活动中完成的，离开了实践活动，就谈不上内外因的相互作用。由此可知，不仅从内外因的结合点去探讨人才成长规律，而且要从实践的角度去探讨人才成长的规律，这是人才唯物论的基本要求。当然，也不能直接由实践导出成才的结论。因为一般说来，人人都参加了社会实践，但并非人人都能成为创新人才，显然，创新人才是由一种特殊的实践所造成的，这种特殊的实践，就是超量的有效的实践。当然人才的杰出性是相对的，不同时代、不同范围、不同层次、不同地域的人才其杰出性程度不同。如古代的能工巧匠相对于当时的劳动生产率而言，具有杰出性；高级人才相对于中初级人才具有杰出性；初级人才相对于一般人具有杰出性。人才的相对性使人才具有广泛性，人人只要努力学习、工作，相对其他人具有更高的知识技能，作出更大贡献就能成为人才，成为创新人才。

　　社会性：创新人才价值属性的实践检验。社会性是创新人才的价值属性的目标体现。创新人才是人才群中的精华，是各行各业的佼佼者和领头羊。创新人才的成长离不开社会，人才培养的过程是人才不断社会化的过程，创新人才的成长和进步是人才个人努力和家庭、学校、单位、国家等社会各方面共同支持、相互作用的结果。社会是人才成长的基础和人才施展才华、发挥作用的大舞台，离开了社会，人才就成为无源之水、无本之木。一个人之所以成为人才，首先要满足的是社会的需要，只有为人类社会的发展进步作出贡献，才能成为社会需要的人才。同时，社会的发展变化也造就了一代又一代人才。"江山代有才人出，各领风骚数百年"。实践证明，没有一个人才不受到时代历史环境的影响，各个时代有各个时代的人才标准。人才不是自封的，尤其是创新人才，要由社会来评价，通过一定的社会途径和方式得到社会认可，人才的价值就体现在服务社会之中。社会需要是广泛的，社会的舞台是广阔的，只要满足了社会某方面的需要，在社会的各行各业，为社会作出各种贡献，都能成为人才。人才的社会性与创造性紧密关联，有的人虽然专业水平很高，学术上也有一定的造诣，其成果也具有创造性，但却不能推动社会发展和人类进步，反而阻碍社会发展和进步，这类人就不是我们所说的人才，更不是创新人才。创新人才的成长进步离不开社会实践，要在社会实践中取得成功需要良好的社会环境。从理论上讲，人人都具有创新的潜能，人人都能够成为创新人才。然而，社会实践和社会现实反复表明，人的创造力的生成和实现又确实远非人人可以做到。在现实社会实践中，个体创造力的形成和发展还受到其所处的社会经济及社会文化环境的影响，环境对人的创造力的影响主要表现在激发与阻碍的倾向性作用上。因此，创新人才的创新成果要在社会实践中检验，要在社会环境滋育中完成，要在社会需要和社会服务中产生价值。

## 二、创新人才成长成才的内在源泉

人才作为改造世界的实践创新的主体部分，无论是创新实践活动还是认识活动的指向与价值，都在于满足人类自身的需要，把世界变成对人来说是真善美相统一的世界。人才的创新实践活动不仅具有实践性，而且具有理想性；不仅具有有限性，而且具有无限的指向性。创新是人的本质，需要是创新的原动力。无限增长的物质、文化需要是人的客观的质的属性，相对于这一属性，自然界是匮乏的。自然界不可能完全自发地满足人的需要，人类也不可能像动物那样依靠本能躺在大自然的怀抱中繁衍生息。创新不仅源于人的客观需要与自然的匮乏之间的矛盾，再进一步说，就是它源于人类的内在本性即人类永不满足和好奇的心理欲求。这从哲学的角度阐明了人才为什么要创新，人才创新的内生动力从哪里来，同时也说明了创新人才成长成才的源头活水在于人类生存和发展的需要。

**人民群众是人才创新成才的不竭源泉。**人才观是关于人才的本质及其发展成长规律的基本观点。马克思主义的人才观是建立在最广大人民根本利益基础之上，体现了人民性、实践性和现实性的有机统一。马克思主义唯物史观告诉我们，人民只有人民，才是创造世界历史的动力。人民群众之所以是历史的创造者，从根本上讲，人类社会赖以生存的物质资料是人民群众通过自己的劳动创造的，人民群众在物质生产劳动中不断地积累经验，改进生产工具和生产技术，推动生产力的发展和生产方式的转变。人民群众不仅创造了物质财富，而且创造了精神财富，并不断推动着生产关系的深刻变革，乃至整个社会形态的变革，成为经济社会发展的根本动力。人才存在于人民群众之中，创新人才是人民群众中能力和素质较高的劳动者，在与人民群众的共同劳动实践中得到锻炼和成长，具备了一定的知识和技能，能够进行创造性劳动，为社会做出积极的贡献。创新人才是人民群众中的优秀分子，是党和国家需要的高端人才。创新人才的社会实践活动来自人民群众，都要在人民群众的土壤中成长成才。要遵循人民群众创造历史、人才存在于人民群众之中的马克思主义唯物史观，不要把人才与人民群众割裂开来，做到不唯学历、不唯资历、不唯职称、不唯身份，尊重人民群众，大胆在人民群众中发现和选拔创新人才。只有这样，一方面，我们才能遵循各类人才的成长规律和不同特点，识别、选拔和使用好人才，使各类人才都有施展自己才华的机会，都有充分发挥自己聪明才智的空间和舞台；另一方面，只有在人民群众中源源不断地培养和选拔出一批又一批创新人才，才能为社会主义现代化建设提供最坚实的人才资源保障。

人的本质力量是创新人才成长进步的源头活水。从哲学的角度讲，人的本质力量就是人的创造力、想象力、意志力和实践能力等本能的力量。人的本质力量对象化就是将这种本质力量运用到自然上面，通过改造自然以适应人的自身生存和发展。同样的，人在改造自然的过程中，人的本质力量也得到全面加强和提升。研究创新人才创新的起源，同样要从研究人的本质力量切入。

作为创新的人本质论根据，我们应将马克思的人本质观理解成为人是以社会实践来满足其需要的存在物①。这种人本质观认为，人的需要本性规定了创新的动因。需要是人的本质的一个方面，更是创新人才的本质的一方面。人首先是对象性有生命的存在物。人作为对象性存在物，又内含着人本身是有生命的存在物。因为规范人为对象性存在物的对象即自然界，是表现和确证人的本质力量所不可缺少的重要的对象。这也就是讲"说人是肉体的、有自然力的、有生命的、现实的、感性的、对象性的存在物，这就等于说，人有现实的、感性的对象作为自己本质的即自己生命表现的对象；或者说，人只有凭借现实的、感性的对象才能表现自己的生命"②。而有生命的存在物的特点就在于它有需要。一般的需要是一般生命存在的确证，而人的特定需要则是人所具有的

---

① 参见林晶：《科学创新的哲学研究》，长春：吉林人民出版社2008年版，第99—101页。
② 《马克思恩格斯全集》（第三卷），北京：人民出版社2002年版，第324页。

生存方式的确证。人的特定需要是丰富的，人才的特定需要是异常丰富多彩的。大自然既然创造了人这个复杂的生命体，它也能赋予其以无限丰富的需要。人的需要不仅以物质为基础，而且人是有思想、有激情、有生命的能动性存在物，不断丰富的精神追求是人区别动物的重要标志，也是人才创新的最鲜明标志。正是人的需要的丰富程度，所以马克思曾把共产主义社会理想的人理解为具有十分丰富需要的人，即占有自己的全部丰富本质的人；同样马克思也把全部历史理解为人的需要不断发展的历史。

然而，自然界不能直接满足人的需要，人决心用实践这种客观方式将物质世界蕴涵的那些满足自己需要的可能性的对象（创新对象）转化成现实的存在物。正如列宁所言："人的意识不仅反映客观世界，并且创造客观世界……世界不会满足人，人决心以自己的行动来改变世界"①。人的这个决心的基础是知识，它向人提供理智、思维。人必须使用自己的智慧创新自然，包括改造自然和创造自然，并在此基础上，创造人类社会和文化世界，以满足自身的物质、社会和文化方面的需要。马斯洛的需求层次结构理论指出：人的需求由低级到高级呈塔状结构，每当较低一级的需求满足后就会产生更高一级的需求。人类不能安然于现状，不能驻足不前。永不满足可促进人类不断地推陈出新。人类拥有绝顶的智慧而被誉为万物之灵，它需要通过不断地创新来实现和证明自己这一点。

创新就是人类智慧生命的本能冲动和要求，是人的本质力量的显示和确证。不断进取和创新是人类生活最本质的状态，是社会的生机与活力的源泉，是社会进步与发展的大杠杆。劳动把动物性的需要改造成人的需要。实践创新的结果，使人在自然需要基础上产生了动物所没有的新的历史需要。实践创新推动了人的需要的创新发展，使人的需要发展成为一个高度复杂的、开放性的体系，以致决定了人的创新内容无限丰富。这些论述，同样从哲学的角度，阐明了创新人才创新创造、成长成才的基本原理，下面还要从需要本质和实践本质的层面，论述创新人才创新与成长的作用机理。

实践本质是创新人才成长进步的价值依归。人的需要本质与实践本质对人

---

① 《列宁全集》（第三十八卷），北京：人民出版社1959年版，第228页。

的创新作用是在辩证统一中发挥作用的。同样，创新人才光有创新的冲动和欲望是不行的，还必须通过社会实践创新进行验证。人的本质并不像唯心主义所讲的那样，是天生的、与生俱来的，而是在社会实践和社会生活中逐步形成、发展和丰富起来的。人通过创新活动不仅可以创造出越来越丰富的外在世界，而且可以创造出越来越丰富的内在世界。

从人类创新的历史长河中可以看到，人的本质内容越来越丰富，如果人的社会实践只是停留在原有的水平，如果停滞不前、没有不断创新地发展，人的本质将是僵化的，人类社会的进步将变为空想。马克思指出："人的本质不是单个人所固有的抽象物，在其现实性上，它是一切社会关系的总和。"① "个人怎样表现自己的生活，他们自己就是怎样，因此，他们是什么样的，这同他们的生产是一致的——既和他们生产什么一致，又和他们怎样生产一致。"② 人是通过社会实践创造全面的社会关系来全面地创造人自己的本质的。人"正是个人相互间的这种私人的个人的关系、他们作为个人的相互关系，创立了——并且每天都在重新创立着——现存的关系"。③ 这说明，人在物质生产实践的基础上发生着越来越多样化，越来越扩大人的社会交往活动和科学创新活动、技术创新活动，从而形成越来越丰富的交往关系及社会关系。只有当社会关系的发展达到了某种丰富性即全面性，人才能在全面的社会关系中进行全面的活动，并通过全面的活动，也就是通过人们之间普遍的相互交往而获得全面的发展，全面地创造自己的本质。这也就是讲，主体在创新活动中"人不是在某一种规定性上再生产自己，而是生产出他的全面性；不是力求停留在某种已经变成的东西上，而是处在变易的绝对运动之中"④，而是"人以一种全面的方式，也就是说，作为一个完整的人，占有自己的全面的本质。"⑤ 由此可以讲，人的创新活动作为能动的创造性活动，就是人的本质力量对象化的活动，创新实践的发展也就是人自身的本质力量的发展。正是在改造外部世界的实践中，人

---

① 《马克思恩格斯选集》（第一卷），北京：人民出版社1995年版，第56页。
② 《马克思恩格斯选集》（第一卷），北京：人民出版社1972年版，第54页。
③ 《马克思恩格斯全集》（第三卷），北京：人民出版社1960年版，第514页。
④ 《马克思恩格斯全集》（第四十六卷上册），北京：人民出版社1979年版，第486页。
⑤ 《马克思恩格斯全集》（第四十二卷），北京：人民出版社1979年版，第123页。

的本质力量才"一部分发展起来,一部分产生出来"。

科学创新是人的最高本质,更是创新人才的最高本质。从人类本体上看,科学技术的发展和人类文明的进步,昭示着人类创造潜能对象化实现的不断满足。科学创新是人类的创造精神、创造意识和创造力的伟大实践。这种实践带来的巨大物质功利和精神功利的意义在于,它已经把经济发展、社会进步、文明演进与人的全面发展统一起来,不仅创造了知识经济的骄人业绩,加速了现代社会生产力的发展,促进了社会的全面进步,推动了人类文明的进程,而且还使得人类的生存需要与精神追求获得不断满足,并以此拓展出人类本体的存在空间,不断丰富了人性的价值内涵。人类乘坐的科学技术的历史航船,不仅抵达的是物质文明现代化的彼岸,同时也是合规律与合目的相一致、真善美相统一的人类生命本体的自由境界。① 因此,科学创新是人的最高的本质,更是创新人才的最高的本质。这些从哲学的角度对人的实践本质的论述,同样也是对创新人才实践本质的论述,它阐明了创新人才成长成才规律的基本原理和作用机理和创新的价值追求,使我们从哲学的角度和价值的层面研究创新人才的成长规律具有重要的理论价值。

## 三、创新人才成长规律的价值要义

人才创新同任何事物一样,是由现象和本质构成的。认识的任务就是要透过现象揭示人才创新的本质和规律。发现和揭示出人才创新的基本规律,具有重要的理论价值和实践价值。众多创新人才成长成才的经验启示我们,没有理论的实践是盲目的实践,没有实践的理论是空洞的理论;理论创新是实践创新的先导,并为实践创新提供科学指导。认识创新人才的成长规律具有重要的科学价值和现实意义。

创新人才成长规律的理论价值。创新人才成长规律是科学创新的结晶,是从人才创新实践中总结提炼出来的先进经验和历史启示。这不仅丰富和发展了创新学理论内容,而且丰富和发展了人才学理论内容。创新学是关于创新的本质和规律的科学,是关于创新的理论化、系统化的世界观和方法论。人才学是

---

① 参见林晶:《科学创新的哲学研究》,长春:吉林人民出版社2008年版,第101—107页。

研究人才成长、人才培养和人才管理、人才使用规律的新兴学科。不论是已经发表的众多创新方面的论文，还是出版的诸多创新方面的著作，较少从人才学的角度研究创新学。在现实社会实践中，每一个人才的创新成果，都是对创新学的丰富和发展。应当说离开人才学的创新学是不完整的学科。创新人才成长成才的规律，从理论和实践的层面揭示了各类人才科学创新、社会创新、文化创新、经济创新的基本原理和内在联系，彰显了创新本质和创新价值。

人包括人才是怎样推动价值创造的呢？什么是创新价值观呢？所谓创新价值观就是通过创新，研制新产品、创新管理等，实现市场价值。具体讲就是"以追求理想的激情激活探索现实的精神，坚持不懈地探索新思想、新事物、新价值，倡导自由探索、自由审视和自由创造"[①]。从而释放创业精神，并把它转化为企业和科技创新，以推动经济和社会的发展。创新价值论的目的是要说明价值观是如何影响创新的，而创新又是怎样推动价值创造的。人才在创新实践中作出决策选择的时候，往往有两种选择。其一是"以选择方案为中心的思维方式"，其二是"以价值为中心的思维方式"。这两种选择的不同是，前者是"选择在先，价值考虑在后"，后者是"价值第一，选择第二"。价值是人所追求的能满足其某种需要的客观属性，例如经济价值、文化价值、科学价值、历史价值等。在创新人才的创新活动中，以价值为中心的思维导向可以帮助人才创建更好的决策环境，提供更好的选择方案，也应当可以产生更好的效果。有的学者认为"价值是看不见的硅谷黏合剂"。国内外一些成功的知名企业，譬如微软、惠普、华为、海尔等都是高度重视企业文化和企业价值，把价值视同管理的工具。

如果把知识比作是价值的源泉，那么创新就是价值创造和价值实现的最有效的路径，而人才则是创新成功的组织者和践行者。因为创新学是研究创新的本质和规律的科学，所以在创新的本质和规律中，当然也包括创新人才的成才成长规律和事业成功规律。创新人才的成才成长规律和事业成功规律是创新学的研究对象，揭示出创新人才的成才规律和事业成功规律，是创新学的重要任务，同时也是人才学的使命。从理论意义上说，揭示出创新人才的成才规律和

---

① 金吾伦：《创新的哲学探索》，上海：东方出版中心2010年版，第71页。

干事创业成功规律，进一步丰富了创新学理论的内容。创新人才成长成才的基本规律的理论意义在于能够进一步丰富和完善人才创新的理论宝库。

创新人才成长规律的实践价值。创新人才成长规律的实践意义在于，创新成长规律的揭示对党和政府制定发展战略和策略，为建设"国家创新体系"和"创新型国家"提供了理论上的支持，并且有助于指导树立创新精神、开发创新能力、培养创业精神和创新人才，进行创新实践，推动创新发展。创新人才成才规律和事业成功规律的实践价值在于两个方面。

一方面，人才成才成长规律为创新人才的成才和事业成功提供了科学的理论指导。现代社会里的青少年都渴望成长成才和事业成功。但是，在现实生活中有许多青少年在中学甚至于在大学都不善于认识和掌握创新人才成才规律和事业成功规律，尤其是没有明确自己的成才成长的目标和干事创业的成功目标，多数没有职业生涯设计，没有探索出有效的可行性成长道路。这其中一个非常重要的原因就是，要么是因为没有人为其深刻地揭示出人才成才规律和事业成功规律，要么是自己没有认识和掌握成才成长规律和事业成功规律。因此，创新人才的成才成长规律和事业成功规律为创新人才的成才和事业成功提供科学的理论指导。

另一方面，成才成长规律和事业成功规律有助于指导创新人才干事创业走向成功。有些青少年不断地探索和追求成才规律和事业成功规律，由不自觉逐渐走向自觉成才和事业成功之路。但是也有许多青少年在成长过程中缺乏自觉成才和事业成功的理论指导，有的成才和事业成功的理论思维还处于混沌状态，不自觉地甚至是盲目地在摸索，以至于像老虎吃天无处下口，如同丈二的和尚摸不着头脑，找不到正确的成才规律和事业成功规律的切入点和生长点。这不仅是对青少年自己青春时光的浪费，而且也是对国家和整个民族创造力开发的浪费，是对人民和社会主义现代化事业的巨大损失。

创新人才成长规律的科学价值。人才的创新与科学技术的发展是紧密相连的，人才的创新丰富了科学创新活动，科学创新活动又检验了人才创新成果。科学创新是人的全面发展的首要条件，人才创新是科学创新发展的目的。从总体上讲，创新人才成长规律不仅总结了人才成长进步的经验价值，而且揭示了人才创新活动的本质联系和内在要求，从一定程度丰富和完善了人与自然、人与社会、人与自我的关系。从物我关系上看，科学创新体现了人在自然界中赢得的生命自信和精神自由。科学的创新把人的科学求索一次次推向智慧的高峰，让人的生命灵犀、探析造物的奥秘，破译自然规律，用人的创造潜能与天地万物对话，既科学地调解了人与外物的矛盾，又强化了人的自我意识，获得了人类创造力的自我确证。人的任何活动包括人才的创新活动都是人与世界的关系，这种关系从总体上可以分为人与自然的关系、人与社会的关系和人与自我的关系（属于精神世界），人才的科学创新活动也应该包括这三重关系在内①。人才在科学创新的过程中不仅形成了这种关系，而且不断地创造着这种关系，使人才与世界的关系越来越丰富多彩。人才越是从事科学创新活动，对必然性的认识越深刻，人的自由全面发展就越深入。因此，科学创新与人的自由全面关系应包含三重关系，即科学创新创造着人与自然的自由全面关系；科学创新创造着人与社会的自由全面关系；科学创新创造着人与自身的自由关系。科学创新活动形成并丰富了人与自然的关系，提高了人认识和利用自然规律的手段和方法，改善了人与自然的关系，使人与自然的关系逐步达到和谐统一状态。科学创新丰富了人与社会的关系，也就是说科学创新进一步扩大了人们的交往范围，科学创新使人们之间的交往关系趋于复杂化，科学创新创造了多样化的交往手段。科学创新发展了人与自我的关系，主要体现在科学创新提高了人对自身的认识能力，科学创新加强了人的自我意识，科学创新提高了人的自我调控能力，科学创新提高了人的自我满足程度。人类在科学创新活动之前，经历了"人的依赖关系"社会形态，在近代跨越"物的依赖性"社会形态，最终走向个人全面发展的"自由个性"社会形态。人类终将依靠自己的主体力量，凭借科学创新活动走出生存困境，实现人的自由全面和谐发展，达到人与自然、人与人以及人与自身等各种关系的和谐统一。

## 四、创新人才成长规律的经验启示

创新人才成长规律的经验启示是多方面的，但主要的是两个方面，一是理论的指导作用和价值，二是实践的可行性和可操作性。② 马克思主义人才总体

---

① 参见金吾伦：《创新的哲学探索》，北京：东方出版中心2010年版，第185页。
② 参见刘丽：《马克思主义人才成长规律的当代诠释》，载《山东纺织经济》2009年第1期，第49—53页。

成长规律认为，人才不是先天就有着成"才"的基因，才干是在后天实践中积累的。伴随着实践经验的积累，人们从事物质生产以及精神生产能力的不断进步，从而推动了人类社会历史的演进。现代的诸多人才学研究者，相继总结出人才成长的特色规律和普遍规律，在结合当代社会发展特点的基础上丰富和发展了马克思主义人才总体成长规律，为人才成长环境的建设和发展提供了宝贵的启示。

需要科学运用胜任力理论指导创新人才健康成长。胜任力是20世纪70年代由哈佛大学教授戴维·麦克利兰提出的新概念。胜任力理论应用的主要目的是对普通人才和优秀者进行区分，为人才资源管理提供重要依据。一般胜任力包括了行为技能、领域知识、自我形象、价值观、特质、态度以及动机等多种体现出普通人才和优秀人才的个体特征。通过胜任力理论的应用不仅能够有效提高人才资源管理工作的效率和质量，也能够有效保障人才的科学发展，使人才的个人能力得到充分发挥。从人才成长的普遍规律看，凡是具有胜任力素质的人才，都成长进步快，尤其是创新人才更要具备创新思维和创新实践的能力。在现实社会实践中，怎样检验人才的胜任力呢？因此，需要创建人才创新胜任力模型。胜任力模型通常指的是能力素质模型。素质又叫胜任特征，是指能将某一工作中成就卓越与成就一般的人区别开来的个体深层特征，管理职务需要胜任素质模型，同理，合格的具有创造性的科技、工程技术人才也应有可总结的胜任素质模型，不仅包括诸如学历职称层次、科技成果、项目经历的外在特征，同样需要性格特点、团结协作、能力特征、价值目标等内在潜质。胜任力理论的实践应用将有利于创新人才的健康成长。

需要遵循人才成长规律指导创新人才培养。列宁指出，"规律就是关系"，就是"本质的关系或本质之间的关系"①，可见，规律和本质是同等程度的概念。这里的必然的联系是指事物必定如此，确定不移的趋势。稳定的联系是指变动不稳的现象中相对稳定的、巩固的联系，即现象的重复性。因此，任何事物的发展，只有全部具备了固有的、本质的、必然的、稳定的联系这四个条件，他才能够称之为规律。创新人才的成长规律是创新人才成长过程中内外诸

---

① 转引自肖前、李秀林：《辩证唯物主义原理》，北京：人民出版社1981年版，第157页。

因素之间固有的、本质的、必然的、稳定的联系，是创新人才成长过程中最本质的现象。大多数创新人才、杰出人才成长的经验教训和成长实践，主要通过外部环境的变化而不断适应其发展来调整自身能力，把握个人成长规律，制定明确的个人目标和路线，不脱离宏观政策环境导向和个人成长规律，在团体组织中通过自身的努力并结合组织的培养锻炼，使个人的创新能力不断得到提高，并应用到社会实践之中。一名优秀的人才需要经过各种实践历练才能走向成功，充分发挥其作用，并做出显著的成绩。创新人才在成长过程中由低到高，由简单到复杂、由青涩到成熟是不变的循序渐进的成长规律。在规律中揭示了成长的本质、必要的条件、丰富的内容、明确的目的、必要的手段和最终的结果。创新人才只有遵循这一基本规律严格塑造自己、历练自己，才能成长为一个名副其实的优秀人才、杰出人才和创新人才。

需要改革创新人才的培养模式。创新创业人才并非天生的，而是完全可以通过后天培养的。创新人才培养是高等教育的任务，是党和国家实施创新型国家战略赋予大学的神圣使命。创新人才培养的目的在于创新，在注重传承的同时，更加要求对目前高校的办学机制和培养目标取得一定的突破，注入创新的各种元素，也就是要超越过去进而实现高校办学的全面创新。学校重要的不是获取知识，而是发展思维能力。学校的目的应该是培养有独立行动和独立思维的个性，发展独立思考和独立判断的能力。要创建一批研究型大学创新人才培养高校，采用多样灵活的教学管理模式，完善机动合理的学期和学位制度，制定明确的创新人才培养目标，招收有潜质的创新人才培养对象，构建优秀的创新人才师资队伍，营造活跃的创新人才培养环境，着力培养大学生获取知识的能力和思维创新能力。要注重在社会实践中培养创新人才，敢于赋予年轻人才在重要科研、重大工程项目的任务和职责，通过项目建设激发其内在的创造性，加速创新人才成长速度。要突出创新文化建设，创新具有其自身特有的文化形态，它是一种适合于创新的文化，也是一种由创新而生成发展出来的新形式的文化。创新文化是创新的产物。创新需要科技和人文的结合。创新文化对创新人才的培养看起来好像"无形"，实则"有形"，只有创新文化培养的人才，才能深深地扎根于创新的土壤之中，吸取营养，长成参天大树。

需要营造人才创新的正向激励环境。高水平人才的高智商、高情商特征，必然要求更具激励性，更容易实现人生价值的工作环境。人才政策的正向激励作用对人才创新和成长具有重要的牵引作用。对创新人才群体而言，有效的激励方式已远不仅是薪酬，而是包括职务晋升、价值认可、内部公平等一系列影响人才对企业满意度的影响因素。对一个国家或者地区来说，创新是一项系统工程，考验的是"系统集成能力"。集成一切有利的要素和资源，打造良好的创新环境，一流的创新成果自然会水到渠成、充分涌流。激活创新的源头活水，既需要弘扬创新精神、培育创新文化，也必须尊重创新规律、保护创新成果，形成促进创新的正向激励。优化科研环境，提高物质待遇，增强国际交流与合作政策，通过提供科研启动金、充足的安家费、科研经费，以及宽松的学术环境，吸引全球科技创新人才。完善各类科技资源的配置方式，优化科技资源配置，形成多层次的创新合作机制，建立健全绩效优先、鼓励创新、竞争向上、协同发展、创新增值的分配和评价机制，激发创新人才的持续创造潜能。实践证明，创新人才的成长进步和事业成功，离不开政策激励和制度支撑。完善的知识产权制度、专利制度，科学合理的产业政策，针对性强的税收优惠，能够最大限度激发人才创新的潜能；越是基础性的科学研究和技术创新，越像深埋于地下的种子；越是把政策的水浇透、把制度的肥施足，越是能促进创新的种子破土发芽、早日开花结果。

总之，创新人才的成长规律告诉我们，要不断优化主观素质和客观环境条件，使两者有机结合，是基本内容；组织培养、实践锻炼和个人努力是基本手段；时代需要、政策导向和成长机制是基本条件；适时担当创新重任，充分发挥作用，并做出显著成绩是根本目的；成为社会需要、国家建设的栋梁之才是人才成长规律作用的最终结果，也是现代创新人才的本质。

# 第八章　创新人才培养的革新之策

创新人才尤其是拔尖创新人才是新时代高质量发展的迫切需要，培养创新人才已成为新时代赋予当代人的任务与使命。人才是实施科教兴国战略和人才强国战略的载体，人才竞争是日趋激烈的国际竞争中最核心部分，作为人才金字塔最顶端的拔尖创新人才位于人才类别中的最高层次，拔尖创新人才在经济社会发展和人才队伍建设中具有引领作用，是整个国家发展与社会进步不可或缺的力量支撑，同时也是国与国之间竞争的决胜因素。因此，大力培养创新人才特别是培养拔尖创新人才是一项十分紧迫的战略任务。

## 第一节　创新人才培养的理论基础

人才成长是一个自然的过程，有其成长的规律。一个人成长为人才，再发展成为创新人才，甚至成为拔尖创新人才，反映了从人成长为准人才，再从准人才成长为隐人才，再从隐人才成长为显人才的发展变化过程。在这个成长过程中，往往需突破一个关键的临界点，才有可能实现从普通人才向创新人才的转变和跃迁。然而，临界点的达到需要一定的势能积累。这个势能积累包括在知识、能力、品德和创新精神等方面的积累，更重要的是在创新能力方面的势能积累。因此，研究创新人才成长的变化过程、主要特点、影响因素和成长规律等，需要系统研究其理论基础，这对于我们有针对性地培养一大批创新人才具有重要的理论价值和现实意义。

## 一、人才学与创新人才培养

新世纪、新时期是知识经济大爆炸的时代,培养和造就大批创新人才是建设创新型国家重要而又艰巨的任务,也是我国教育改革与发展的主题。人才培养离不开人才学理论指导,坚实的人才学理论基础是培养创新人才的重要前提条件。人才学是以人和人才问题为研究对象,综合自然科学和社会科学而形成的一门新兴学科。它主要研究人才开发、培训、管理、使用和人才成长的规律及其在人才发展实践中的应用。目的是通过发现人才成长规律来更好地发现、培养、推荐、使用人才。

改革开放以来,人才学得到了长足的发展。人才学采用现代管理学的理念,运用数学工具,从理论到实践,从一般性的推测到定量的分析,逐步形成了科学严谨的研究思路。在理论研究方面,人才学从研究创立至今,专家学者不断提出新思想、新观念和新方法,从当初对人才概念的模糊到对人才内涵、规律、特点的解读,从研究的零乱性到系统性;从对个体的实证研究走向模型的创建;从感性的思维分析走向理性的科学论断,从专家的只言片语到系列专著文献的问世,人才学不仅是一个理论性很强的科学,而且是一门综合性科学,包括社会学、政治学、教育学、心理学、管理学、组织行为学、人类学、数学、信息科学等多学科的理论知识。人才培养、开发过程的复杂性,人才价值实现的时代性和滞后性,人才工作的延续性和突变性,对人才学学科自身建设提出了更高的要求。人才学作为一门理论性很强的科学体系,自身不能创造经济价值和经济效益,属于软科学范畴。但人才学又不同于一般的软科学,它的社会实用性价值更大,它影响并决定着一个国家、一个地区或一个组织的人才发展走向,决定着人才价值的实现率和人才贡献率。

随着人才学的丰富和发展,不断加速与其他学科的融合,拓展了人才培养和成长规律的研究范围。人才学与心理学学科的融合,把人才的情绪、情感、意志、行为等个性心理特征和品质特征,融入人才的思想力、学习力和执行力之中,从而提出人才成长的规律性和提升人才获取知识的能力,而人才个体价值的实现是人的心理需求的最高层次。人才学与管理学学科的融合,有效地把管理学研究的组织计划、领导、组织和控制的科学，运用到审视人的行为和宏观调控之中，人才个体融于组织之中，人才个性需与组织共性相存。从这个意义上讲，人才学是管理学的基础，管理学是人才学的高级阶段。人才学与人力资源管理学科的融合，可以说人才学是人力资源学说在实践中的具体化，是人力资源管理的基础理论之一。全面深入地研究和解决人才问题，必须将人力资源管理学说与人才学相结合。人才学与思想政治教育学科的融合，一方面思想政治教育学科重在解决"培养什么样的人，如何培养人"的问题，另一方面人才学研究的是人才的成长与发展规律，研究的是个体成长成才规律。两者的有机结合可以取长补短，实现优势互补，为创新人才的培养提供新理路。人才学与数学学科的融合，充分运用数学知识使人才学走向量化、走向成熟。通过调查实证，科学分析相关的人才成长和发展数据，运用多学科前沿成果，构建起人才学的数理模型，将人才学学科体系发展更加系统化、明确化、定量化，从而使学科发展从务虚走向务实，使学科的发展更有说服力和战斗力。

马克思主义人才理论是人才学的理论源之一。马克思恩格斯以社会历史发展中的现实的个人为出发点，以人的解放和自由全面发展为最终目标，所提出的关于人的本质理论、人的全面发展理论、人力资本理论、实践标准理论、历史人物评价理论等，为构建科学的人才思想体系提供了坚实的理论基础，也为培养创新人才提供了理论指导。马克思主义人才观从人才本质论、人才成长论、人才开发论等三个方面为人才学奠定了坚实的理论基础。其中，人才成长论（人才发展规律）是人才学研究的主要内容之一，它包括人才成长过程及阶段、成长原理、内外因素及其相互作用关系、个体成长规律与社会人才规律等方面。特别是人才学揭示的人才成长基本原理——"综合效应论"，为分析人才成长和培养造就人才提供了科学思路和方法论。所谓"综合效应论"，是指人才成长是以创造实践为中介的内外诸因素相互作用的综合效应。其主要内容包括三个方面[①]：一是生理和心理因素的内在因素，是人才培养和成长的根据。它涵盖了人才总体的水平、结构、特点及个体素质。二是自然、社会环境

---

① 参见杨淞月：《高校拔尖创新人才成长规律及培养策略研究》，中国地质大学硕士论文，2012年，第18页。

多层次的系统是人才成长的外部因素,是人才成长的必要条件。三是在人才的培养和成长过程中,创新实践起到决定性的作用。这个作用主要表现为内外因的相互作用需要创新实践充分发挥中介作用。这个过程就是创新实践的过程;人才只有在创新实践中才能实现创新创造的才华;创新实践的方向和内容决定了成长成才的基本面,在成才过程中起到定向作用;只有在创新实践中才能检验人才。

莎士比亚把人颂扬为"宇宙的精华,万物的灵长"。[①] 人的潜能是无限的,可以说,人类文明进步的过程,就是人的潜能被发掘、发挥的过程。创新人才的培养和成长过程,实际上是人才的潜能最大发掘和发挥的过程。人才的潜能犹如一个待开发的金矿,蕴藏无穷,价值无比。人才的能力好似一座浮在海面上的冰山,浮在水面上的是人类已知能力——显能,这只是很小的一部分。人类的创造性潜能是取之不尽、用之不竭的,开发人才的创造潜能,促进人人都能发展成长,为社会经济发展提供不竭的动力。"山高人为峰"。人才在改变世界、创造历史的进程中,具有决定性、创造性和先进性。在生产力中,人才以其先进的思想、知识、方法和技能,不断地创造价值、创造梦想、创造奇迹。当传统生产力不能满足需要、社会呼唤创造先进生产力时,唯有人才能以敏锐的创新意识、捕捉机遇的知识慧眼、高超的创新才智、新颖独特的方式方法,破解难题、创造先进技术,推动生产力的创新发展。因此,人才是人力资源中的先进部分,是最活跃的先进生产力,是科学技术的领跑者、创造创新的承担者、科技革命的推动者。从本质上看,高端人才、创新人才往往是新知识的创造者、新技术的发明者、新学科的创建者、新财富的缔造者、经济社会发展的领航者。高端人才、创新人才作为国家发展的最稀缺战略资源,引领作用日益明显,战略地位日益突出。

## 二、教育学与创新人才培养

育人如同植树,人才培养如同造林。植树造林要讲究科学,人才的培养和开发也必须遵循人才成长的客观规律。怎样才能遵循人才成长规律呢?首先我

---

[①] 转引自韩震:《教育的价值与价值的教育》,北京:人民出版社2015年版,第122页。

们要根据创新教育理论指导创新人才培养。创新能力是人作为有理性、能思维的动物的本质体现，是实现个人发展与国家发展、提升国际竞争力的最重要素养，是"核心素养的核心"，是核心素养宝塔顶尖上的明珠。培养学生的创新能力是新时代中国教育的重心，是中国教育现代化的核心使命。在教育领域，创新能力培养具有强大的引领作用和关联效应，会拉动课程教材、教学方式、学习方式、管理方式的整体改革，将引发我国教育发展方式的系统变革。因此，研究教育学对创新人才培养的基础作用至关重要。

教育学是指导培养创新人才的基石。教育学是以教育现象、教育问题为研究对象，归纳总结人类教育活动的科学理论与实践，探索解决教育活动产生、发展过程中遇到的实际教育问题，从而揭示出一般教育规律的一门社会科学。教育是一种广泛存在于人类社会生活中、有目的培养人才的活动。教育学的研究具有客观性、必然性、稳定性、重复性、现实性、辩证性和科学性。现代生产和科学技术的飞速发展，教育实践的广泛性、丰富性，更进一步丰富和完善了教育学的发展。教育学是有目的地培养社会人的活动，是培养人才创新实践能力的理论和方法。现代社会的发展，现代教育实践的进步，对于教育学研究提出了更高、更新的要求。人们深入研究的教育问题很多，譬如教育本质问题，教育、社会、人三者之间的关系问题，教育目的、内容、教育实施的途径、方法、形式以及它们的相互关系问题，教育过程问题，教育主体问题，教育制度、教育管理、教育创新问题，以及反映中国特色的各种教育理论和教育实践问题等。这些问题与研究人、人才、创新人才问题紧密相关。

发挥高等教育培养创新人才的主阵地作用。随着科技革命的深入发展，高等院校已经成为新知识、新思想、新技术、新管理的孵化基地。人才培养、科学研究与服务社会是高等学校的三大职能。培养具有创新意识和创新能力并符合新时代要求的拔尖人才、创新人才，成为高等学校的基本功能和紧迫任务。因此，知识经济的本质特点和高等院校的基本职能必然要求培养创新人才。在知识经济时代，培养智力型劳动者是高等教育的本质要求，高等教育还要求造就复合型特别是拔尖创新人才的培养。实施创新驱动战略，加快科教兴国、人才强国，其根本力量就是要培养具有广博的基础知识和基本技能的、具有创新意识和能力的创新人才。当下的高等教育对创新人才的培养重视不够，大学生、研究生的创新能力培养尚未摆上重要位置。也由此导致我国培养创新人才严重不足,"大师"级的拔尖创新人才极为稀缺。造成这些问题的原因是多方面的,但主要的是高等教育工作的重心还没有转移到创新教育上来。美国调查发现,在承担只有通过创新才能完成的工作时,系统接受过高等学校创新教育培养与训练的学生,要比没有经过系统培养和训练的学生的成功率高 3 倍。① 因此,高校要把创新性学习和创新教育作为基本任务,努力培养拔尖创新人才。培养和训练大学生的创新素质,同时结合创新精神和实践活动,密切结合教学和科研,直接为社会培养各类务实好用的创新人才是高等教育的根本目的。培养大学生开展深入研究和实践创新是研究生阶段的重点,在长期研究和探索下使学生能从事具有更高社会价值的创造活动,并创造出新的科研成果。

遵循系统培养创新人才开发规律。创新人才的基础在教育,创新人才的成效在社会。现代人才学的"蓄电池"理论认为,人的一生只充一次电的时代已经过去,只有成为一块高效蓄电池,不间断持续地充电,才能不间断持续地释放能量。而过去"一次充电"、终身享用的"干电池"理论已一去不复返了。只有把创新人才培养开发作为一个系统工程来抓,才能有序高效释放全社会的人才能量,最大限度地促进经济社会发展。创新人才培养和开发是一项系统工程,应当包括三大体系,即创新人才终身教育体系,创新人才教育和实践融合培养体系,创新人才科研与生产融合创新体系。

加快创新人才终身教育体系建设。一个人仅凭学校所学得的知识是远远不够的。不管是一般人才还是创新人才,不管是普通劳动者还是领导干部,只有不断学习,不断充实和更新自己的知识结构,才能适应新时代发展的需要。一方面,要通过社会组织,建立各种教育机构,提供各种教育的场所和机会,构建一个使学习者能够终身受到教育的体系,使人才在不同阶段和不同层次的各种学习需求的实现得以保障。另一方面,要促进个人的终身学习,使每一个社会成员在一生中能持续地学习,以满足其在一生中各个时期各个阶段的各种学习需求和创新需求。知识经济时代,信息技术革命、产业结构变化、职业转换

---

① 参见杨淞月:《高校拔尖创新人才成长规律及培养策略研究》,中国地质大学硕士论文,2012年,第 19 页。

加速引发了劳动力素质、工作场所、工作性质等一系列的变化,创新人才培养的方式由单一的学校教育向多元化的社会化教育转变。教育资源社会化、教育方式多元化、教育组织社会化、教育内容个性化、教育过程即时化的时代特点,正在催生新的人才培养模式。

加快创新人才教育与实践融合培养体系建设。如果说教育是培养各类人才的"孵化器",那么实践就是加快人才成长、造就创新人才的"助推器"。将教育与实践有机地结合起来,是创新人才系统培养开发的最有效的途径。必须全面深化基础教育改革,坚持"以用为本、创新为先"的人才培养理念,促进教育与实践的有机结合,让基础教育成为"真正的教育""有用的教育",成为培养各类创新人才"孵化器"。

实践证明,不断完善教育与实践相结合的培养体系,不仅是现代教育发展的必然趋势,而且是夯实人才培养基础、发展创新型经济的必由之路。这方面,"斯坦福——硅谷模式"提供了一个成功的范例。这一模式在全世界已经产生了积极反响,日本的筑波科学城、德国的"技术园区"、英国的剑桥科学园、欧共体的"技术孵化器"、印度班加罗尔科技园相继问世,并取得了不同程度的成功。改革开放以来,"斯坦福——硅谷模式"在国内也引起连锁反应,北京中关村、南京的新模范马路等地打造"中国硅谷"的努力已经初见成效,以教育与科研实践相结合为主要形式的人才特区,在各地如雨后春笋般涌现。

## 三、创新学与创新人才培养

创新需要人才,人才创新需要创新理论和创新方法的指导,而创新人才培养的引擎是创新学。人才在学习创新中通过实践创新成长为人才。创新学是关于创新的本质和规律的科学,是关于创新的理论化、系统化的世界观和方法论。不论是人才创新的实践活动,还是创新人才成长的历练过程,从大体上说主要是围绕生产力创新和生产关系创新的过程。

人才与生产力创新的联系是紧密的。生产力是人类改造自然的能力,生产力是决定性因素,生产力的高低直接影响到整个社会的发展。生产力创新主要包括劳动者创新、生产工具创新和劳动对象创新,生产力创新就要求这三要素必须同时创新，因为生产力是三要素相互作用的结果。① 劳动者创新也就是要提高创新者的综合素质，实际上人才创新是较高素质劳动者的创新。创新人才创新是更高的一个层次创新。人们依据创新的程度和对社会的贡献，通常分为创立、发现、发明和发展四个层次；依据创新成果的新颖程度，通常分为创造、改造和改进三个层次；依据创新者的能力，由低到高可分为论文的创新能力、技术的创新能力、发明的创新能力、除旧立新的创新能力和突出的创新能力等。生产工具创新是生产力创新的关键，也是社会进步的标志。现代技术的迅猛发展，大数据、云计算、互联网技术的广泛普及和运用，为生产工具创新带来翻天覆地的变化。劳动对象创新主要涉及创新过程、创新结果和创新环境三个要点。创新过程有两个方面，一是科学技术成果的创新，实质是体现创新者的创新思维过程；二是创新成果产业化、市场化，这是建设的国家创新体系的重要内容。

从生产关系创新的角度，深刻认识创新与人才的关系、创新与创新人才培养的关系。创新是生产力的决定性因素，自然也是生产关系的决定因素。在当今知识经济占主导地位的信息化社会，人类的创新方式发生了深刻变革，已由精英创新时代走向大众创新时代，每一个人都可以在互联网、云平台上进行创新。智能化、云计算、网络化日益成为人类生产生活的主要工具。创新不仅能带来巨大的财富，而且改变着人们的生产生活方式，改变着人与自然、人与社会、人与自我的关系。现在的生产关系已经不是指单纯的人与人之间的关系了，而是有了更丰富的新内涵。创新是穿梭在生产关系变更中的一根纽带，也是加快新的变化的催化剂。

创新过程本质是一个复杂的学习过程，也是人才通过学习创新、思考创新、消化吸收新知识进行创新的过程。创新与学习是一个过程的两个密不可分的方面。学习不是简单的被动吸收知识的过程，而是一个主动的创造过程。因此，一个人或者一个创新人才，要想创新、会创新、创成新，必须学习运用创新学理论和方法，学习创新、学会创新、学成创新。"学习型组织创始人"彼得·圣吉认为，关于学习型组织，"在其中，大家得以不断突破自立能力的上

---

① 参见百度百科"创新学"词条，本定义来自创新专家潘霄纯的《创新理论》。

限，创造真正向往的结果，培养全新、前瞻而开阔的思考方式，全力实现共同的抱负，以及不断一起学习如何共同学习"。① 学习是知识资本。个人学习是人力资本，组织学习是结构资本，两者构成知识资本。人才学习是人才资本，人才团队学习是结构资本，两者构成智力资本。

人才学会创新，首先学习要有新思路。所有的学习都是思与行的过程。有关学者把学习分为反应性学习和深层次学习。在反应性学习中，"思"被已定精神模式支配，而"行"受已定行为习惯支配。如图8-1所示。

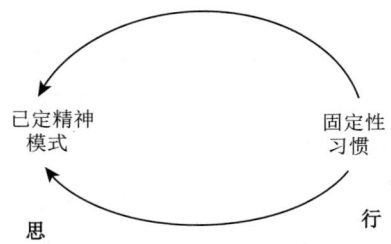

**图 8-1 反应性学习**

本图来源：金吾伦著的《创新的哲学探索》，第119页。

深层次学习，增加对更大更多整体的认识——现状与演变——引导增加突现（生成）整体的行动。如图8-2所示。

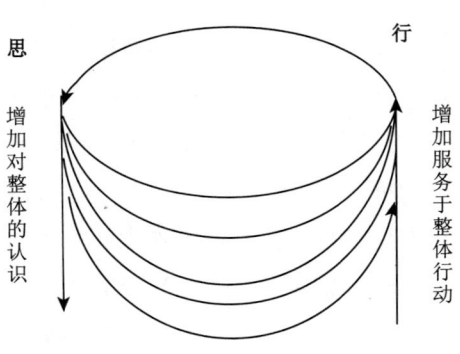

**图 8-2 深层次学习**

本图来源：金吾伦著的《创新的哲学探索》，第119页。

---

① 金吾伦：《创新的哲学探索》，北京：东方出版中心2010年版，第115页。

学会学习是人才创新的客观要求，也是创新人才培养的重要手段之一。彼得·圣吉提出三种学习方式，有助于人才在创新活动中学习与创新。一是机械性学习。"机械性学习"植根于把组织看作是一部机器，每一个人都是整部机器中一个小小的螺丝钉。这些螺丝钉和机器一样都是"驯服的工具"。这时的学习是"全然失掉了对整体连属感的学习"；这时的组织是"传统权威控制型组织"；这时的工作观是"工具性的"工作观，而非"精神面"的工作观。这时的学习基本是权威控制下的个人分散件学习。二是适应性学习。彼得·圣吉说："当世界更息息相关，复杂多变时，学习能力也要增强，才能适应变局。"适应性学习是为了应对与适应这些迅速而深刻的变化，以便在不确定性的竞争环境中赢得成功。从理论上讲，适应性乃是生命能够得以维持和发展的基本条件。但是，适应性学习是一种被动的学习，它的重点是模仿与复制，缺乏创造性，没有创新。因此，必须从适应性学习转到生成性学习。三是生成性学习。学习不是仅仅为了获得知识，取得信息，而是学习要实现人的心灵的转变。真正的学习，涉及人之所以为人这一深刻转变的意义。通过学习，我们重新创造自我。通过学习，我们能够做到从未能做到的事情，重新认识这个世界及我们跟它的关系，以及扩展创造未来的能力。从这个意义上看，生成性学习相对适应性学习更为重要。因为，适应性学习是模仿与复制，生成性学习则是突现与创新；适应性学习是被动的学习，生成性学习是主动的、积极的学习。只有后者，才能更有力地触动人的心灵的转变。适应性学习只能解决"症状"而不能解决根本，只有生成性学习才能真正解决根本，变被动为主动。

如何达到生成性学习是创新人才的必修课和基本功。一要培养人才的"寻梦能力"。新时代人才最有价值的资产就是"寻梦的能力"。当一个人实现了一个梦想后又去追求新的梦想。这种不断追求新梦想并采取有效措施去实现梦想的行动就是创新人才综合素质的核心内涵。要不断追求新目标，生成新思想；做事总想着下一个：嘴里吃着一个，手上拿着一个，眼睛盯着一个，脑子想着一个。一个接一个的生成，这才是生成性学习的关键所在。二要建立创造性张力。要在愿望与现状之间、理想与现实之间建立创造性张力。没有愿景，就没有创造性张力；只有愿景，也无法产生创造性张力。三要解决生成性学习的方法。要使生成性学习更加自觉和更富有成效，还有一个方法论问题。通常有两种方法,即分析还原法和整体生成法。生成性学习不能用分析还原法,而要用整体生成法。生成是一个过程,它是动态的,一个接着另一个,一个生成另一个。当然,这种生成过程不是连续过程,而是一种突现过程。实际上这种生成突现过程就是一个持续创新过程。而持续创新的实现,关键是要发挥学习者的想象力与创造力。

相关学者把上述三种学习方法的主要特征作一比较,得到以下结果。如表8-1所示。

表8-1 三种学习方法的主要特征

| 机械性学习 | 适应性学习 | 生成性学习 |
| --- | --- | --- |
| 强制性学习 | 被动性学习 | 以视野为导向的主动性学习 |
| 命令式学习 | 需要性学习 | 目标明确的自觉性学习 |
| 灌输式学习 | 依赖性学习 | 深度探究的创造性学习 |
| 填鸭式学习 | 无远见性学习 | 有趣味的学习 |
| 盲目性学习 | 失控性学习 | 启发式学习 |

资料来源:金吾伦著的《创新的哲学探索》,第125页。

由此可以得出基本的结论,为了达到创新,关键的是要重视生成性学习,而掌握生成性学习需要以生成哲学为指导。

总之,学以立德,提高境界;学以增智,开阔眼界;学以致用,改造世界。在学习中创新,在创新中学习,已成为新时代人才创新的必然要求,也是培养新时代创新人才的最直接、最有效方法之一。

## 四、心理学与创新人才培养

创新能力是一种高级行为能力,是人类心理机能的高级表现。培养创新人才不可忽视心理学的重要作用。在对人才的培养实际工作中,人们往往轻视了心理学对人才培养的辅助和守护作用。从心理学与人才的关系看,心理学讲人的基本心理品质,主要包括智力因素与非智力因素。智力因素谈论的是人聪明不聪明,能力大小如何,也就是指智力。其具体内容是观察力、记忆力、想象力、思考力以及其他动手能力等。非智力因素谈论的是人的态度、倾向。也就是说一个人努力不努力,肯干不肯干,有没有兴趣、热情和毅力,是勤劳还是懒惰，是粗心还是仔细，是勇敢还是胆小等。非智力因素对人的认识活动提供动力，并起到调节、维持和定向的作用。具体到人才的学习上，非智力因素主要包括学习动机、学习兴趣、学习热情、学习毅力和性格特征五个方面。非智力因素进一步向社会化全面发展，可以进一步发展为人的个性倾向性，包括人生观、世界观、价值观等思想层面。人的学习与成才过程，是一个智力因素与非智力因素相互影响，而又以非智力因素起着定向、引导、调节、维持与强化等决定性作用的过程。因此，人才培养是心理学的重要课题，也是创新人才培养不可缺少的重要内容。

心理学研究发现，促进左右脑协调开发有利于创新人才培养。凡是对人类科学发展做出杰出贡献的杰出人才，都是充分利用左右脑的人。譬如爱因斯坦是一位出类拔萃的科学家，从他表现出的明显特征看，他是一位大脑中充满各种抽象符号和公式的伟大数学家，是左半球发达因而具有逻辑思维的人才。然而爱因斯坦的思想，首先来自图像和形象，然后才把这些图像和形象翻译成语句和数学符号。同时，爱因斯坦又对音乐有特殊的爱好和造诣。显然，图像、形象和声音都与右脑的功能有关。再譬如，意大利著名伟大人物达·芬奇，既是一位著名的科学家，又是一位伟大的艺术家、建筑师、雕塑家和画家。正是这些人才左右脑功能比较发达，才使他们走向成功的彼岸。

创新人才的培养需要心理健康的阳光普照，才能健康成才成长。心理健康与否其实是相对的，并没有明确的标准。一个人心理不健康多体现在心理缺陷、心理变态及心理疾病三个方面。在现实生活和工作中，心理缺陷最常见，包括性格缺陷和情感缺陷。性格缺陷有无力性格、偏执性格、分裂性格、强迫性格和攻击性格等；情感缺陷有焦虑状态、抑郁状态、躁狂状态、淡漠状态、幼稚状态和反常状态等。现实生活中比较常见的抑郁症和分裂症都是心理缺陷的表现。健康学家认为，心理健康是身体健康的前提，忽视心理健康而单纯追求身体健康是不正确的。因为人的心理活动和人体的生理功能之间存在着紧密的内在联系。人处于良好的情绪状态时，生理功能也会处于最佳状态。反之，则会弱化甚至破坏这种功能，进而导致各种身体疾病的发生。西方发达国家现在流行一种"心理学治疗法"，核心主张是不积累"感情势能"，即每个人心理上受到的外界刺激，一定要与自身的承受力保持平衡。① 要想不形成"感情势能"，就要及时进行感情释放或感情宣泄，就像水库一样，水位过高时会对水坝造成巨大压力，甚至会有决堤的危险，因此要及时泄洪疏导。

人类的创新实践证明，凡是有大作为的科学家、拔尖人才，都具有良好的心理素质。例如，我国功勋最为卓著的杰出代表、航天事业奠基人钱学森，一生经历那么多的磨难和挫折，正是有着超人的健康的心理素质，为航空航天事业发展作出了卓越贡献。如果一个人心理不健康，在成长的中途就会败下阵来，甚至有的付出生命代价。现在高校的大学生患有忧郁症的较多，甚至自杀事件时有发生。这些都与心理健康密切相关。创新人才的健康成长要具有勇于对待挫折的品质。研究表明有两种人能经受挫折，一是逆境中成长起来的人，二是受过良好教育，心情开阔，有坚强个性的人。怎样让学生能正确对待挫折？一要培养学生的好胜心与自信心，二要为学生增加适当的挫折情境训练。因此，培养创新人才，不仅要重视生命健康、社交健康等，而且要更加重视心理健康，这在一定程度上决定人才培养的成败。

## 第二节　创新人才培养的经验启示

发达国家高度重视精英教育和创新人才培养，从人才培养目标、培养制度、教学模式、科研训练、培养环境等各个方面积累了非常丰富的经验。借鉴发达国家创新人才培养的成功经验和模式，对我国高校创新人才培养具有重要的现实意义。

### 一、发达国家和地区创新人才早期培养的做法

发达国家重视对创新人才早期发现和重点培养，在人才的政策法规和人才培养机制等方面进行了有益的实践探索。

拔尖创新人才早期培养的法律与政策基础。美国重视超常儿童的培养与教

---

① 参见周留征：《人才的逻辑》，北京：机械工业出版社2017年版，第200页。

育,并通过教育立法和政策建立保障机制。① 早在1970年,美国联邦国会决定在1969年通过的第91—230号公法中加进"关于天才儿童特殊需要的措施"的第806款,规定州和地方教育机构可以将该法第三条提供的资金用于天才教育。1974年制定实施的第93—380号公法,其中被称为"特殊计划法案"的第404款,规定从1976年起,连续3年每年拨款256万美元,以资助州和地方的天才教育。1978年的第95—561号公法,其中的IX—A部分为"天才法案"。这个法案承诺向天才教育提供更多的资金,明令责成州和地方教育机构,公私立学校承担实施天才、英才的教育任务。1988年,美国国会首次在《初中等教育法》中增设了专门的《天才与有才能学生教育法》,即《雅各布·戴吉维斯天才学生教育法》,这个法案的目的是对天才科研项目、示范项目、创新策略,以及建立和巩固初、中等学校学生能力的类似活动进行统筹安排和扶持,以满足天才学生的特殊教育需求。1994年修正案又进一步强调学校必须提供禀赋优异学生特殊的活动或服务,以培养发展其特殊的潜能。此后,这个法案每年都要经过国会再度确认,并且明确联邦拨款额度。为了更好地落实超常儿童的认定与培养,美国大约90%的州根据本地区实际制定了自己的超常教育法规。

新加坡、韩国十分重视青少年英才培养。新加坡教育部于1984年制定实施天才教育计划,颁行了天才教育政策。韩国于2002年颁行了资优教育政策。从20世纪80年代开始,我国台湾、香港地区相继开展超常儿童教育。1984年,台湾地区颁行《特殊教育法》,专设天才教育条款,从政策法规的层面明确了超常儿童教育的体制和重要地位。在学制与课程的弹性、师资培养的强化、社会资源的运用等方面确立超常儿童教育实验的法律依据。

拔尖创新人才早期培养的国家或地区特色。② 美国强化精英教育,并通过选拔系统将超常少年遴选出来,选送到各个州、县设立的"超常儿童培训中心",系统接受与其智商和天赋更加匹配的教育方式和教学内容。美国还有少数高校也从事超常少年的选拔和培养工作,其中最著名的是约翰·霍普金斯大

---

① 参见北京教育科学研究院:《创新人才培养与教育创新发展》,北京:北京师范大学出版社2017年版,第151—152页。

② 参见北京教育科学研究院:《创新人才培养与教育创新发展》,北京:北京师范大学出版社2017年版,第151—152页。

学的超常青年中心项目，培养了一大批优秀少年人才。

英国英才教育强化普适性、综合性、个性化。从 1999 年启动实施城市卓越计划，英才教育成为整个计划中的一部分。《英国资优教育国家项目：2007—2010 计划和改革》阐释了英国资优教育的理论框架和基本价值观，提出了普适性、综合性、个性化的理念，以校本驱动、结果导向为路径。2003—2005 年，英国教育部先后颁布了《每个儿童的事情》《更高标准：所有人的更好学校》等一系列文件，推动英才教育以系统推进的方式在全国每所学校内全面实施。英国的拔尖创新人才教育突出在日常教学中融入英才教育的成分，在日常教育不能满足英才学生培训需求时，通过另设补充课程及活动或者采取部分科目跨年级学习等方式来补充培训需求。

韩国实施科学神童教育方案。韩国教育科学技术部于 2005 年 8 月发布了《针对科学领域中有天赋的低年级学生实施适合其能力的科学教育》报告，开始研究并拟订选拔英才并实施免费教育。受该部委托研发的"科学神童教育方案"，内容为选拔小学低年级学生，并与大学教授及相关领域专家合作实施 1 对 1 的适合其能力的科学教学，此项教育可被认定为正式课程，而这些学生的其他学科教育则在就读的学校完成。被选中的超常学生一般是利用放学后及周末的时间，在全国 23 所大学附设的英才教育院上课。

## 二、发达国家创新人才高校培养的特征

西方发达国家高校对创新人才培养进行了诸多成功的实践和探索，非常注重学生的独立思维和发现问题、解决问题的能力，注重学术型目标和应用型目标相结合，逐步形成了独具特色的创新人才培养模式。①

### （一）德、美、日高校创新人才培养目标的基本特点

德国高水平大学人才培养的目标是造就思想家，培养拓展新的知识领域的顶尖人才。德国一些著名大学大力改革大学内部组织结构，加强跨学科的研究

---

① 参见杨淞月：《高校拔尖创新人才成长规律及培养策略研究》，中国地质大学硕士论文，2012 年，第 36—42 页。

与教学，以培养学生创新能力为中心，注重完善学生的人格个性，培养学生自主学习能力，获取知识的能力，发现问题和解决问题能力、组织能力、创新能力与独立的科研能力。德国注重培养全面发展的学术人才与高级专门人才，突出职业能力的强化训练，体现"双元制"模式在培养优秀人才方面具体运用。注重培养全面发展的学术人才和高端专门人才，在强调人的个性全面发展的同时，提出创新意识和创新能力的培养。

美国培养创新人才的目标是国际化和通识化。美国是最早普遍重视拔尖创新人才培养的国家。早在19世纪初美国就出现了英才教育的雏形。始终提倡和重视英才教育，也是美国形成人才储备优势的重要原因之一。斯坦福大学在英国、法国、德国、意大利、日本和智利等国都设有学习中心，这些中心为该校学生去海外学习提供新机会，同时也为大学培养具有创新潜质的学生提供了更宽阔的学习视野，进一步激发学生的创新潜力。美国强调"通识教育"，让学生广泛涉猎文学、艺术、自然和社会等多领域的基础知识，为学生创新思维的发展提供良好的知识基础。美国高校拔尖创新人才培养的重要特点是激发学生适应各种环境的潜能，重点培养其独立能力、团队精神、创造能力和领导才能等素质。哈佛大学将本科生教育目标定位于"培养反思性的、经过良好训练的、有知识的、严谨的、有社会责任感的、独立的创造性的思想家"。

日本本科教育培养目标突出创造性和个性化。从20世纪80年代的"科学技术立国"，到90年代的"加大培养创新人才，提倡终身教育，大学教育与企业相结合"，再到现今的"大学改革拯救日本"，"重视个性成为教育改革的最重要最基本的原则"，这些都明显体现了创新教育的特征。日本最高学府东京大学，承担着为国家培养栋梁之材的重任，其目标是培养各界精英与领袖。其他一些研究型大学的人才培养目标也都定位较高。

德、美、日三国在创新人才的培养目标上，既有共性之处，又有差异之别。从共性上看，都体现与国家教育目标的一致性，体现着国家政治干预、人才培养为国家服务的基本要求，要求培养的人才不仅是服务于国家的精英，而且是有社会责任感和全球意识的国际人才。从差异上看，三国都体现的政治性和国家需求不同，美国在创新人才培养中把社会对创新的需要融入对全面发展的人才培养理念之中，日本强调为企业培养精英与国际化人才，德国强调培养国家需要的复合型人才和高级专门人才;三国体现的实质性教育内容不同,美国的教育理论基础主要是实用主义哲学,其高等教育也一直以培养社会所需人才为首要目标,日本根据需要对创新人才的培养教育主要是学习美德两国的有益经验。

### (二)德、美、日高校创新人才教学模式的基本特点

德国强调研讨式教学模式培养创新人才。研讨式教学也称为习明纳教学模式,最早由德国著名历史学家发明,是一种专题讨论式的教学方式,距今已有200多年的历史。习明纳是在教授指导下,由高年级学生和优秀学生组成研究小组,定期集中在一起,共同探索新的知识领域。它是研究型教学的一种科学、有效的方式,这种教学模式可以充分调动学生自主学习的积极性,培养学生学术精神和创新能力,具有传统教学模式无法比拟的优点。研究型教学是21世纪高等教育教学发展的重要方向,对培养高素质、创新人才具有十分重要的意义。德国高校由官方设立的永久性的研究所和习明纳成为主流,这种新的教学方式大大地催生了德国大学在科研和教学上的创新力。德国柏林大学的"辐射式教学法""互动式教学法""场景式教学法"等,所有教学方式中处在核心地位的是研讨课,其目的是要培养学生的学术研究和研讨能力,提高学生的创新能力。

美国大学教学课程体系注重教研结合、教学合作与信息化,教学内容重基础、通文理,教学主体是名师执教、敬业高效,学习主体突出学习与科研相结合。高校的学业课程是教育教学活动的中心环节,创新人才的成长需要比普通人更多的课程选择自由度,以满足学生充分发掘自己学术兴趣与思维创造性的需求。譬如,美国哈佛大学七个门类的核心课程设计,学生可以充分体验并认知人类组织、运用和分析知识的过程、方式以及手段,并从相应的学术实践活动中获得充分的创造性思维训练。耶鲁大学通常采用小型研讨班形式学习,教授们通过这样的形式鼓励和激发学生发表自己的想法并努力捍卫自己的观点,而且随时欢迎学生在课堂上对自己提出问题和质疑。教师采取诱导式的教学方法,重视创新能力培养,如采用"案例教学法"、研究性学习等。

日本突出"产学官"合作。日本大学具有较高的科研水平和技术创新潜

力。"产学官"合作是日本的产学合作有一个较为突出的特点，成为日本产学合作的官方主导实质和特征。日本通过这种方式培养适合企业发展和需要的拔尖创新人才，教师通常是授课和指导实验，主要是让学生可以采用多种方式讨论。对拔尖学生更加注重学生探索能力、实践能力和创新能力的培养。

三国教学模式共性突出，差异也明显。以探究式学习为中心。从共性看，三国高校在教学过程中都运用了探究式学习为主的教学模式，尊重特长，鼓励个性发展。从差异看，课程设置与组织形式不同。美国课程教学中，组织形式呈多样性，有讲授课、班级研讨课、实验课、案例分析课等。德国大学的习明纳教学模式是普遍采用的一种重要教学形式。日本高校重要的教学组织形式是研讨班和学术团队。

### （三）德、美、日高校创新人才科研训练的基本特点

德国突出教学与研究和创新的有机结合。德国在 19 世纪初，洪堡创办了柏林大学，提出了"通过研究进行教学"，"教学与研究统一"作为办学原则，要求教师学生都要从事科学研究，开始把科研引进教学过程之中。正是科学研究以及科研与教学的有机结合，使德国成为近代大学最发达的地方。全国的高校明确要求和鼓励大学本科生从事科研。为鼓励和支持大学生参加科研活动，颁布了"大学生科研津贴制度"。这种培养方式在本科拔尖创新人才培养与精英教育方面发挥了非常重要的作用。

美国加强交叉学科科研活动。在 20 世纪六七十年代，美国的哈佛大学、麻省理工学院、斯坦福大学等一些著名高校，通过实施大学生研究计划、荣誉计划等措施，加强科研训练，培养大学生的创新能力。1987 年，美国成立了全国本科生科研大会，支持所有学科的本科生开展科研活动，着重加强交叉学科科研活动，旨在为本科生提供展示自己科研成果及进行学术交流的机会。譬如，麻省理工学院（MIT）实施的"本科生研究机会方案"（UROP），斯坦福大学推出的"斯坦福本科生研究机会"等，目的在于培养学生独立完成研究项目的创新能力，为学生提供可直接参与研究机构工作的机会。

日本注重"产学官一体化"培养模式。大学为了强化培养学生科学的思维方法和挖掘自身潜在的研究能力，让高年级学生以独立的科学研究为主，理

论课程授课比低年级少很多，使其有足够时间专心致志从事科研。高校引入市场机制、竞争机制，让高校通过与企业签订培养合同等方式与生产科研单位直接联系，目的是通过科研训练加强创新人才培养。近年来，"产学官一体化"培养模式和"工业实验室"为主的本科生教育模式，逐渐成为日本高校培养拔尖创新人才的得力举措。

从三国高校创新人才科研训练异同分析看，在共性上，三国都鼓励学生参加科研，强化实践教学，教师必须不断承担科研课题，以让学生有更多的机会参加科研活动，教学与科研的有机结合使师生在科研实践中掌握研究方法。在差异性上，科学研究的性质不同。美国强调应用研究，以培养社会所需人才为首要目标。日本科学研究的最大特点是"踏实"和"高效"。德国高校的科研注重满足不同时期国家发展的实际需求，侧重于学术研究。科研的形式和方法不同。美国的学校和社会上的许多科研机构都为学生提供大量的提高其科研水平和能力的机会。日本让学生参与科学研究的方式是校企结合。德国对大学生科研训练十分严格，都是在规定的科研场所独立完成。

## （四）德、美、日高校创新人才培养制度的基本特点

德国、美国、日本三国高校创新人才的培养制度主要是人才选拔招生制度、教学管理制度、教学评估制度和激励制度等，具有如下共同的特点。[①]

德国高校对人才的选拔与培养非常严格。高校实行宽进严出的学位制度，"宽进"使更多优秀的年轻人有机会进入大学深造，而"严出"有利于优秀人才的选拔。各校根据学额分配中心的名额分配，对申请入学者进行入学资格的审核、选拔和录取。学生必须取得足够的学分才能参加阶段和毕业考试。在选课制的具体形式方面，高校的选课制，普遍采用限制选修课与自由选修课相结合的方式，弥补因过度自由的选课所造成的可能导致学生某方面知识的欠缺。严厉苛刻的考试制度与高淘汰率，到了专业课的学习阶段，考试不通过率一般有20%到30%，有时甚至有40%到50%。大学最终能够毕业的学生最多只有

---

① 参见杨淞月：《高校拔尖创新人才成长规律及培养策略研究》，中国地质大学硕士论文，2012年，第38—39页。

50%，按时毕业的学生只有 15%；好的大学，比如慕尼黑大学、海德堡大学以及亚琛工大等毕业率只有 30%；还有些学校的某些专业特别严格，以至于淘汰率高得令人难以想象。硕士学位综合性大学一般学制为 5 年，共 10 个学期才能毕业。博士生往往 5 到 6 年，甚至 9 到 10 年才能够获得博士学位。① 德国也为优秀拔尖人才提供奖学金和专项经费资助。

美国高校拔尖创新人才的培养制度既高标准、严要求，又机动灵活。在招生方面，美国研究型大学及授予博士学位的大学采取竞争性或选择性招生办法。在课堂教学方面，将教学计划规定的课程和教学环节，以学分的形式进行量化。一般第一个学士学位安排四年全日制课程量，学院在每个主修领域都具体指定必修的通识教育课程和专业课程，同时，学生可根据兴趣自由选修其他课程。美国高校有着非常灵活方便的选课制度，学生不仅可跨专业、院系、学校选课，还能主辅课程兼选，选课不受年级、科系的限制。在研究型大学里，学生在入学时并没有固定的专业，大一大二年级只选修一些基础课程，充分了解各个专业的具体情况，最后结合自己的兴趣爱好和特长，在大三时才选定自己的专业，进而努力获得本专业学位。在选择专业的过程中，学生既有选择自己热爱的专业的权利，院系也有选择好学生的权利。奖学金制度更是为优秀学生的成长提供了机会与平台。

日本尊重大学的自主权，强化学生个性发展。通过入学考试评定学业成绩是日本自现代教育发端以来所实施的传统招生办法。目前已经形成一种以两次考试为基础，以多元综合为特征，融合东西方考试文化的高校招生制度。大学以多样化为取向的入学考试改革，改变了"一考定终身"和避免招到"高分低能"学生的各种弊端。日本高校很早引进美国的学分制，采取灵活多样的选拔新生办法，专业教学计划按照一定比例安排必修课和选修课，各校开出数量众多的课程供学生根据兴趣爱好自主选择。学分互换制有效地加强了大学间的交流，并鼓励学生跨校修学外校的优质课程。

三国创新人才培养制度既有共性又有个性。从共性看，主要体现在选拔招生制度体现竞争性与多元化、教学管理制度体现灵活性与综合化、教学评估制

---

① 参见徐凌、王爱东：《德国高等教育特色及启示》，人民论坛，2014 年 7 月 29 日。

度体现公平性与系统化。从个性看，美国高校培养制度适应了多元化的教育目标取向，专业式的培养。德国个性化培养制度有利于优秀人才的成长和基础研究、应用基础研究的发展。日本借鉴吸收德国和美国优秀人才培养的长处。美国高校招生标准比较综合化，研究型大学则采取竞争性招生的办法，突出挑选优秀生源。日本高校灵活性较大，招生工作各校自主。德国招生实为师生双向选择的互动过程。美国公立学校重视拔尖创新人才的甄别和特殊教育，设立专项的奖学金。日本通过提供奖学金或科研津贴等经济救助方式，帮助学生在相对稳定的环境中完成学业和研究。德国大学设立培养高层次人才的奖学金是根据所属专业和所在的范围来发放的。

### （五）德、美、日高校创新人才培养环境的基本特点

三国高校学术民主，自主创新和自由氛围浓厚，都为拔尖创新人才的培养提供了宽松的学术氛围，培养的学生思维活跃，敢于质疑，勇于创新。在一些研究型大学几乎每天都有专家讲座、辩论会、体育联赛之类的活动。学校各种团体各有特色，形成自我管理、自我教育、自我发展、自我约束的局面，对学生的领导能力、工作能力及创新能力的培养都有大的裨益。

三国高校尊重知识、尊重人才、尊重学生的人文环境优越。在创新人才特别是尖子人才培养和评价上，营造出有利于创新人才脱颖而出的良好环境。大学本科教育与活动的质量直接联系，尤其是一些研究型大学始终是在这种理念下为学生营造活跃的校园环境，鼓励学生积极参加各种社团活动，在活动中激发学生们的创新精神，强化学生的实践能力。

德国是世界上最早将学术自由纳入宪法的国家，也以学术自由而闻名世界。弥漫于大学内部的充分民主、追求卓越的学术氛围历来被认为是德国大学的一大特色。各种学术思想在这里能够得到充分发表和自由争论，不同思想可以互相碰撞，创新的学术氛围相当浓厚。

美国高校注重营造学术质疑、批判和学术自由的人文环境。学术自由的思想为研究型大学的教师和学生们提供了创新素质滋生的核心条件。各大学鼓励学术自由，为拔尖创新人才成长提供了宽松的环境。特别强调教师、导师的引导作用，优秀教授对学生影响不仅体现在学科专业指导方面，更在于由他们带

给学生的崇尚科学、献身科学、严谨治学的精神与方法，以及优良的教风、学风等。在学习自由上，大学的学生可以选择他们学习的课程，他们有听课的自由，有学习任何学科的自由，他们甚至可以随意从一所大学转入另一所大学。

日本高校强化学生创新思维和能力的训练。学校教育与社会实践紧密结合，营造有利于创新人才成长的良好氛围。学生在研讨班上提出关于某一专题设想或报告，通过学生与教师的充分交流研讨，完善科研课题报告，形成民主的学术氛围。这样和谐自由的良好环境在培养学生的创新能力和实际动手能力方面发挥着至关重要的作用。

## 三、发达国家创新人才培养的经验启示

近年来，我国的教育事业全面发展，一批标志性、引领性的教育改革举措取得明显成效。但在拔尖创新人才教育培养方面，起步较晚，缺乏对拔尖创新人才教育的理论研究和成功实践。综合比较世界主要发达国家高等教育培养创新人才的成功经验，对于深化我国高等教育改革，提高创新人才培养水平具有如下启示。

### （一）坚持早期选拔培养与政策法律保障相结合

美国、德国、英国、加拿大、法国、新加坡、韩国、印度等国家和地区，普遍在教育主管部门管辖下设立专门的超常儿童教育机构，负责对本国、本地区超常教育的协调、调查和管理工作。这些国家都有相应的超常教育立法和一系列的配套政策，为保障优先选拔和培养青少年创新英才打下了坚实制度基础。当前，我国一些省市对拔尖创新人才培养的探索得到了地方政府和教育部门的相关政策支持，取得了一些成绩。但是在鉴别与选拔、资源开发与统筹、评价与监控，以及建设优秀拔尖创新人才成长的绿色通道等方面存在明显不足，亟待需要各级政府进行整体规划，正确引导开发。因此，要针对拔尖创新人才早期培养，建立一套切实可行的政策保障机制并以法律进行规范，建议设立国家、地方不同层次的"拔尖创新人才教育"机构，全面负责拔尖创新人才早期培养的协调、管理、考评等工作。

## （二）坚持正确培养目标与创新培养机制相结合

正确的培养目标是创新人才培养的前提和基础。要学习借鉴德、美、日等国的成功做法，以培养"创新精神、创新能力以及创造性品格"作为人才培养目标，教学活动紧紧围绕着培养目标而展开，为培养高素质创新人才奠定基础。要创新培养机制，促进拔尖创新人才培养的多样化。美国高校录取新生的依据是不遵循某一固定评价体系的综合评价。这不仅体现了对智力方面的要求，而且要考察非智力因素；既通过考试分数的硬指标评判学生，又从推荐和自述中全面了解学生。多元化的指标不仅注重学生的全面发展，而且也挖掘了专才、偏才、奇才。我国高考多样化改革的目标应当是综合性、多元化的评价方式。应从德才兼备、文理兼容的要求出发，更新教育理念，改革人才培养体制，创新人才培养模式。鼓励试点院校稳步加大自主招生力度，从中挑选出更多出类拔萃的创新人才。我国应当借鉴美国、德国经验，创建一批研究型大学和创新型大学，开设专门的拔尖创新人才专业课程，不断丰富和发展创新人才培养体系。

## （三）坚持优化教学体系与改进教学方法相结合

德、美、日三国在课程体系设置上十分重视通识教育，高校根据自身发展的特点设置课程，形成自由选课制，鼓励学生跨校跨专业选修课程，拓宽视野，这有利于拔尖创新人才培养。这些国家优化教学体系，在资源最优配置的条件下实现创新人才培养目标，包括普遍实行学分制和选课制相结合的教学制度；根据社会发展需要和创新人才培养目标动态调整课程内容；基于学生主体地位的多元教学方法；灵活多样的课程考核方式。① 这些好的经验做法很值得我国高校学习借鉴。我国高校往往按照固有的教学大纲制订教学计划、课程设置死板、一些课程的教材陈旧，不能适应知识发展的需要。课程设置中选修课程门类较少，遏制了学生特长的发挥和知识面的扩展。因此，我国的教师应将

---

① 参见杨淞月：《高校拔尖创新人才成长规律及培养策略研究》，中国地质大学硕士论文，2012年，第43页。

学科发展的前沿和发展趋势引入到教学的过程中，课程设置、教学内容应该随着学科发展而不断更新。要推进以学生探究活动为主线的研究性教学，通过实施探究性的教与学来激发学生的创新意识和创新激情。在教学过程中坚持以问题为导向的学习教学方法，运用讨论法、案例教学法、行动学习法等，提高教学质量，鼓励学生大胆发表新见解，大胆质疑问题，调动积极性，发挥创造性，提高创新能力。

### （四）坚持整合教学资源与科研实践活动相结合

德、美、日等发达国家高校大力提倡教学与科研相结合，在实践中提升学生的创新能力。他们注重提高教师的科研能力，认为只有教师具备研究能力、掌握了前沿知识，才能引导学生提高科学研究的素养，培养学生的创新能力。基于"资源整合"的开放式办学机制，整合学校、企业、社会组织、政府的资源共同办学，构建多元化、多层次、高效率的创新教育基地；注重培养基础理论知识宽厚、综合能力强的复合型创新人才。我国研究型大学应重视培养学生的科研能力，应适当增加具有探索性的实验课程，实验室应为学生提供实践平台，扩大开放程度。延长实验室开放时间、设立实验室网站，介绍实验动态、课题进展情况，加强校企合作，巩固实践基地。要学习借鉴斯坦福大学等建立以硅谷为基地，为本科生实习、实践和创业提供平台的做法，在高校中进一步加强学生实习基地建设，为学生提供良好的实践平台，促进理论与实践的有机结合，解决教学与科研脱节问题，更好地培养学生的实践动手能力与创新能力。我国高校有必要吸取国外教学的有益经验，搭建科研成果交流平台，营造拔尖人才培养的学术氛围。加强学生科研成果的出版，可通过出版以学生为主的学术期刊或专栏，让学生积极参与学术研讨会和成果交流会等科研活动；举办全国大学生科研学术年会，加强学术交流，让学生多与专家学者探讨交流，以便培养更多的拔尖创新人才。

### （五）坚持师资队伍建设与发挥专业团体作用相结合

德、美、日三国高度重视创新型的师资队伍建设和注重发挥专业作用。哈佛大学前校长科南特曾经说过："大学的荣誉不在于它的校舍和人数，而在于它的教师的质量。一个学校要站得住，教师一定要出色。"严格的教师聘用、晋升、管理制度为美国的高校研究型大学带来了高素质的教师队伍。① 大学的重要任务是培养创新人才，教师是创新人才培养的主体，创新人才培养成功与否很大程度上取决于教师。因此，我国应当培养引进优秀人才，通过招聘、聘请业内专家做兼职教师、客座教授等多种形式充实师资队伍。学校通过竞争机制、挂职锻炼、培训等多种形式来提高教师的教学与科研水平。要进一步发挥专业团体的作用。美国在 1946 年成立美国天才儿童协会，并先后成立了一批著名的拔尖创新人才培养和研究的专业机构，如美国霍林沃斯英才儿童中心、贝林—布兰克英才教育与天赋发展国际中心、国家英才研究中心等。英国在 20 世纪 90 年代合并成立了全国英才儿童中心。法国也有一批类似的协会和机构，致力于相关研究。② 我国在创新人才的培养方面，要发挥社会的力量和专业团体的力量，创建为社会公认的第三方教育机构来统筹和研究拔尖创新人才培养的社会事务，如社会上早期儿童拔尖创新人才与选拔，还有拔尖创新人才培养的课程标准制订、国家或地方拔尖创新人才培养的年度报告发布等，以便有效协调学校之间、中学与大学之间的关系，确保拔尖创新人才培养的质量与公平。高校学术型社团是学生的自治组织，要以培养创新人才为主要目标，通过有效组织、策划、引导，将学生兴趣与多学科知识紧密联系在一起，成为理论与实践相联系的高效平台。

## 第三节　创新人才培养的策略构想

　　创新能力培养如何突围，创新人才为什么培养、培养什么、怎样培养，这是创新人才培养的策略问题。我国应当在理念转变、管理体制、教学科研、环境营造等方面共同发力，努力在培养目标的层面解决"要不要"的问题；在

---

① 转引自王冬：《美国研究型大学创新人才培养的经验与启示》，东北大学硕士学位论文，2011 年，第 21 页。
② 参见北京教育科学研究院：《创新人才培养与创新教育发展》，北京：北京师范大学出版社 2017 年版，第 157 页。

智力因素层面解决"能不能"的问题；在非智力因素层面解决"愿不愿"的问题，探索具有中国特色、新时代特征的创新人才培养新路子。

## 一、新理念引领，遵循规律培养

创新人才培养的理念是创新人才培养模式的重中之重。在创新人才培养的理念上，应当遵循个体成长规律，尊重学生个性发展，遵循创新人才成长规律，创新培养模式。

### （一）遵循个体成长规律，创新教育从小抓起

创新人才培养是一种教育理念，不单是某一个教学环节，也不能完全与实践教学等同，它更重要地体现在学生培养全过程中，贯彻创新教育的思想，通过课堂内外各个环节，全面构建完整的创新教育体系。应转变观念，走出超常儿童教育违反教育公平的认识误区，充分认识到学生的差异性。英才儿童教育是因材施教的一种表现形式，要从娃娃抓起，早发现、早培养、早成才。只有遵循人才成长规律，学生个体才能健康成长。一要了解个体学生的综合素质。个体综合素质的高低，影响着其思考能力与学习能力的发展。二要了解个体学生基础知识的掌握程度。扎实的基础知识，有利于个体更灵活更透彻的接受深层知识，激发其专业潜能。三要了解个体学生专业素质的发展与专业知识的掌握。拥有良好的综合素质与基础知识，只是让个体有了向"创新人才"发展的可能性。四要做好基础知识与专业知识的衔接与过渡。从小学到中学再到大学，学生是在基础知识积累的学习过程中，每一个过程的转换要给学生适当的心理适应期，在基础知识学习和专业学习上不能硬生生的人为的去割裂两者，而应在实际的教学过程中从基础知识学习向专业知识学习平和过渡，学校可以在基础知识的学习阶段，适当安排少量的专业课程，让学生在正式进入专业知识的学习之前有个心理适应和过渡。五要允许学生在自己感兴趣的学科上投入更多时间和精力，进一步精减教学内容，让他们有足够的时间投入到自己感兴趣的学科上。针对学生个体量身定制翔实的个案辅导方法，让其优等学科更加优化。聘请知名专家学者讲学，让学生与知名专家学者零距离接触，与大师直接对话，培养

他们勤奋、踏实、求真、严谨的科学素养。六要科学健全拔尖创新人才早期教育培养体系。我国拔尖创新人才的早期教育事业相对滞后，缺少相应政策和师资的支持，没有形成国家战略，更没有形成系统的理论体系和完整的操作模式。拔尖创新人才的早期培养不能只限定于个别资源优势学校的自发行为，它需要进行整体系统的政策框架设计和运行机制保障，并纳入公共教育服务体系之中。

### （二）尊重学生个性发展，培养学生的独创性

有一句至理名言："世界上没有两粒一样的沙子，也没有两片相同的叶子。"的确，一棵树上的两片树叶即使看上去有惊人的相似之处，也仍是各具特点的两片叶子。世界上的一切事物，都是独特的，它们的独特性也决定了它们在发展道路上的唯一性。尊重学生个性，就是要以学生主动发展为本，充分尊重学生的个性发展，让学生充分认识个体价值，树立自信心。学生作为一个群体，其中的个性表现更是明显。一个人的成长，需要经历新生儿期、婴儿期、幼儿期、童年期、青少年期、中年期、老年期。而个体个性的形成，是在青少年期。学生在青少年期之前，环境和教育是塑造学生个性发展的重要影响因素，良好的生活环境以及优质的教育资源，有利于帮助学生塑造良好的个性。在学生个性因素中，其兴趣爱好在创新人才发展过程中发挥着重要作用。学生独一的优秀的正确的兴趣爱好，有利于帮助学生思维与实践的创新。在创新人才培养的过程中，必须尊重学生的个性，尊重学生正确的兴趣爱好，并科学引导其向深层次发展，使其成为学生创新才能发展的动力。传统的教育模式采用的是"齐步走"的做法，抹杀了学生的个性差异，出现了优生"吃不饱"，差生"吃不了"的怪现象，不能保证学生创新素质得到提高。要因材施教，培养学生个性化发展，自觉尊重学生的人格，努力营造一个民主、和谐、宽松、愉悦的课堂氛围，使学生的主体性、能动性、独立性、体验性、探究性不断发展和提升。

### （三）遵循创新人才成长规律，孕育思维创新求突破

创新人才的成长发展是有规律可循的，遵循规律可以事半功倍，提高人才培养的质量和效益。培养人才要尊重个人的心理发展特点，以及创新素养的形成过程，着力培养学生的创新思维。在教学过程中，既要引导学生掌握已经形

成的知识,更需要引导学生知道这些知识是如何发现的;既要引导学生了解一些现成的理论,更要引导学生懂得这些结论是如何获得的。只有使学生在掌握现有知识的同时,努力去发现新的知识;在了解现有结论的同时,努力突破现有的结论,才能最终实现创新。因此,鼓励学生善于观察、勤于思考、乐于动手是培养综合素质、激发创新意识、提高创造能力的有效措施。在创新人才成长过程中,创新思维的培养显得尤为重要。因为思维创新是源头的创新,是根本性的创新,也是创新的源头活水。我们怎样培养创造性思维的人才呢,耶鲁大学校长雷文认为,教学方法的问题是制约学生创新能力发展的主要原因,因为不同的教学方法取得的效果是大不一样的,小型的研讨班有利于激发学生思考、发表自己的观点,并在讨论中完善和捍卫自己的观点。耶鲁大学长期坚持小型研讨班的教学方式,特别重视小型讨论班对培养创新人才的作用。耶鲁大学认为,这种人才培养模式有利于学生学习积极性、主动性和思维批判性、创造性习惯和精神的养成,有利于从不同角度看问题、持续创新能力的培养。因此,在创新人才培养的过程当中,要高度重视学生创新思维的形成和发展。

## 二、新教学引导,多种模式培育

新教学模式是在一定的教育思想、教学理论、学习理论的指导下,在一定环境下展开的教学活动进程的稳定结构形式,是开展教学活动的一套方法论体系。教师应打破班级教学的单一模式,把集中授课、合作学习、个别辅导结合起来。教学方法以启发性和研究型为主要特色,注重根据经济和社会发展的需要以及学科研究的最新成果,不断更新教学内容,引入新知识、新理论,鼓励学生发现问题,大胆质疑,探索分析和解决问题的新方法、新途径。采用小班制教学,加强师生之间的互动。积极促进学生开展合作学习,加强学习交流,培养团队意识和合作能力。个别辅导要以研究性学习为主要形式,提高学生的研究意识和研究能力、分析问题和解决问题的能力,以及学习知识和创新知识的能力。

21世纪如何构建以能力为主的"翻转教育"?传统的课堂也正在被翻转、颠覆。那么信息技术能给我们带来哪些全新的教学模式?未来的课堂又会是什么样子呢？信息时代，我们应该如何上课？这些依托大数据、云计算和 5G 技术带来的创教学模式的深刻变革，为培养创新人才开辟了新的路径。要对教学的组织方式和教学流程进行重组和再造。①

### （一）师生互动课堂，打破排排坐的听讲模式

西安电子科技大学校长杨宗凯说，未来的教育生态，是以学生为中心的连接、开放、共享的泛在教育。比如说耶鲁大学、斯坦福大学、墨尔本大学等教室的组织已经发生了革命性的变化，不是一个讲台以老师为中心，而是以学生为中心。它支持合作式学习、探究式学习，学生的主动性得到提升。研究报告显示，"未来教室"中学生自主学习的动力得到极大的提升，学习成绩也得到提高。

譬如，西安电子科技大学正在构建的智慧教室，教育场景变成一种应用的场景。在这间智慧教室中，来自 6 个学院的 38 名大一新生在上英语课。学生们说在这间智慧教室上课，感觉很不一般：凳子变成了可活动的，很方便进行小组讨论；话筒不仅在讲台上有，而且在教室中间也有，学校把主动权和发言权交给了学生。智慧教室让学生成为课堂主角。

在这样的智慧教室中，老师的角色也同样有了转换：在这个信息时代，课堂教学的魅力在于通过师生之间、学生与学生之间对问题不懈地追问，丰富我们看待问题、分析问题或者理解问题的一些广度，才能让学生在课堂上真正受益。

### （二）同步课堂，大家共享名师教学

杨宗凯说，未来的教育是优质资源共享的教育。智能教材被注入数字图书馆、数字博物馆、数字展览馆，更大的资源共享正在发生，同步课堂使优质的资源得到共享。5G 的发展为我们未来的教育提供了非常强有力的技术支持。5G 和 AR、VR 的这种结合，不仅能把图像传过去，也可以把真实的人传过去。另外我国慕课数量和应用规模都居于世界第一位，资源正得到更广泛的共享。

---

① 参见杨宗凯：《解读信息技术如何翻转课堂》，中央电视台财经频道《中国经济大讲堂》，2019 年 11 月 30 日晚 22 点播出。

## （三）因材施教，数据驱动实现精准教育

杨宗凯说，第二个教育形态的变化是数据驱动的精准教育，即对学生的心理和学习状态进行有效诊断，发现问题后实施针对性的教学策略。其中最重要的就是数据驱动，人工智能和大数据可以提供对学生心理和学习学业的诊断。

譬如，西安电子科技大学已经开始部署数据驱动的精准教育。2019年8月，由西安电子科技大学计算机科学与技术学院自主研发的智慧教育平台——C语言程序设计正式上线，这个系统提供完备的线上教学环境和精准的数据分析，为学校的教学和管理提供了很好的助力。

## （四）翻转课堂，上课是把知识内化过程转化为能力的过程

杨宗凯说，未来的人才要具备"6C"的能力，这六个方面的能力英文都是C开头的，包括批判性思维的能力、协作沟通的能力、合作的能力、创新的意识和解决复杂问题的能力以及跨界融合的能力，特别是计算的思维能力。

2007年美国两个化学老师提出来翻转课堂的概念，就是把知识传授放到课外去，把知识内化过程放到课堂里面来，深受学生的欢迎。另外一个就是学科的知识要进行融合，因为我们现在遇到的问题很多不是一个单一学科能够解决的，都是多学科的整合。现在比较流行STEAM教育，所谓STEAM教育就是科学、技术、工程、数学，课程体系的整合和融合。那么信息技术的导入为STEAM教育又注入了新的动力，这就是说很多知识在指尖上可以学，在课堂培养孩子的综合解决问题的能力。

这里最最重要的是教师能力的角色转换，老师要转换成教学活动的导学者、学生活动的组织者；要会开发课程、组织优质资源，或自己创造资源，组织优质课程。老师也是教育的创新者和研究者，老师还是终身学习者，因为知识、方法、人才的需求都是在变化的。因此，未来的老师，特别要强调融合能力，技术、艺术和学术的高度融合，融在一起不是加法，是化学反应，这个一定会成为标配。

## （五）人技结合，人工智能助力改教为育

杨宗凯说，最后一个形态变化，未来的教育是人技结合的智能教育。人工

智能是未来10年对教育最具有颠覆性的技术，利用人工智能推进教育的创新、改革，有两个重要的方面，一是学会人工智能，在中小学阶段就开始设置人工智能课程。二是怎么用人工智能来进行学习和教学？人工智能可以赋能老师，赋能学生，也可以赋能一所大学。

在西安电子科技大学有一间这样的 AI+模电实验室，它是24小时开放的智慧实验室，主要满足学生进行模拟电路实验。学生在网上选课、实验及答疑、上传报告、判卷评分全部由人工智能协助完成。西安电子科技大学通过将 AI 与实验课程深度结合，通过 AI+HI 的双师授课模式，有效解决实验教师匮乏、学生实验课程时间难以安排的教学瓶颈，从而有效提高培养效果，提升学生工程素质。

## 三、新平台引入，产学研相结合

顺应新时代创新人才培养的新要求，建立教学科研生产三结合的创新人才培养新机制，是创新教育全面深化改革的必然趋势。搭建平台加强产学研合作，形成企业、高校、科研单位三位一体的拔尖创新人才培养新机制。在高等院校，要建立本科生参与科研的制度，各类实验室、实习场所无条件地向参加科研和创新活动的学生开放，使学生们能够及早了解和接触科学技术知识前沿。要高度重视对学生动手实践能力的培养，要在生产实践中现场教学，有条件的高等院校要根据本校专业设置、建立校地合作的科研基地，促进学生对理论的理解和运用理论知识能力的提高。要通过"走出去"和"引进来"相结合的新形式，实施教学、科研与生产相结合，培养具有较强实践教育能力的师资队伍，各企业资深人士也相应提供技术性的指导，提供专业性的职业培训。要依托教学为主加强学生科研素质与水平锻炼，培养学生理论联系实际的能力，建立以企业为创新主体的教学、科研、生产联合体，以科研成果为中心的"教学—科研成果—产业化"。大力推进高校与高校、科研院所、行业企业、地方政府以及国外科研机构的深度合作，探索适应于不同需求的人才培养模式。构建以"多学科指导教师团队"和"学生团队项目研究"为核心的团队教学模式。利用协同创新中心多个学校多个企业合作的特点，通过聘请其他高校和企业单位的专家担任导师，组建多学科的导师团队，共同研究和磋商学生的培养方案，加强集体智慧的相互诱导效应，激活创新人才培养模式。

加强科研训练，增加技能课程和实践课程力度。知识课程的传授是创新人才培养当中必不可少的组成部分，但仅靠知识传授难以改变人才创新素养的不足。教学应加强主动实践教育，创造条件让学生参与科研和创新活动。课程主讲教师和学生导师要积极吸收学生参加科研活动，在课题研究过程中对学生进行个性化指导，多让学生参加科研活动，增强科研能力和实践开发能力，以此培养创新能力。大学生参加科研活动被普遍认为是一条有效的创新人才培养途径。加强学生创新实践能力锻炼，不可忽视技能课程和实践课程的设置与开发。实践主要是指参与实际的社会角色之中，运用自己所掌握的知识与技能去实际解决某个问题、完成某项事物。实践课程的设置，有利于学生更好地将理论知识和实践知识相结合，从而提升其实践能力和创新能力。要适时对学生进行技能课程和实践课程的教育，使得学生的心智技能和行动技能都能够得到培养，使得学生面对问题时能够自觉地"思考问题、解决问题"。

创新人才培养实验教学模式，搭建实验教学平台，为高校拔尖创新人才充分施展才能创造条件。要满足学生系统的培训机会、构建科研项目平台、完善相对独立的产教研结合的校外实习实训基地等。积极拓宽高校国际交流渠道，为学生创造各种国际交流的机会，搭建国际学习培训和学术交流平台。大力鼓励学生参加学校组织的各项国际培养项目，如海外实习、海外攻读学位、海外暑期学校、合作研究、重大国际比赛项目、参加国际会议等，通过资助和派遣优秀学生赴国外一流大学深造，接触学术研究前沿，更新观念、拓宽视野、增长才干，不断培养学生观察、思考、交流、实践、协作的能力等。搭建平台，促进了思想交流与经验分享，促进优质教育资源的开发与利用，推进创新教育创新人才培养的不断深入探索，更重要的是这些平台同时成为学生和教师成长的平台。

多学科交叉融合成为当今世界一流大学的共识和特征。文理渗透、理工结合，更是培养高校创新人才的有效途径。高等院校要在推动现有学科纵深发展的基础上，着力发挥自身优势，引导、鼓励、组织多学科交叉融合，整合资源，重点突破，以实现培养创新人才的目标。要建立健全多学科交叉的机制。要以科研项目为纽带，组建交叉学科研究室或研究中心，不断促进学科交叉融合。要突出新兴前沿学科的纵深探索和多学科交叉融合。有条件的高校应设立学校交叉学科研究项目专项启动基金，对交叉学科的研究课题给予前期研究扶持。要由多学科学术带头人牵头组建学术创新团队，组成能够站在学科前沿的人才队伍，促进学科前沿的广泛交流，并在高校创新的实践中发挥关键的带头作用。

创建创新网络平台建设，实现云平台创新。随着5G时代的到来，利用互联网构建高校之间共建共享的创新云平台时机成熟。这个平台构建可以由分管科技和教育的部门牵头，指导各高校之间建立具有创新资源共享、信息交流互通、学术交流畅通、疑难问题沟通、科研设施联通的大平台，为各地高校学生创新提供服务。由于地域性的局限，各地学生在创新能力与创新观念方面存在着相异之处。除了组织两地学生面对面交流的活动之外，网络更让学生之间的知识交流与经验交流变得更为方面快捷。要学习借鉴"启迪服务网"的做法，创建"创新服务网"，向全社会开放。清华科技园创建的启迪服务网，将清华科技园十多年的创新服务经验积淀，利用互联网在线服务的形式推广到海淀区、中关村、北京市乃至全国，成为科技型创新企业等中小企业服务的集成平台。"启迪服务网"实现了政府、园区企业、大学、科研机构等各个单位的创新交流，有利于更多的创新人才互相学习交流，共同进步。因此，要在创新人才培养的过程中，充分利用好网络，积极科学搭建创新网络平台。在这样的平台上，各大学可以互相开展创新活动，学校之间学生之间可以共同参与；学校之间可以创新帮扶，有疑惑的学生可以在网络平台提出问题帮助，让更多的创新人才共同解疑释惑，促进问题的有效解决。

## 四、新生态引发，营造创新环境

"是蛟龙给你大海，是猛虎给你高山，是鲲鹏给你蓝天"。"大树沐浴阳光，才能吐出氧气；禾苗精心培养，才能茁壮成长。"与植物生长一样，人才成长也需要良好的"生态环境"。现在有一些地方对人才重使用轻培养，舍不得花力气培养人才，挖心思招揽人才，总想着"不劳而获"；有的对人才只交任务压担子，不注重传帮带，导致"生态链"受到破坏，人才出现青黄不接；

有的则对有一技之长但也有一些小毛病的人才，轻率予以否定，造成人才被"滥砍滥伐"。"十年树木，百年树人。"人才的培养是个长期渐进的过程，早一天播种就会早一天收获。因此，要树立重视人才培养观念，为人才成长营造良好的"生态环境"。①

尊重是"土壤"。培植创新人才成长的沃土，最好的就是尊重人才。尊重，要从公平起步，不能论资排辈，让想干事的有其为，能干事的有其位；尊重，要从支持开始，才华的施展靠平台，平台的搭建靠组织，一个没有机会锻炼的人，就很难得到发展和进步；尊重，要与关爱同行，人才成才的道路多数是曲折坎坷的，创新实践中往往掌握一项技能、钻研一个课题、攻克一道难关是"化茧成蝶"的过程。这个时候，一句暖心的话，一次关爱的问候，就能把人才推一把，从而达到"柳暗花明又一村"的境界。

培养是"阳光"。培养创新人才最直接的办法是"传帮带"。传和带，就是要有名师指导，有重要的创新团队带领，让人才多参加科研课题攻关活动，提供实践锻炼的机会；帮，就是要多压担子，多教方法，少挑毛病。一个地方或一个学校，最重要的是培养出一片"人才森林"。培养创新人才的有效方法就是在科研攻关项目中"摔打"。人们常讲庭院里跑不出千里马，温室里长不出参天大树。要有意识地让青年人才承担重大科研攻关任务，达到完成一次攻关任务，锻炼一批创新人才的目的。

宽容是"氧分"。作为指导名师和创新团队带头人，要以宽容之心看待每一个成员的短处。现实中往往在某些方面越冒尖的人才，其短处也越明显。这就需要扬长避短，以包容的眼光，多看人才的长处，少挑人才的短处。植物"掐尖"是为其更好生长，人才"掐尖"带来的更多是伤害。一味地追求完美，扼杀的是人才的健康成长。人才成长规律表明，人才成长有一定的周期性。每个人的成长进步都是不断反复学习实践的过程。要以理解的心情，宽广的胸怀，为人才提供更多的"氧气"，创造良好的生态环境，让各类创新人才脱颖而出。

创新是"目的"。创新越是发展，越需要一个良好生态。人才的生态环境

---

① 参见魏杰：《人才培养应优化"生态环境"》，载《中国组织人事报》2016年8月15日。

创新，主要是实现创新与社会的和谐发展、人的生态化——实现创新与人的全面发展相统一。有人用比喻来形容创新："青藏高原上才能有珠穆朗玛峰"，意思是说，只有在创新高原上才能产生创新高峰，只有在良好的生态下才能让创新者脱颖而出。因此，创新人才的培养，需要有好的生态环境。要改变创新孤岛，激发全社会创新活力，让创新在全社会蔚然成风，必须创新营造一个良好的生态，才能让各类创新主体的活力竞相迸发、让创新源泉充分涌流，形成百舸争流、千帆竞发的大好局面。创新不可能发生在真空里，无论是需求拉动创新，还是供给推进创新，都要受到政策环境和社会向其提供的基础设施的重大影响，政策和基础设施为创新提供了一个国家平台，影响着创新的绩效。创新人才的培养同样需要提供一个集基础设施、政策环境、资源配置于一体的大平台，从创新人才教育供给和需求两侧改善生态环境。

高校是"阵地"。高等院校是培养创新人才的主阵地，营造创新的生态环境至关重要。

一要加强师资队伍建设。大学之大不在于大楼之大，而在乎大师。要改变我国有大楼无大师的被动局面，需要从培养创新教师队伍抓起。时下，高校本科生课堂的到勤率令人担忧，课堂上认真听讲的学生寥寥无几，我们经常把这个原因归结于学生的懒惰与不上进，但是仔细想想，这多数是与高校的教师教学创新不足和教学水平低下有关。因此，要高度重视高校教师队伍建设，有条件的地方和学校要开设创新教师培养学科，并逐步提高创新教师的社会地位和福利待遇。

二要繁荣学生创新组织建设。学生创新能力的发展，不但基于个人的专业知识与技能，而且要依附于某一个创新组织。高质量的创新组织，可以让学生在团体中领会更广更精更细更专的知识，给予学生更多的创新素材与创新灵感，并让学生在团队合作与交流中，进一步客观认识自己的知识水平，从而更好地发展自己的创新才能。繁荣学生创新组织建设，为学生提供更好的创新资源、更广的创新平台、更强的创新组织势在必行。要加强学校创新组织团体建设与管理，吸引更多优秀学生加入创新组织团体并互相学习互相促进。

三要加大创新创意宣传力度。高校应充分利用新媒体的宣传优势，开设丰富多彩的创新宣传微信公众平台，专门为学生创新服务，校园网、微信公众号等需要营造具有浓厚创新氛围的校园环境，校园的标语、宣传海报、宣传橱窗、板报、校园广播等都加强宣传，丰富和发展校园创新文化，使创新文化凝聚成校园文化的内涵，成为有利于学校发展和师生共同遵循的价值理念，利用身边创新的人讲身边创新的事，形成整体创新的浓厚氛围。

## 五、新体制引航，激活创新制度

制度建设是人类社会进步和文明的根本标志，也是创新人才培养的根本保证。制度带有根本性、基础性、长期性和稳定性，它决定着创新人才队伍的创造活力和竞争实力。好的培养制度，有利于发现、选拔、培养、用好人才；没有好的制度，选才、育才、聚才、用才就得不到保证。因此，体制机制创新是激发人才活力、充分发挥人才作用的制度保障，也是创新人才培养的关键所在。

构建超常儿童鉴别和重点培养体系。从世界创新人才的培养趋势看，各国在创新人才研究基础上出台了一系列创新人才培养的政策、法案和计划。在天才儿童的鉴别方面，美国等发达国家采用标准化的学业考试来鉴别天才儿童，英国利用专门编制的天才生国际水平测试系统来鉴别，并为学校在日常教学中鉴别天才儿童提供了专业支持。在天才儿童的培养方面，美国和日本主要采用基于校外非正规教育的选修课学习的策略，韩国和印度则采用基于学校正规教育的集中培养和超前培养的策略，英国则建立了以学校教育为主体、校外教育提供资源支持的天才教育体系。[①] 因此，建议我国要学习借鉴这些国家的做法，建立健全一套符合我国实际的超常儿童培养鉴别和培养的政策和法规体系，逐步实现从实验室研究到政策实施的转变、从讲求平等到追求公正与卓越的转变、从培养少数精英到兼顾全民才能发展的转变、从随兴式的零散培养到系统的完整教育的转变。

从高校选择特别拔尖的学生进行特殊培养。高水平大学可依据学校学科特色，挑选最优秀的学生组建和设立不同形式的拔尖创新人才培养实验班，为其

---

① 参见北京教育科学研究院：《创新人才培养与创新教育发展》，北京：北京师范大学出版社2017年版，第131页。

提供优秀指导教师和优越的研究条件。一要集中校内优质资源，配备高水平师资。聘请一批理论功底深厚、教学经验丰富、师德师风高尚的优秀学者组成核心教师队伍，分别讲授专业核心课程和担任专业导师。根据试验班的特点，配备适合拔尖创新人才培养的任课教师、导师等。二是高校应对实验班的学生提供优秀的科研条件。比如加强教材库及媒体资料库建设，提供实验室、综合分析课程专用实验室等实验平台。三要开展定向生培养，重新开设校内的二学位等，尽可能给学生提供多样化的"营养套餐"，让学生能够根据自己的特点、特长和兴趣去自主选择。四要自主招生为"特殊人才"开辟"特别通道"。学校制定相应报名条件，要求考生在某些方面具备突出的能力，如具有超常的创新和实践能力，在某个方面有发明创造、学科竞赛获奖、综合素质名列前茅等，对特别突出的考生高校可以破格录取。拔尖创新人才培养实验班作为一种培养优秀人才的特殊模式，对提高人才培养质量起了重要作用。四要改革高考、研究生入学考试，扩大高校录取自主权。选拔拔尖创新人才，最主要还是改革高考、研究生入学考试方式，扩大高校录取权，教育主管部门应制定相关政策和办法使招生和考试相对分离，高校招生制度逐渐向着分类考试、综合评价和多元录取相结合的方向发展。多元录取方式一方面保证了应考者公平竞争的权力，同时能够对有特殊才能或某一方面特别突出的学生有继续深造的机会。

完善创新人才培养目标责任机制。考核是创新人才培养的"风向标"，激励是创新人才发展的"助推器"。目前，我国还没有创新人才培养的战略规划，缺乏创新人才培养的目标任务、基本原则、政策措施等，这在较大程度上影响了创新人才的发展。因此，我国应当从政府职能部门、大中小学校和学生群体的三个维度，制定实施创新人才培养规划纲要，地方政府教育部门应当制定创新人才培养规划纲要实施意见，从上到下形成创新人才培养体系，更加科学有效地引导创新人才培养工作健康开展。在创新人才的目标定位上，要坚持立德树人和创新发展的导向，面向国家发展和世界变革的未来趋势，培养拔尖创新人才、顶尖创新人才。人才培养的核心问题是培养什么样的人，要把"培养知识、能力、素质俱佳，具有求是创新精神和国际视野的拔尖创新人才和未来领导者"作为更高的目标追求。要把创新人才培养纳入高等院校、科研究院所目标考核责任制,并进一步提高创新人才培养目标加权值的比例,不断提高这项工作的地位和作用。应当配套建立专门的工作机构,形成有目标责任、有专人服务、有创新成效、有考核评估的工作体系。

完善高校学生评价制度。通常教育评价具有诊断功能、激励功能、调控功能、教学功能,要运用这些评价功能,逐步实现创新人才培养的"三个转变"。① 一是由过去的"重形式"评价向"重实效"评价上转变,以往的教育评价往往只注重评价的形式,基本上运用了教育评价的激励作用,而对于教育评价的诊断功能等并未得到利用;二是由过去的"重结果"评价向"重过程"评价上转变,以往的评价制度过分地强调结果,运用一根尺子去丈量每一个学生,过分地注重量化的分数,而忽视了学生学习过程中的定性评价,因此,应当将定性与定量相结合,综合评定学生的水平;三是由过去的"重知识"评价向"知识、技能、能力三者并重"的评价上转变,以往的评价基本上是对学生知识掌握情况的评价,多以笔试为主,而忽视了学生技能和能力的评价,因此,应当改进对学生的评价形式,利用案例分析、课程论文、实践业绩评价等形式,既考核学生掌握基本知识的情况,更要考核学生获取知识的能力、潜在的创新能力和活学活用实际动手能力。积极评价人才助力创新素质提升。要把人才的创新成果和创新潜质作为评价人才的核心标准,运用评价的杠杆,激励人人想创新、人人会创新、人人创成新,激发人才创新的内生动力。

加大拔尖创新人才的资助与奖励力度。教育行政部门应加大拔尖创新人才的资助与奖励力度,对优秀创新人才实行重奖,对获得国家科学技术奖的给予配套奖励,全方位激发优秀人才的创造潜能与创新热情。对大中小学校中出类拔萃的优秀学生实行各类奖励制度,对有特殊专业才能、对社会做出突出贡献的优秀学生实行专项奖励,以激励学生追求卓越和创新。对在学科竞赛、科学研究、创新创业等方面取得重大成绩的学生,学校应当给予重奖,授予荣誉称号,在申报研究生时享有免试推荐优先权。同时,有条件的地方政府应设立拔尖创新人才专项基金。充分利用专项基金重点扶持培养关键领域的优秀学术带

---

① 参见孙会明:《我国高校创新人才培养模式改革现状调查研究》,江西师范大学硕士学位论文,2015 年,第 42 页。

头人，吸引海外留学生回国服务，孕育创新研究群体和团队。有条件的高等院校应设立拔尖创新人才专项基金，包括知名学者讲学基金、导师活动支持基金、学生游学活动基金等，用于拔尖学生培养、创新教师引进与培养、创新成果推广等。鼓励学生独立进行科学研究，学校大力支持学生通过申请学校基金的形式，独立开展科研工作。

优化资源配置增强培养服务功能。构建市场配置和行政调控结合的人才配置机制，有利于实现短缺性人才资源效用最大化。以加快户籍制度改革、健全社会保障体制、建立完善人才市场体系和中介服务机构为突破口，打破人才的地区、行业、部门、所有制壁垒，促进人才资源有效配置。服务拔尖创新人才培养需要有特殊培养计划和相应教育服务，需要从学制、课程、师资、社会资源供给等方面开展协作研究，为学生特殊潜能的发展、创造能力的培养，构建协同创新的培养机制。为确保特殊培养计划的针对性和有效性，同时维护普通学校日常课程教学秩序的稳定性，拔尖创新人才的培养必须确立并遵循创新人才培养工作的法律规范。

# 参考文献

[1] 吕红波：《一个真实的创新中国》，北京：航空工业出版社 2018 年版。

[2] 主创团队：《创新之路》，北京：东方出版社 2016 年版。

[3] 北京教育科学研究院：《创新人才培养与教育创新发展》，北京：北京师范大学出版社 2017 年版。

[4] 本书编写组：《第一资源——科学人才观简明读本》，南京：江苏人民出版社 2012 年版。

[5] 林格：《思想哪里来》，北京：经济日报出版社 2000 年版。

[6] [美] 彼得·F. 德鲁克：《创新与创业精神》，张炜译，上海：上海人民出版社 2002 年版。

[7] 本书编写组：《人才引领创新发展——江苏人才工作改革创新 100 例》，南京：江苏人民出版社 2018 年版。

[8] 胡雪梅：《大国崛起制高点——科学人才观的理论与实践》，北京：人民出版社 2011 年版。

[9] 范军、李胜等：《创新技法 188——实例与剖析》，广州：广东经济出版社 2000 年版。

[10] 周留征：《人才的逻辑》，北京：机械工业出版社 2017 年版。

[11] 金吾伦：《创新的哲学探索》，上海：东方出版中心 2010 年版。

[12] 颜晓峰：《创新研究》，北京：人民出版社 2011 年版。

[13] 彭健伯：《创新哲学论》，北京：人民出版社 2006 年版。

［14］曹山河：《关于创新的哲学研究》，海口：海南出版社 2005 年版。

［15］林晶：《科学创新的哲学研究》，长春：吉林人民出版社 2008 年版。

［16］中组部人才工作局：《百名专家谈人才》，北京：党建读物出版社 2012 年版。

［17］中组部干部教育局：《领航中国》，北京：党建读物出版社 2016 年版。

［18］江苏省人才促进会：《人才的力量—江苏省百名"双创人才"侧影》，北京：党建读物出版社 2012 年版。

［19］［美］谢德荪（Edison Tse）：《重新定义创新——转型期的中国企业智造之道》，北京：中信出版社 2016 年版。

［20］约翰·布德罗等：《超越人力资源管理—作为人力资本新科学的人才学》，于慈江译，北京：商务印书馆 2012 年版。

［21］杜祥：《新中国成立 70 年中国创新人才培养政策演变与发展》，载《创新人才教育》2019 年第 4 期。

［22］武琪、［美］谢德荪：《重新定义创新》，载《财经界》2016 年第 6 期。

［23］文昌：《"源创新"：新经济引擎》，载《新经济导刊》2012 年第 10 期。

［24］万钢：《全球科技创新发展历程和竞争态势》，载《行政管理改革》2016 年第 2 期。

［25］马云：《物联网改变未来》，载《南方企业家》2017 年第 10 期。

［26］《逆向思维（反向思维)》，载《华东科技》2008 年第 10 期。

［27］本刊首席时政观察员：《中国创新动力体系要瞄准"六大转变"》，载《领导决策信息》2016 年第 23 期。

［28］本刊首席时政观察员：《创新驱动引领中国经济增长新周期》，载《领导决策信息》2016 年第 24 期。

［29］本刊综合：《颠覆性技术来临，你准备好了吗?》，载《时代金融》2016 年第 19 期。

［30］郭铁成：《迎接大众创新的时代》，载《红旗文稿》2015 年第 7 期。

[31] 付强：《论优化人才结构》，载《晋阳学刊》2003年第4期。

[32] 于孟晨：《大数据时代大学校园媒体影响力拓展刍议》，载《新闻知识》2014年第4期。

[33] 廖敏：《大数据时代大学排名对院校决策的影响》，载《中国高等教育评估》2016年第4期。

[34] 黄欣荣：《大数据时代的思维变革》，载《重庆理工大学学报（社会科学）》2014年第5期。

[35] 于洪等：《云计算在统筹城乡信息化教育中的应用初探》，载《中国教育信息化》2010年第18期。

[36] 韦伟光：《我国人才产业云平台建设的理论依据及实现路径》，载《广西教育学院学报》，2017年第1期。

[37] 白春礼：《创造未来的科技发展新趋势》，载《中国科学院院刊》2015年第4期。

[38] 冯昭奎：《论新科技革命对国际竞争关系的影响》，载《国际展望》2017年第5期。

[39] 万贵生：《世界科技创新十大趋势》，载《安徽科技》2003年Z1期。

[40] 龙公：《世界科技创新十大趋势》，载《企业标准化》2007年第1期。

[41] 李学明：《新时代我国人才创新创业生态体系的构建与完善》，载《中国人事科学》2018年第3期。

[42] 邓寿鹏：《世界科技创新的10大趋势》，载《今日科技》2001年第12期。

[43] 杨杜：《论企业创新的五大陷阱》，载《经济理论与经济管理》2007年第2期。

[44] 余博：《企业自主创新存在五大陷阱》，载《经济纵横》2006年第5期。

[45] 熊健：《企业自主创新的误区及其防范》，载《沿海企业与科技》2007年第1期。

[46] 黄海鹰：《走出创新的误区——德鲁克创新理论的启示》，载《商业经济》2009 年第 11 期。

[47] 丁荣先等：《论创新》，载《重庆邮电学院学报（社会科学版）》2002 年第 4 期。

[48] 路甬祥：《提高创新能力 推动自主创新》，载《求是》2005 年第 13 期。

[49] 周坚：《建设高等教育强国 办一所负责任的大学》，载《中国高等教育》2019 年第 21 期。

[50] 钟科平：《重视新兴学科交叉领域》，载《发明与创新（A）》2013 年第 10 期。

[51] 孙兆刚：《重大科研项目管理的大科学模式分析》，载《科技进步与对策》2011 年第 17 期。

[52] 王经伦：《确立高新科技时代大科学思维方式的设想》，载《中南大学学报》2004 年第 6 期。

[53] 彭灿：《模仿创新中的知识运动及其管理》，载《科技进步与对策》2003 年第 4 期。

[54] 程源、高建：《企业外部技术获取：机理与案例分析》，载《科学学与科学技术管理》2005 年第 1 期。

[55] 霍超元：《圆珠笔拯救了宇航员》，载《飞碟探索》1998 年第 5 期。

[56] 朱玉林：《新产品开发中的模仿与创新》，载《企业改革与管理》2011 年第 4 期。

[57] 邵云飞等：《突破性技术创新：理论综述与研究展望》，载《技术经济》2017 年第 4 期。

[58] 詹坤等：《突破性技术创新的非线性与非连续性演化——以智能驾驶汽车为例》，载《技术经济》2017 年第 5 期。

[59] 蒋军锋等：《突破性技术创新的形成：述评与未来研究》，载《研究与发展管理》2017 年第 6 期。

[60] 吴言波等：《战略联盟知识异质性对焦点企业突破性创新的影响研究》，载《管理学报》2019 年第 4 期。

[61] 吴琳等：《突破性技术创新研究综述》，载《西安电子科技大学学报》2011年第5期。

[62] 王晓蓉：《日本创新体制的经验教训及其借鉴》，载《经济社会体制比较》2003年第5期。

[63] 许庆瑞等：《技术创新的组合及其与组织、文化的集成》，载《科研管理》2002年第6期。

[64] 傅晓岚：《中国"国家创新体系"的未来：共创造、谋引领》，载《商业观察》2017年第6期。

[65] 章凯等：《组织环境因素影响员工创新能力的动力机制探索》，载《安徽大学学报》2012年第4期。

[66] 龚稳、黄宇、王梦奇：《全链条式科技创新创业人才培育体系的构建与探索》，载《湖南人文科技学院学报》2018年第5期。

[67] 姚正海等：《系统视角下创新人才培养的体系构建》，载《教育观察》2018年第17期。

[68] 李杰：《关于国家知识创新系统的理论探索》，载《前沿》2005年第4期。

[69] 蔡志刚等：《适应创新型人才培养的创新平台新模式》，载《中国多媒体与网络教学学报（上旬刊）》2018年第9期。

[70] 罗洁：《让高中生"在科学家身边成长"——北京市探索高中阶段创新人才培养的"翱翔计划"》，载《创新人才教育》2013年第1期。

[71] 王佩亨等：《中关村的探索和实践，建设人才特区创新发展机制》，载《新经济导刊》2012年第3期。

[72] 徐军海：《科技镇长团为县域创新注入"活力因子"》，载《群众》2018年第15期。

[73] 《走苏州特色的创新发展之路——苏州新兴工业园区》，载《科学中国人》2018年第20期。

[74] 王蓓：《创新人才成长影响因素优化模型研究》，载《科技管理研究》2013年第15期。

[75] 苏州工业园区：《以国际标准构建创新高地》，载《服务外包》2018

年第 11 期。

［76］于文武：《国际商务应用型创新人才培养存在的误区》，载《中国商论》2016 年第 2 期。

［77］周瑛、廉永杰：《创新人才培养的反思与对策》，载《当代教育论坛》2004 年第 8 期。

［78］邓小军：《高校创新型人才培养误区与培养体系重构》，载《中国管理信息化》2013 年第 1 期。

［79］朱宏：《高校创新人才培养模式的研究》，载《成才之路》2016 年第 22 期。

［80］沈春光：《科技创新人才成长规律与影响因素研究》，载《科技信息》2012 年第 4 期。

［81］齐秀生：《浅议社会环境与人才》，载《中国行政管理》2005 年第 10 期。

［82］李长萍：《影响创新人才成长的主要因素》，载《中国高教研究》2002 年第 10 期。

［83］张勇强：《高职技能型创新人才胜任力模型初探》，载《文教资料》2013 年第 26 期。

［84］洪明：《如何理解中国传统文化与创造性人才培养的关系？——访石中英教授》，载《少年儿童研究》2010 年第 20 期。

［85］管仁福：《创新人才培养的误区与对策》，载《江西教育》2012 年第 34 期。

［86］宋纯鹏：《传统文化的"双刃剑"与科技创新——高校创新人才成长的文化思考》，载《中国高校科技与产业化》2007 年 S1 期。

［87］科学大观园：《从众心理让人失去创造力》，载《中国医学伦理学》2009 年第 3 期。

［88］张红：《创新人才与创新环境》，载《成人高教学刊》2003 年第 4 期。

［89］张意忠：《师承效应—高校学科带头人的成长规律》，载《高教发展与评估》2014 年第 5 期。

［90］冷余生：《论创新人才培养的意义与条件》，载《高等教育研究》

2000年第1期。

　　[91] 钟祖荣、杰出性：《人才的本质特征》，载《中国人才》1989年第4期。

　　[92] 李继武：《创新及其本体论基础和人本质论根据》，载《文史哲》2001年第3期。

　　[93] 刘丽：《马克思主义人才成长规律的当代诠释》，载《山东纺织经济》2009年第1期。

　　[94] 殷凤春：《人才学学科定位与多学科融合》，载《商场现代化》2008年第28期。

　　[95] 李慧敏：《基于阶段性成长规律的美国创新人才培养实践经验与启示》，载《科技管理研究》2012年第8期。

　　[96] 张景斌：《拔尖创新人才早期培养机制研究》，载《教育科学研究》2014年第6期。

　　[97] 金吾伦：《生成哲学应用于学习》，载《河池学院学报》2005年第3期。

　　[98] 李祖超等：《美日高校拔尖创新人才培养制度比较分析》，载《中国高教研究》2011年第8期。

　　[99] 秦宣：《把创新摆在国家发展全局的核心位置》，《光明日报》2015年12月17日第6版。

　　[100] 陈晓：《大力推进创新文化建设》，《学习时报》2018年3月21日第4版。

　　[101] 柯保平：《创新驱动的"中国道路"》，《科技日报》2016年5月23日第1版。

　　[102] 新华社：《准确把握世界科技革命产业变革新趋势，深入实施创新驱动，努力赢得发展未来》，《人民日报》2017年6月26日第1版。

　　[103] 王怡波：《打破藩篱，让人才"各得其所"》，《中国青年报》2010年6月12日第2版。

　　[104]《国家中长期人才发展规划纲要（2010—2020年）》，《人民日报》2010年6月7日第14版。

[105] 刘中民：《高质量发展呼唤原始创新》，《中国科学报》2018 年 5 月 28 日第 6 版。

[106] 朱四海：《发挥市场在创新资源配置中作用》，《福建日报》2016 年 9 月 26 日第 11 版。

[107] 本报评论员：《让创新人才"名利双收"》，《中国组织人事报》2014 年 12 月 8 日第 6 版。

[108] 魏杰：《人才培育应优化"生态环境"》，《中国组织人事报》2016 年 8 月 15 日第 3 版。

[109] 胡雪梅：《科学人才观的理论内涵与实践应用研究》江西师范大学博士学位论文，2010 年。

[110] 张国锋：《马克思主义人才思想的创新发展与实践应用研究》，南开大学博士学位论文，2013 年。

[111] 袁川：《高校创新型人才培养的社会学分析》，华中师范大学博士学位论文，2014 年。

[112] 娄永海：《基于 TRIZ 理论的企业商业模式研究》，吉林大学博士学位论文，2009 年。

[113] 耿迪：《高校科技创新能力评价研究》，武汉理工大学博士学位论文，2013 年。

[114] 罗军飞：《创新型大学与创新型国家》，中南大学博士学位论文，2009 年。

[115] 王瑜：《基于因子分析的云南省创新型人才流动绩效评价研究》，云南师范大学硕士学位论文，2013 年。

[116] 卢珊：《基于国家创新体系研究生创新人才培养的研究》，兰州大学硕士学位论文，2009 年。

[117] 周瑛：《创新人才培养的误区与体系构建》，西安理工大学硕士学位论文，2005 年。

[118] 胡伟：《马云 2017 世界物联网无锡峰会演讲模拟同传实践报告》，青岛大学硕士学位论文，2018 年。

[119] 胡建伟：《基于 TRIZ 物—场分析方法的管理创新研究》，东北林业

大学硕士学位论文，2012年。

[120] 薛晶晶：《国内外知识创新比较研究》，南京航空航天大学硕士学位论文，2011年。

[121] 张晓波：《国家创新体系相关问题研究》，中共中央党校硕士学位论文，2011年度。

[122] 刘佩：《科技中介机构促进科技成果转化的机制研究》，天津商业大学硕士学位论文，2012年。

[123] 喻晓雪：《优化地方政府创新型人才政策研究》，苏州大学硕士学位论文，2011年。

[124] 朱明明：《"单干"与"团队"科研模式下创新人才成长规律建模比较研究》，江西师范大学硕士学位论文，2014年。

[125] 万琼：《高校创新人才培养影响因素及其优化》，南京航空航天大学硕士学位论文，2008年。

[126] 杨淞月：《高校拔尖创新人才成长规律及培养策略研究》，中国地质大学硕士学位论文，2012年。

[127] 成立芳：《创新与人的发展》，湘潭大学硕士学位论文，2002年。

[128] 马军显：《创新与人的自由全面发展》，郑州大学硕士学位论文，2005年。

[129] 易萍：《我国研究型大学精英人才培养模式研究》，西南交通大学硕士学位论文，2014年。

[130] 孙会明：《我国高校创新人才培养模式改革现状调查研究》，江西师范大学硕士学位论文，2015年。

[131] 王冬：《美国研究型大学创新人才培养的经验与启示》，东北大学硕士学位论文，2011年。

# 后　记　让人才创新的梦想绽放

　　人才与创新是一个非常好的话题，可以说在人们的日常生活中无处不在，因为我们每一个人都有成长为人才、创新创业的梦想。创新不仅是一个结果，而且是让我们每个人生活可以过得更充实、更幸福、更有自豪感的一个过程。诺贝尔物理学奖获得者乔治·斯穆特曾讲，"我认为创新是全球性的，但中国的创新将会很出色，因为它拥有众多人才，中国也将为世界作出更大的贡献。"我写这本书源于十几年来对创新问题的探索，对人才事业的孜孜追求。

　　在长期的社科工作实践中发现，人们对人才与创新的实践应用研究很多，但对其方法和规律的研究不足。在现实生产生活实践中，一些地方或单位往往为了创新而创新，重招揽人才、轻人才培养，导致"生态链"受到破坏，人才出现青黄不接，劳而无获。经常听到国外人士对我们的教育评价是，中国的学生赢在了起点，输在了终点。钱学森之问："为什么我们的学校总是培养不出杰出人才？"与世界发达国家相比，我们在人才与创新上，可以说是"有高原、无高峰，有大楼、无大师，有盆景、无风景。"究其根源是什么？探究"钱学森之问"，直到现在我们应当如何"继续追问"？我们应当怎样破解"创新之痛"？

　　扪心自问，我们认为还是思想认识的源头出现了偏差，由此导致在实践中违背了人才成长规律和人才创新规律。就像人才的成长过程，或者人才创新的过程那样，不应当是百米冲刺的短跑，而应当是马拉松长跑。一个人的思想能走多远，他的人生道路就能走多远；一个人的思想认识有多深，他的创新程度就能有多深。正是基于这些思想认识，本书立足于从思想、创新和人才三者之间的关系，探究人才创新的逻辑。有的学者认为，哲学是"天"，是思想智慧的源泉，思想是创新的源头活水，哲学认识的问题重点在于思想层面；创新是"地"，是求真务实之要，创新的重点在于行动层面；人才是"和"，人才之道关键在人尽其才、才尽其用，人才是思想和行动的主体。虽然这样概述人才创新的逻辑还不够全面准确，但也能说明其中的一些道理。

本书从创意起笔到付梓，认真钻研两年多。在这两年里，我阅研了国内外大量公开发表的文献资料和相关政策文件。学习研究相关著作 20 多部，譬如，金吾伦的《创新的哲学探索》、彭健伯的《创新哲学论》、曹山河的《关于创新的哲学研究》，以及《创新人才培养与教育创新发展》《创新之路》等；学习研究相关论文 130 多篇，如白春礼的《创造未来的科技发展新趋势》、周瑛的《创新人才培养的误区与体系构建》、杨淞月的《高校拔尖创新人才成长规律及培养策略研究》、邵云飞的《突破性技术创新：理论综述与研究展望》等。囿于知识能力所限，虽数易其稿但还存在诸多不足。不论书中学习引用专家学者观点的表述，还是一些章节具体观点的阐述，皆为笔者从学术和研究角度进行的初步思考，还有一些尚待研究的问题。祈望同仁和广大读者批评指正，以便在今后的学习和研究中不断修改、完善。

书稿在写作、修改、出版过程中，南京邮电大学主要领导同志和群众杂志社主要领导同志给予精心指导和帮助；江苏省委组织部人才处和南京邮电大学人事处给予帮助、修改和支持；南京邮电大学人口研究院沙勇院长给予指导和帮助；中国农业大学臧雷振教授提出了宝贵的修改意见；袁文、王昆鹏、包咏菲等和我的家人为数据资料收集和核校付出了辛劳。中央编译出版社的领导和苗永姝编审为本书的修改、编辑出版付出了辛勤的努力。在此一并深表敬意和感谢！

苗成斌<br>
2020 年 7 月 6 日